Johannes Tuchel

Am Großen Wannsee 56–58

Von der Villa Minoux zum Haus der Wannsee-Konferenz

Publikationen der Gedenkstätte Haus der Wannsee-Konferenz
Herausgegeben von Wolfgang Scheffler und Gerhard Schoenberner
Band 1

EDITION HENTRICH

Umschlag:
Büro Steiner, Berlin

Publikationen der Gedenkstätte
Haus der Wannsee-Konferenz,
herausgegeben von Wolfgang Scheffler
und Gerhard Schoenberner,
Band 1

Reproduktionen:
Hermann Kiessling, Ausstellungsfotografie

Buchbinder:
Heinz Stein, Berlin

Herstellung:
Druckhaus Hentrich, Berlin

ISBN 3-89468-026-1
1. Auflage 1992
Printed in Germany

INHALTSVERZEICHNIS

1. Ernst Marlier und der Bau der Villa am Wannsee

Der Kaufmann, Fabrikant und Geheime Kommerzienrat Ernst Marlier kaufte am 30. April 1914 von der Preußischen Regierung, Abteilung für direkte Steuern, Domänen und Forsten, eines der schönstenGrundstücke am Berliner Großen Wannsee.[1] Für 26.415 Quadratmeter zahlte er 449.055 Mark; dieses entsprach einem Preis von 17 Mark für den Quadratmeter. Bereits kurz zuvor hatte er für 58.282 Mark 4.163 Quadratmeter (14 Mark pro Quadratmeter) von der Wasserbauverwaltung des preußischen Fiskus erworben. Knapp zehn Jahre zuvor war dieses Gebiet am nördlichen Rand der Colonie Alsen erschlossen worden.

Für die Colonie Alsen, ein repräsentatives Wohngebiet direkt am Wannsee, hatte Wilhelm Conrad, ein bedeutender Bankier und Industrieller zusammen mit Gustav Meyer, dem ersten Gartendirektor der Stadt Berlin 1869 die Grundlagen geschaffen.[2] Die Colonie Alsen, nahe an Potsdam, aber auch günstig zu Berlin gelegen, sollte sich in den folgenden Jahren zu einer von Industriellen und Künstlern bevorzugten Gegend entwickeln, die hier vor allem die Sommermonate verbringen sollten. Dazu gehörten die Bankiers Rudolf Bitter (Präsident der Preußischen Seehandlung), James Hardy, Eduard von der Heydt und Barthold Arons (Teilhaber der Bank Arons & Walter), die Kaufleute oder Industriellen Arthur Tuchmann, Johann Hamspohn, die Verlagsbuchhändler Ferdinand Springer und Karl Langenscheidt, später aber auch die Künstler Oscar Begas, Hugo Vogel und Max Liebermann.

Der Erwerb des Grundstückes durch Ernst Marlier stand am Ende der zweiten Entwicklungsperiode der Colonie Alsen und der sie umgebenden Gebiete, die 1906 begonnen hatte.

Dabei wurden mit der Verlängerung der Großen Seestraße – bis hin zu den heutigen Krankenhausanlagen Heckeshorn – große Flächen an der Ostseite des Großen Wannsees erschlossen. Als Architekten für das Haus in der Großen Seestraße 19 a (später Große Seestraße 56, heute Am Großen Wannsee 56 – 58) mit einer Wohnfläche von über 1.500 Quadratmetern wählte Marlier Paul O.A. Baumgarten[3], einen Schüler Alfred Messels, der bereits einige Villen in der Kolonie Alsen entworfen und gebaut hatte[4], darunter die Häuser von Johann Hamspohn (1906) und Max Liebermann (1909).

Über die dreigeschossige Villa Marlier schrieb Adolf Zeller 1925:[5]
»Das Wohnhaus des Herrn E. [sic] Minoux, Wannsee, zeigt zunächst die feinsinnige Art des Überganges aus der Parklandschaft zum stilisierten Garten, aus dem, durch Terrassen vermittelt, die Front sich in breitgelagerter, niedrig gehal-

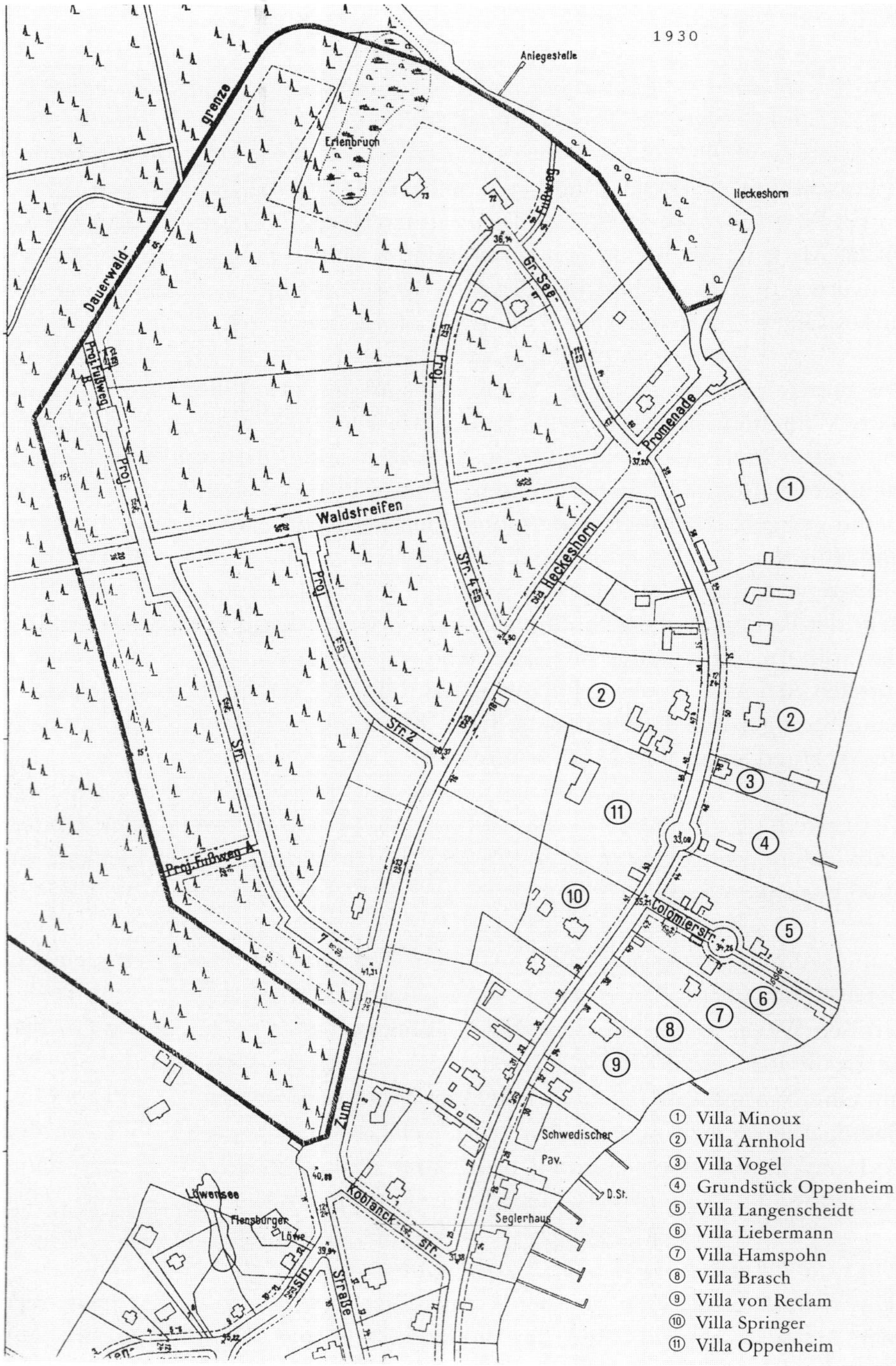

Die Umgebung der Villa Minoux, um 1930

Außenansichten des Hauses 1916

tener Baumasse entwickelt. So bleibt das Ganze bescheiden im Baumbestand versteckt, ohne doch der Monumentalität der Form entbehren zu müssen.« Im Erdgeschoß an der Gartenfront befanden sich die repräsentativen Räume des Hauses, durch die eine Türachse führte. Ein runder Erker in der Bibliothek auf der einen und der Wintergarten auf der anderen Seite bildeten die Enden der Achse, die durch die große, eineinhalb Stockwerke hohe Halle mehrere Salons und ein großes Speisezimmer verband.

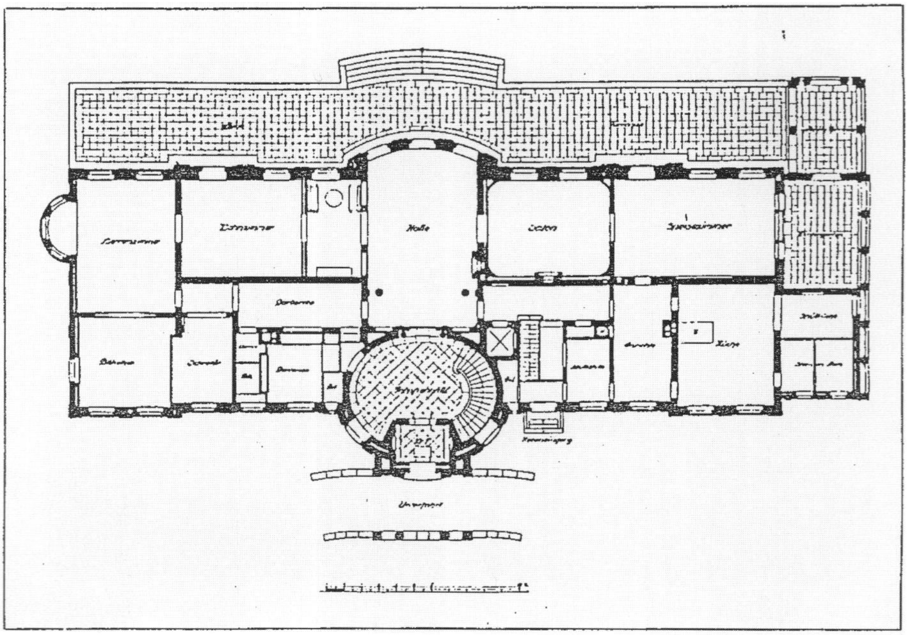

Grundriß des Erdgeschosses, 1925

Als Auflage des Eigentümers hatte Paul O. Baumgarten in diese Räume eine Reihe von »kostbaren Möbeln und Ausstattungsstücken« und mehrere Kopien älterer Kunstwerke zu integrieren.[6] Dazu gehörte die Tür zur Bibliothek, Teile der Säulen im Speisezimmer und (vermutlich als Kopien) der Marmorbrunnen im Wintergarten und die beiden Kamine im Erdgeschoß.

Auch die Außenanlagen in dem parkähnlichen Garten wurden von Baumgarten, der bereits an der Gestaltung einiger Gärten in unmittelbarer Nähe teilgenommen hatte, geplant und ausgeführt.[7] Dabei unterhielt er Verbindungen zu Willy Lange, Albert Brodersen und Alfred Lichtwark; keiner von diesen wirkte

Ernst Marlier im Rosengarten

Ernst Marlier auf der Terrasse des Hauses

jedoch beim Garten Marlier mit. Bettina Bergande sieht in diesem Garten »ein Kulturdenkmal, dessen Erhaltung aus künstlerischen, geschichtlichen und städtebaulichen Gründen im Interesse der Allgemeinheit liegt« und betont: »Auch ohne den Beleg für das Mitwirken eines bekannten Gartenkünstlers ist der Garten Marlier ein wichtiges Beispiel für den reformorientierten Gartenstil in einem landschaftlichen Garten vor dem Ersten Weltkrieg und sollte für die Nachwelt als Zeugnis erhalten und erlebbar bleiben.«
Die gesamten Baukosten für Haus und Garten sind nicht bekannt. Ernst Marlier sollte mit seiner Frau Margarete geborene Wünsch, nur wenige Jahre am Wannsee wohnen. Er geriet offensichtlich zur Zeit der Inflation in wirtschaftliche Schwierigkeiten und verkaufte am 6. September 1921 Haus und Grundstück[8] an die von Friedrich Minoux im Oktober 1920 gegründete Norddeutsche Grundstücks-Aktiengesellschaft für 2.300.000 Mark.[9] 300.000 Mark zahlte die Norddeutsche Grundstücks-AG bar. 2.000.000 Mark stundete Marlier Minoux gegen die Bestellung einer Hypothek. Minoux sollte Marlier auf diese Summe jährlich fünf Prozent Zinsen zahlen; die Kündigung der Restkaufsumme sollte nicht vor dem 1. Oktober 1926 möglich sein.[10] Dieses war jedoch offensichtlich nur eine Übergangslösung, denn bereits im Oktober 1922 trat das Ehepaar Marlier diese Hypotheken an die Proba-Metallgesellschaft m.b.H., die Minoux vor allem zur

Ernst Marlier im Wintergarten

Ernst und Margarete Marlier vor dem Haus

Verwaltung seines Privatvermögens nutzte, ab.[11] Die Umstände, die dazu führten, bleiben unbekannt, aber 1925 erhoben Ernst Marlier und seine inzwischen von ihm geschiedene und wiederverheiratete Frau, Margarete Lehn, Widerspruch gegen die Löschung der Hypotheken im Grundbuch.[12] Beide erhielten jeweils eine aufgewertete Hypothek in Höhe von 4.120.- Goldmark, Ernst Marlier eine zusätzliche in Höhe von 46.550.- Goldmark[13], die offensichtlich auf eine Vereinbarung anläßlich der Abtretung an die Proba 1922 zurückzuführen ist. Beide Hypotheken trat Ernst Marlier am 26. September 1927 an seine Firma Corona AG, die ihren Sitz in Glarus in der Schweiz hatte, ab. Erst am 9. Februar 1932 beantragte er die Löschung dieser Hypotheken im Grundbuch. Weitere Hinweise auf Ernst Marlier ließen sich nicht ermitteln.

Friedrich Minoux, der neue Hausherr am Wannsee, übernahm von Marlier einen Teil der Einrichtung, darunter einen großen Gobelin in dem zum Wannsee gelegenen Speisezimmer. Wie Marlier war Minoux ein erfolgreicher Geschäftsmann, dessen Ehrgeiz über wirtschaftlichen Erfolg allerdings weit hinausging.

Friedrich Minoux, 1928

2. Friedrich Minoux – Biographisches

Friedrich Minoux wurde am 21. März 1877 in Mutterstadt in der Pfalz geboren.[1] Über den Schulbesuch und die Ausbildung des Sohnes eines »einfachen Schneidermeisters«[2] hat Minoux in einer kostenpflichtigen Selbstdarstellung im »Reichshandbuch der deutschen Gesellschaft« berichtet. Danach »besuchte [er] die hum. Gymnasien in Speyer und Mannheim, trat nach Ableistung seiner militärischen Dienstpflicht beim Feldartillerie-Rgt. Nr. 5 in Landau in den Eisenbahndienst ein und nach etwa 2 1/2 Jahren zu der Kommunalverwaltung in Essen über, wo er bis 1912 tätig war.«[3] Der Vater, der Schneider Michael Minoux, wurde am 27. August 1834 in Mundenheim (heute Ludwigshafen) als Sohn eines Gärtnermeisters geboren[4]. Über seine Ausbildung ist nichts bekannt; ebensowenig konnte ermittelt werden, ob und wann er eine selbständige Tätigkeit ausübte.

Michael Minoux[5] heiratete am 31. Dezember 1861 die am 7. Mai 1824 in Eppstein als Tochter eines Schumachers geborene Näherin Katharina Reffert[6], die am 23. August 1862 die Tochter Anna Maria, am 8. September 1863 den Sohn Michael und am 20. September 1866 die Tochter Barbara gebar. Barbara Minoux starb im Alter von drei Jahren am 8. März 1869. Auch die Frau von Michael Minoux, Katharina Minoux, starb bald darauf. Nach dem Tod seiner ersten Frau heiratete Michael Minoux vermutlich 1872 die Schwester seiner Frau, Margaretha Reffert. Sie bekam noch drei Kinder: am 10. März 1873 eine Tochter, die erneut den Namen Barbara erhielt, am 5. März 1875 einen Sohn Friedrich, der bereits am 13. Dezember 1875 in Mutterstadt starb, und am 21. März 1877 einen weiteren Sohn, der ebenfalls den Namen Friedrich erhielt.

Über die ersten Jahre von Friedrich Minoux ist wenig bekannt.[7] Der von ihm im »Reichshandbuch« angegebene Schulbesuch in Speyer ist nicht nachweisbar;[8] dennoch muß er ab Herbst 1887 ein humanistisches Gymnasium besucht haben, denn am 13. September 1892 trat er in die Untersekunda (10. Klasse) des Großherzoglichen Gymnasiums in Mannheim ein.[9] Davor war im Juni 1890 seine Mutter, im März 1892 sein Vater verstorben.[10] In den Schulunterlagen von 1892 ist daher als »Fürsorgerin« die ältere Schwester Barbara Minoux vermerkt.[11] Friedrich Minoux war ein mittelmäßiger Schüler. Seine beste Beurteilung in der Untersekunda war eine »1« in Betragen, die mit einer »4« in Fleiß kontrastierte. Seine beste Note im Schuljahr 1892 war im zweiten Trimester eine »2« in Religion , im dritten Trimester jeweils eine »2/3« in Religion, Allgemeiner Mathematik, Physik und Turnen. Eine »3« erhielt Minoux in Französisch und Geometrie, eine »3/2« in griechischer Grammatik, eine »3/4« in Deutsch, Latein und Geschichte sowie eine »4« in lateinischem Stil und in griechischer Lektüre. Trotz eines Verweises »wegen unpassender Haltung« wurde er am Ende des Schuljahres versetzt[12] und verließ Ende 1893 die Schule.

Eine Selbstdarstellung von Minoux wird im Urteil eines seiner Zivilprozesse so zusammengefaßt:[13] »Er ... besuchte das humanistische Gymnasium bis zur Einjährigenberechtigung, wurde Diätar bei der Eisenbahnverwaltung, diente drei Jahre als Artillerist und wurde Stationsgehilfe bei der Preussischen Eisenbahnverwaltung. 1900 trat er als Bürogehilfe bei den Gas- und Wasserwerken in Essen ein. 10 Jahre später war er deren kaufmännischer Direktor«.
Tatsächlich trat Minoux 1893 in den Dienst der Großherzoglich Badischen Eisenbahnverwaltung ein und leistete zwischen Oktober 1894 und September 1897 als »Einjährig-Freiwilliger« bei der 1. reitenden Batterie des 5. Bayerischen Artillerie-Regiments in Landau seinen Militärdienst ab. Auffällig ist, daß er seinen Militärdienst bereits als Siebzehnjähriger begann und eine längere Dienstzeit absolvierte, als er es beim einjährig-freiwilligen Dienst nötig gehabt hätte. Zwischen dem 1. Oktober 1897 und dem 31. März 1900 war er dann zunächst in Wiesbaden, später in Essen Stationsgehilfe bei der Preußischen Eisenbahnverwaltung.[14] Ab dem 1. April 1900 stand Friedrich Minoux als Bürogehilfe bei den städtischen Gas- und Wasserwerken im Dienst der Stadt Essen. Er machte hier rasch Karriere, war ab 1. April 1903 Kassenassistent und ab 1. April 1904 Buchhalter. Seit dem 1. November 1904 war Minoux dann Kassierer bei der Städtischen Pfandleihanstalt, seit 1. April 1905 dort Rendant.[15] Am 1. November 1906 begann er seine Tätigkeit als Oberstadtsekretär und Vorsteher des städtischen Finanzbüros, war seit dem 1. März 1908 Vorsteher der Kaufmännischen Abteilung der Gas- und Wasserwerke und seit dem 1. April 1910 deren Kaufmännischer Direktor. Am 30. April 1912 trat Friedrich Minoux dann in die Dienste von Hugo Stinnes, den er bereits 1908 kennengelernt hatte.

Friedrich Minoux und Maria Karoline Hente, genannt »Lilly«, geboren am 7. Februar 1878 in St. Ingbert, heirateten im Juli 1903. Aus der Ehe gingen die Töchter Johanna und Monika hervor, am 8. Mai 1904 und am 27. August 1908 in Essen geboren. Über das Privatleben von Minoux und seine persönlichen Interessen in jenen Jahren ist fast nichts bekannt.

Fast romantisierend stellte der bekannte Wirtschaftspublizist Felix Pinner unter dem Pseudonym Frank Fassland 1924 in der »Weltbühne« die erste Begegnung von Stinnes und Minoux dar[16]:

»Als Hugo Stinnes sich mit dem Abbau des Rheinisch-Westfälischen Elektrizitätswerkes beschäftigte, merkte er, daß ihm von einer bestimmten Seite ebenso hartnäckiger wie überlegter Widerstand geleistet wurde. Er ging der Spur nach und stieß bei irgendeiner kommunalen Elektrizitäts- oder Gaswerksgesellschaft auf Friedrich Minoux. Stinnes glaubte, diesen Widerstand am leichtesten überwinden zu können, indem er den Mann engagierte. Er erreichte mehr als nur die Beseitigung einer kleinen Unbequemlichkeit. In kurzer Zeit war aus dem kleinen Gaswerksdirektor eine große Nummer im mächtigen Stinnes-Konzern geworden, denn Minoux erwies sich im Positiven noch weit erfolgreicher als im Negativen. Ein überbeweglicher Kopf, aus dem die Geschäftsgedanken nur so hervorsprudelten. Dabei ein kritisches Urteil, das zu werten und zu sichten verstand und nicht leicht duldete, daß überreiche Erfindungs- und Kombinationsgabe dieses Kopfes in Projektemacherei ausartete. In den Expansionismus der Inflationsära stürzte sich Minoux mit einem gradezu feurigen Temperament.«

Minoux, ab 1912 Einzelprokurist in der Berliner Stinnes-Niederlassung, legte im Rahmen der weitgespannten Interessen dieses Konzernes sein besonderes Augenmerk auf die graphische und Papier-Industrie, hier besonders auf die Zellstoff-Fabrikation und – nach eigener Darstellung – die »Automobilindustrie«[17]. Kohle und Stahl gehörten längst nicht mehr allein zum Aktionsgebiet von Stinnes, sondern Unternehmen aller Branchen interessierten diesen weitverzweigten Mischkonzern, der sich in denInflationsjahren explosionsartig vergrößerte.[18] Außerdem interessierte Minoux stark der Großhandel mit Kohlen. Seit 1919 Generaldirektor im Stinnes-Konzern, zugleich Vorstandsmitglied der Vereinigten Berliner Kohlenhändler AG (Vaubeka), beschäftigte sich Minoux intensiv mit dem Kohlenhandel.

Tageszeitungen wie die »Deutsche Allgemeine Zeitung« sollten das Stinnes-Imperium publizistisch absichern. In der Zellstoffindustrie hatte die zum Stinnes-Konzern gehörende und Minoux unterstehende Koholyt-AG Anfang der zwanziger Jahre eine monopolartige Position erreicht[19]:
»Der Zeitungsbesitzer Hugo Stinnes hat selbstverständlich kein Interesse an niedrigen, sondern ein zweifaches Interesse an hohen Papierpreisen, denn einmal verdient er als Papierfabrikant daran, und sodann gewinnt er als Besitzer des einzigen vertikal durchorganisierten Zeitungstrusts mit jeder Preiserhöhung vor den andern Blättern einen Vorsprung. Hugo Stinnes und sein bisheriger Generaldirektor Minoux haben übrigens aus dieser Preispolitik auch gar kein Hehl gemacht... Wieviel Stinnes an den Papiersubventionen des Reiches verdient hat ? Gewiß ist, daß ihm dadurch ein Teil der Kosten 'rückvergütet' wurde, den er für den Aufkauf und Unterhalt seiner Zeitungen und Korrespondenzbüros aufgewendet hatte.«

Minoux nutzte mit eigenen Geschäften wie auch als Mitarbeiter von Hugo Stinnes die inflationäre Krise und erwirtschaftete durch Firmenübernahmen und spekulative Manöver in diesen Jahren große Gewinne. Über diese Zeit heißt es im Urteil gegen Minoux[20]:
»Sein Gehalt, das bereits damals auf wertbeständiger Grundlage errechnet

wurde, betrug umgerechnet rund 350.000 Goldmark jährlich. Damals legte er den Grundstein zu seinem heutigen Vermögen. Nach seinen nicht nachgeprüften Angaben hat er durch seine Tätigkeit dem Stinneskonzern zu einem Verdienst von rund 200 Millionen Goldmark verholfen.«
In diese Jahre der hohen Einkünfte fiel 1921 auch der Erwerb des Hauses am Großen Wannsee. In den folgenden Jahren entfaltete Minoux hier ein reges politisches und gesellschaftliches Leben. Seine Haushaltsführung war entsprechend aufwendig: Neben einer Hausdame wurden eine Köchin, ein Obergärtner, ein Chauffeur und weitere Hausangestellte beschäftigt.[21]

Es gab am Wannsee nicht nur viele große Abendgesellschaften; Minoux sollte hier auch immer wieder jene geschäftlichen und politischen Besprechungen abhalten, die ihm besonders wichtig waren. Zentrum der Geselligkeit waren das Speisezimmer, aber auch die zum Wannsee gelegene Terrasse wurde oft genutzt. Friedrich Minoux wohnte hier mit seiner Frau, die jedoch schon nach einigen Jahren – angeblich aus Gesundheitsgründen – ihren Wohnsitz in ein Minoux gehörendes Haus nach Garmisch-Partenkirchen verlegte.

Das Eßzimmer, um 1916

Die ältere Tochter Johanna heiratete 1926 einen Rechtsanwalt, die jüngere Tochter Monika 1931 einen Kaufmann. Beide Ehen wurden 1936 geschieden. Während die jüngere Tochter bereits 1938 erneut heiratete, zog Johanna zur Mutter nach Garmisch-Partenkirchen und wanderte später, nachdem auch sie erneut geheiratet hatte, nach Ceylon aus.

Als Eigentümer des Hauses trat Minoux jedoch erst Jahre später in Erscheinung. Auf Grund eines Umwandlungsbeschlusses vom 30. November 1937 ging das Vermögen der Norddeutschen Grundstücks AG im Wege der Gesamtrechtsnachfolge auf die Proba Metallgesellschaft m.b.H über.[22]
Diese Gesellschaft, die Friedrich Minoux vor allem zur Verwaltung seines Privatvermögens gedient hatte, ging durch Umwandlungsbeschluß vom 21. Dezember 1937 auf Friedrich Minoux persönlich ebenfalls im Wege der Gesamtrechtsnachfolge über. Er beantragte am 4. Januar 1938 die Umschreibung des Grundstücks auf seinen Namen, die am 2. Juni 1938 erfolgte. Danach sollte Friedrich Minoux nur noch knapp zweieinhalb Jahre Eigentümer der Villa sein.

Außenansicht des Hauses, um 1930

3. Friedrich Minouxs politisches Engagement 1923

Die Anfänge einer politischen Betätigung von Friedrich Minoux verlieren sich im Dunkeln. Sicher ist, daß er im Jahre 1923 gleich mehrfach in die Politik des Reiches einzugreifen versuchte.
Minoux agierte vor den Augen der Öffentlichkeit und stellte im Herbst 1923 ein eigenständiges Modell zur Stabilisierung der Mark und damit zur Überwindung der Inflation vor; zugleich war er seit Anfang 1923 konspirativ im Umfeld von rechtsradikalen Wehrverbänden und der Reichswehr tätig. Im Herbst 1923 war er als mögliches Mitglied einer mit diktatorischen Vollmachten ausgestatteten Reichsregierung im Gespräch, die keiner parlamentarischen Kontrolle mehr unterworfen gewesen wäre.

3.1. Friedrich Minoux und die Stabilisierung der Mark

Besonders engagierte sich Friedrich Minoux 1923 in der Diskussion um die Überwindung der Inflation. Dies sollte auch die Ursache seines Zerwürfnisses mit Hugo Stinnes sein. Zunächst aber trugen Stinnes und Minoux im April 1923 mit Devisenmanipulationen zum weiteren Kursverfall der Mark bei. Am 18. April 1923 kauften die Stinnes-Firmen große Mengen Devisen an den deutschen Börsen auf, was zu einem sturzartigen Abgleiten der Mark führte. Wenig später versuchte ein Reichstagsuntersuchungsausschuß die Umstände dieses Devisenhandels aufzuklären.[1] Friedrich Minoux sagte am 22. Juni 1923 vor diesem Ausschuß aus. Sein Auftritt führte zu heftigen Protesten der sozialdemokratischen Abgeordneten. Aggressiv verteidigte er seinen Mentor Hugo Stinnes und griff die »Frankfurter Zeitung« an, die seine Rolle bei den Devisenaufkäufen aufgedeckt hatte[2]:
»Woher bekommt Stinnes das Geld? Er hat eine Schar von Mitarbeitern, die mit Begeisterung für ihn arbeiten, und soviel Geld hat kein Hugo Stinnes und keine Frankfurter Zeitung, daß diese Schar sich dazu hergäbe, etwas zu tun, was gegen die deutschen Interessen ginge! Das wird uns auch nicht zugemutet. Ich bedaure, daß ich hier sitzen muß. Unser Tag hat 16 Stunden; wenn alle, so wie wir, 16 Stunden arbeiteten, würde es um Deutschland besser stehen! Dann wären wir auch ohne eine Markstützungsaktion ausgekommen und ohne diesen Untersuchungsausschuß. Dixi!«

Tumultarische Szenen folgten. Wenige Wochen später griff die Regierung Stresemann (seit dem 13. August 1923 im Amt) auf eben jenen Minoux, der das Parlament so heftig brüskiert hatte, als Sachverständigen bei der Inflationsbekämpfung zurück. Ausgangspunkt der Diskussion war im August 1923 ein Vorschlag

von Reichsernährungsminister Karl Hellferich, die Mark auf Roggenbasis zu stabilisieren.[3] Im Kabinett und auch im Reichswirtschaftsrat kam es zu heftigen Diskussionen, bei denen auch Minoux gehört wurde. Am 23. August 1923 erschien in der »Deutschen Allgemeinen Zeitung« ein Artikel von Minoux unter dem Pseudonym Friedrich Pilot, in dem er sich für eine Markstabilisierung auf Goldbasis einsetzte[4]. Unter dem Titel »Die Beseitigung der Geldinflation – Vermögensabgabe – Goldwährung – Finanzreform«[5] begründete Minoux sein Programm: Das Papiergeld sollte abgeschafft werden, jeder vermögende Deutsche »und jede Gesellschaft [sollte] ohne Rücksicht auf die Höhe des Vermögens eine einmalige Abgabe von 5 Prozent« zahlen. Das Reich sollte hoch verzinste »Reichspfandbriefe« ausgeben und damit Ruhe in den Kapitalmarkt bringen. Der Dollarkurs sollte auf eine Höhe von 4,20 neuer Goldmark festgesetzt werden. Innerhalb eines Jahres sollte dann »eine verständige Finanzreform platzgreifen, die an Stelle des jetzigen Tohuwabohus in der Steuergesetzgebung ein einfaches Steuersystem setzt, das ... in weitaus erster Linie die besitzenden Klassen treffen muß und an dem Faulenzer und Verschwender, die wirklich einzigen Schädlinge des Wirtschaftskörpers, weil Drohnen im Bienenstock der arbeitenden Bevölkerung, keine Freude haben dürfen.«[6]
Die Nachteile seines Vorschlages übersah Minoux nicht; er verlangte aber an dieser Stelle staatliches Handeln[7]:
»Natürlich werden durch jeden weiteren Schritt auf diesem Wege der Gesundung Arbeitskräfte in großer Zahl frei, deren zweckentsprechende Beschäftigung, bis sie von einer wiederaufstrebenden Wirtschaft aufgesogen werden, nicht außerachtgelassen werden darf. Dem Reiche hierfür Mittel bereitzustellen, ist daher nur ein Akt weiser Voraussicht.
Eine zeitgenössische Untersuchung des Inflationsjahres 1923 resümierte den Minoux-Plan[8]:
»Der Plan Minoux' unterschied sich von den übrigen in dieser Zeit vorgelegten Projekten in sehr vielen Punkten. Halbe Maßnahme lehnte er ab, vielmehr wollte er eine Neuordnung auf breitester Basis. Da es sich um bei dem von ihm erstrebten Ziele um eine wirkliche Goldwährung handelte, so schied die Frage, wie das neue Geld sich verhalten würde, wenn es mit der Devise in Berührung käme, sofort aus. Die Durchführung seines Planes hätte weiterhin jedwedes Aufsichtsrecht des Auslandes verhindert. Die nationale Selbständigkeit der Reichsbank wäre gewahrt geblieben.«

Im unruhigen Deutschland des Jahres 1923 wäre ein derartig tiefgreifende Veränderungen verursachender Einschnitt nicht ohne radikale politische Veränderungen vor sich gegangen. Am deutlichsten sprach dies Hermann Bücher, geschäftsführendes Präsidialmitglied des Reichsverbandes der Deutschen Industrie, in einer Sitzung des Währungsausschusses aus[9]:

»Am schnellsten durchführbar erscheint mir das Projekt von Herrn Minoux. Es setzt aber nach meinem Dafürhalten eine absolute Diktatur voraus. Schaffen wir diese Diktatur, so bin ich bereit, für dieses Projekt einzutreten. Es ist aber nur durchführbar unter einer Diktatur. Dann ist es ein Heilmittel.«
Diese Stellungnahme wundert nicht, denn bereits vorher hatte sich der Reichsverband der Deutschen Industrie für eine Währungsstabilisierung auf Goldbasis eingesetzt. Auf diese politischen Implikationen wird unten noch einzugehen sein.

Das Pseudonym von Minoux blieb nicht lange gewahrt. Bereits am 1. September 1923 veröffentlichte Felix Pinner im »Berliner Tageblatt« den Artikel »Friedrich Pilots Sendung«[10]:
»Man enthüllt vielleicht kein Geheimnis, wenn man feststellt, daß der Aufsatz nicht von Hugo Stinnes selbst geschrieben wurde, daß aber doch sein Verfasser derjenige unter den Leitern des Stinneskonzerns ist, der am nächsten und am selbständigsten zu Hugo Stinnes steht«.
Am 27. oder 28. August abends empfing Reichskanzler Gustav Stresemann Hugo Stinnes, Friedrich Minoux und andere Industrielle, darunter Albert Vögler, Peter Klöckner, Jakob Goldschmidt und Hans von Raumer zu einem Gespräch. Ein Referent empfahl Stresemann danach[11]:
»Unter Bezugnahme auf die gestrige Besprechung mit den Herren Stinnes, Vögler, Klöckner, Minoux etc. schlage ich vor, daß der Finanzminister nunmehr möglichst beschleunigt einen Sachverständigenausschuß einberuft und die Tatsache dieser Einberufung veröffentlicht wird.«
In der Kabinettssitzung vom 30. August 1923 erwähnte Stresemann dieses Gespräch, ohne auf den Sachverständigenausschuß einzugehen.[12] Am 3. September 1923 gab dann Reichsfinanzminister Luther eine Stellungnahme ab, »das neue Zahlungsmittel der Goldgrundlage anzupassen«. Aus den Hellferichschen Vorstellungen übernahm er allerdings noch die Idee einer Privatisierung der neuen Währungsbank[13].

Am 6. September kam es in Berlin zu einer Sitzung des finanz-und währungspolitischen Ausschusses, auf der neben anderen auch Friedrich Minoux und Hjalmar Schacht als Sachverständige sprachen.[14] Minoux stellte noch einmal sein Projekt der Goldmark und der Vermögensabgabe vor und lehnte die Stabilisierung der Mark auf Roggenbasis erneut eindeutig ab[15]:
»Die städtische Bevölkerung wird leicht geneigt sein, wenn die Sache herunter oder hinaufgeht, agrarische Manipulationen dahinter zu vermuten; das ist mit dem Wort Roggen unlösbar verbunden.«
Auch lehnte er eine Trennung von Währungsreform und Haushaltssanierung ab. Es könne nicht abgewartet werden, daß der Reichshaushalt saniert werde;

dann sei es für eine Währungsreform zu spät. Hjalmar Schacht unterstützte ihn[16]: »... denn daß, was Herr Minoux gesagt hat, ist meines Erachtens vollständig richtig: Wenn es uns nicht gelingt, das Vertrauen in die staatlichen Finanzen wieder zu gewinnen, dann werden uns alle diese Projekte nichts helfen. Denn mit einem bloßen Vertrauen zur Wirtschaft kommen wir über die großen staatspolitischen Aufgaben, die wir zu diskutieren haben, nicht hinweg...«
Es verwundert nicht, daß nach weiteren positiven Stellungnahmen für Minoux der Ausschuß die »Vermögensabgabe nach dem Vorschlag Minoux'« empfahl, den Vorschlag Hellferich ablehnte, »weil eine Roggenwährung im inneren Verkehr den großen Schwankungen des Roggenpreises unterläge und im internationalen Verkehr keine Geltung hätte«, und zugleich alle Vorschläge zur Aufhebung des Notenbankmonopols des Staates scharf kritisierte.[17] Am gleichen Tag berichtete im Kabinett der Reichsfinanzminister über einen Ressortentwurf zur Schaffung von Goldnoten und der Errichtung einer Goldnotenbank.[18] Dennoch sollte es in den folgenden Wochen nicht zur Stabilisierung der Mark auf Goldbasis, sondern Mitte November 1923 zur Ausgabe der bereits Mitte Oktober 1923 beschlossenen Rentenmark kommen. Erst 1924 konnte die auf einem Goldstandard basierende Reichsmark unter dem seit Ende Dezember 1923 amtierenden Reichsbankpräsidenten Hjalmar Schacht eingeführt werden.

Kritiker des Vorschlags zur Währungsreform von Minoux betonten, daß die Durchführung seines Planes zu lange Zeit benötigen würde, und daß er mit der hohen Schätzung des nationalen Vermögens von einer falschen Prämisse ausgegangen sei. Vermutlich führten aber eher die Notwendigkeit des raschen Handelns und die Ablehnung der in den Minouxschen Gedanken enthaltenen staatlichen dirigistischen Maßnahmen dazu, daß seine Pläne von der Reichsregierung nicht oder nicht einmal in modifizierter Form verwirklicht wurden.[19] Sie führten aber zum Bruch mit Hugo Stinnes.

Am 9. September 1923 erschien unter dem Titel »Wahrheit« im Stinnes-Blatt »Deutsche Allgemeine Zeitung« ein anonymer Artikel eines »führenden Großindustriellen«, in dem ausführlich darauf eingegangen wurde, daß die Verlängerung der Arbeitszeit um zwei Stunden und damit die Abschaffung des Acht-Stunden-Tages die notwendige Grundlage für die Überwindung der Inflation sei. Der Anonymus, hinter dem sich niemand anders als Hugo Stinnes verbarg, postulierte[20]: »Nur dann ist es denkbar, daß eine Stabilisierung der Mark nach den vor kurzem in diesem Blatt veröffentlichten Vorschlägen von Friedrich Pilot von irgendwelchem Bestand sein kann.«
Der Stinnes-Biograph Peter Wulf sieht nicht nur in der unterschiedlichen Auffassung zur Arbeitszeit einen Grund für die wachsenden Spannungen zwischen Stinnes und Minoux. Die Differenzen zeigten sich auch in einem wirtschaftspo-

litischen Programm, das Minoux für General Hans von Seeckt, den Chef der Heeresleitung, entwickelt hatte[21]. Wulf resümiert[22], »daß in dem Seeckt-Programm von Minoux das einzelwirtschaftliche Interesse, das die Vorschläge von Stinnes bestimmte, zurückgedrängt wurde zugunsten einer Berücksichtigung der gesamtwirtschaftlichen Verhältnisse.«
Letztlich war es also kein Streit über geschäftliche Einzelentscheidungen, sondern einer über volkswirtschaftliche Grundsatzfragen, der die beiden erfolgreichen Geschäftsleute entzweite. Am 7. Oktober 1923 kam es zwischen ihnen zu einer Aussprache, die mit der Trennung beider endete. Stinnes schrieb daraufhin an Minoux[23]:
»Ihre Äußerungen bei diesem Anlaß haben bei mir den Eindruck vertieft, daß Sie seit Monaten in steigendem Maße die Zusammenhänge[24] mit mir als störend und abträglich für Ihre politische Aufgabe und letzte Lebensmission empfunden haben.
Ich halte Sie für den geeignetsten Mann, um die jetzigen Schwierigkeiten zu meistern, und würde Ihnen bestimmt nicht im Wege gestanden haben, wenn Sie daraus[25] die Folgerungen in Ruhe und in der Freundschaft gezogen hätten, die unsere 12jährige Zusammenarbeit gekennzeichnet hat.
Daß Sie andere Formen gewählt haben, die mich an Ihnen irre machen könnten, wenn ich nicht Ihr hemmungsloses Temperament kennte, tut mir sehr leid. Nichts desto weniger alles Gute für Ihren weiteren Lebensweg und Dank für Ihre unvergleichlich großen Dienste, ohne die Firma nicht geworden wäre, was sie heute ist!»
Geschäftlich hatten sie sich getrennt. Politisch blieben Stinnes und Minoux zumindest noch in den folgenden Wochen Bundesgenossen.

3.2. Friedrich Minoux und die Diktatur-Pläne

Friedrich Minoux stand 1923 in engem Kontakt zu Politikern auf der Rechten und zu rechtsradikalen Wehrverbänden. Sein Ziel war die Errichtung einer politisch starken, autoritären Regierung, die sich den Interventionsbestrebungen der Siegermächte verweigern sollte. Am 21. Februar 1923 vermittelte er in seiner Villa am Wannsee ein Gespräch zwischen Hans von Seeckt und dem ehemaligen Generalquartiermeister Erich Ludendorff.[26] Nach den Memoiren Ludendorffs kam es zu diesem Gespräch auf Vermittlung von Hugo Stinnes, zudem soll auch Reichskanzler Cuno an dieser Besprechung teilgenommen haben[27]. Anlaß dieser Aussprache war die Rheinlandbesetzung und damit die Erörterung möglicher gemeinsamer Maßnahmen von Reichsregierung und Wehrverbänden. Ludendorff dagegen erinnerte sich später[28]:

»Ich hatte keine erfreulichen Eindrücke. Klarheit über die Lage und des Wollens erkannte ich nicht, aber ich sagte General von Seeckt doch zu, ich würde versuchen, die Verbände, die für eine tätige Mitwirkung an der Abwehr Frankreichs in Betracht kämen, hinter ihn zu stellen, soweit wie ich es vermöchte, da ich nur hierdurch ein einheitliches Handeln der Wehrmacht und der Verbände für gesichert halten könne und dies für eine erfolgreiche Abwehr als Grundbedingung ansähe. Wie General von Seeckt eintretendenfalls sich den Einsatz der Macht dachte, erfuhr ich nicht, ebensowenig, wie weit im Rahmen des 'passiven Widerstandes' das Handeln einheitlich vom Reich geleitet werden sollte.«

Seeckt wollte keine Zusammenarbeit mit den rechtsextremen Wehrverbänden, als deren Vertreter Ludendorff sich betrachtete, zumindest keine Kooperation, in denen die Wehrverbände eine dominante Rolle hätten einnehmen können. Reichswehrminister Otto Geßler berichtete später, daß Seeckt »mit unverhohlener Genugtuung« ihm erzählt habe, daß Ludendorff nach dem Ende des Gespräches »in tiefer Verstimmung« gegangen sei.[29] Wenn dadurch der Kontakt zwischen Seeckt und Ludendorff auch nicht gestärkt werden konnte, so ergaben sich immerhin in den folgenden Monaten weitere Gespräche zwischen Seeckt und Minoux. Möglicherweise kamen beide bereits am 6. September[30], mit Sicherheit aber am 25. September 1923 zu einer ausführlichen Aussprache zusammen.[31]

In der Materialsammlung des Generalleutnants z.V. Lieber über die Beziehungen der Heeresleitung zum Kabinett Stresemann und ihre Einstellung zur deutschen Innenpolitik heißt es über ihr Gespräch[32]:

»Minoux erläutert Seeckt sein Programm, das auf allen Gebieten riesengroß ist und Deutschland in seiner ganzen inneren Struktur verändern würde. Es bedeutet Kampf auf Leben und Tod, würde aber im Falle des Gelingens zur Gesundung Deutschlands führen. 'Seeckt ist ganz benommen von dem gewaltigen Eindruck dieser Persönlichkeit'.«

Friedrich Minoux hatte offensichtlich einen gegenteiligen Eindruck gewonnen; später sollte er Seeckt als »leeren Geldschrank« bezeichnen.[33]

Das von Seeckt vermutlich kurz darauf niedergeschriebene »Regierungsprogramm« trägt im Abschnitt »Wirtschaft einschl. sozialer Gesetzgebung« deutlich die Handschrift von Friedrich Minoux[34]. Dort heißt es unter anderem – und hier sind eindeutige Bezüge zu Minouxs Währungsreformentwurf vom August 1923 erkennbar:

»Entschlossene Absage an alle marxistischen Theorien und Maßnahmen, insbesondere Aufgabe aller Sozialisierungsbestrebungen ...

Aufsichtsrecht des Staates über die lebenswichtige Produktion ...

Arbeitslosenunterstützung gegen produktive Arbeit ... Regelung der Arbeitszeit unter grundsätzlicher ... Festhaltung des achtstündigen Arbeitstages ...«

In den folgenden Wochen sollte Seeckt intensiv versuchen, diese und seine anderen politischen Ziele zu verwirklichen. Zugleich waren es hektische Wochen der deutschen Innenpolitik:

- Am 13. August 1923 kam das Kabinett Stresemann ins Amt,
- am 26. September mußte der »passive Widerstand« gegen die Ruhr-Besetzung abgebrochen werden,
- am 27. September verhängte Reichspräsident Friedrich Ebert den Ausnahmezustand und übertrug Reichswehrminister Geßler die Aufgabe, die »linksradikalen« Regierungen von Thüringen und Sachsen abzusetzen,
- am 3. Oktober trat das Kabinett Stresemann zurück, das zweite Kabinett Stresemann konnte sich erst am 6. Oktober konsolidieren,
- am 21. Oktober wurde von Separatisten in Aachen eine »Rheinische Republik« ausgerufen,
- am 22. Oktober marschierte die Reichswehr in Sachsen ein,
- am 23. und 24. Oktober scheiterte in Hamburg ein kommunistischer Aufstand,
- am 2. November war das Kabinett Stresemann nach dem Rückzug der SPD-Minister nicht mehr arbeitsfähig,
- am 5. November besetzte die Reichswehr Sachsen und Thüringen vollständig, und
- am 9. November 1923 scheiterte der nationalsozialistische Putsch in München.

In diesen Wochen agierte Friedrich Minoux unaufhörlich hinter den Kulissen. Nachdem am 3. Oktober die Regierung Stresemann zurückgetreten war, schlug am 4. Oktober 1923 General Kurt von Schleicher in der Reichskanzlei die Ernennung von fünf Ministern vor, zu denen Geßler, Seeckt und Minoux gehören sollten. Minoux selbst lehnte diesen Vorschlag offensichtlich ab[35].
Dies bedeutete jedoch nicht das Ende seines politischen Engagements. Vor allem in rechten und rechtsradikalen Kreisen wurde in den folgenden Wochen das Modell eines »Direktoriums« mit diktatorischen Vollmachten erörtert, das nach dem endgültigen Sturz der Regierung Stresemann errichtet werden sollte. Als Mitglieder des Direktoriums wurden neben Seeckt vor allem Alfred Ritter von Kahr (seit dem 26. September 1923 bayerischer Generalstaatskommissar), Otto Wiedtfeldt (deutscher Gesandter in Washington) und Minoux genannt.[36]
Nach ihrem Gespräch am 25. September hatten sich Seeckt und Minoux am 27. September sowie am 1. Oktober 1923 erneut getroffen. Zu einer Unterredung zwischen ihnen und Otto Wiedfeldt[37] (letzterer war von Gustav Stresemann nach Berlin zurückgerufen worden und führte hier Gespräche wegen eines deutsch-amerikanischen Handelsvertrages), kam es am 2. Oktober 1923.[38]
Angeblich hatte Seeckt für seine Pläne eines »überparteilichen« Direktoriums

General Kurt von Schleicher

sogar versucht, sich zumindest der Billigung des Reichspräsidenten Friedrich Ebert zu versichern.[39] Über den Inhalt dieses und der folgenden Gespräche zwischen Minoux und Seeckt am 11. Oktober und am 26. Oktober ist wenig bekannt.

In der Zwischenzeit hatte Minoux jedoch mehrfach Kontakte zu den bayerischen Separatisten, die sich vor allem um Ritter von Kahr und Otto von Lossow, den kommandierenden General der Reichswehr in Bayern, gruppierten. Minoux ließ sich über die Möglichkeit, zuerst in Bayern eine Diktatur zu errichten und dann von dort aus die Herrschaft auf das gesamte Reich auszuweiten, im Oktober 1923 ebenso ausführlich informieren wie über die Seecktschen Direktoriumspläne in Berlin. Mit Seeckt kam es nicht zu gemeinsamem Handeln; hierzu heißt es über das vermutlich letzte Gespräch zwischen von Seeckt und Minoux in den Lieber-Aufzeichnungen[40]:
»Auch mit Minoux, der aus Partenkirchen herbeigeholt wird, kommt es zu keiner Einigung, nachdem in einer längeren Unterredung Seeckt festgestellt hat, daß auch dieser ganz im bayerischen Fahrwasser segele.«

Auch Otto Wiedfeldt nahm gegenüber den Plänen von Seeckts eine eher ablehnende Haltung ein.[41] Dessen Absichten waren endgültig gescheitert. Dies wurde manifest im Gespräch zwischen Reichspräsident Ebert, Reichskanzler Stresemann, Reichswehrminister Geßler und Hans von Seeckt am 5. November. Ebert stellte sich hinter die demokratische Regierung und lehnte alle Diktaturpläne und eine Kanzlerschaft Seeckts ab; auch dieser selbst bekannte sich jetzt eindeutig gegen alle Umsturzpläne. Dies zeigt auch sein Brief an den bayerischen Generalstaatskommissar Ritter von Kahr vom gleichen Tage. Als Seeckt am 9. November 1923 die vollziehende Gewalt im Reich für knapp vier Monate übernahm, hielt er sich an diesen Grundgedanken und errichtete - wohl auch unter außenpolitischen Gesichtspunkten - nicht die von ihm im Herbst 1923 geplante Diktatur.

Die Frage, wie sich in den Wochen vor der politischen Trennung von Minoux und Seeckt und in den Tagen danach das politische Handeln von Friedrich Minoux entwickelte, muß sehr differenziert beantwortet werden.

3.3. Friedrich Minoux und der Hitlerputsch

Am 30. Oktober 1923 war in der bayerischen Ministerratssitzung über das Ultimatum der Reichsregierung vom 27. Oktober diskutiert worden, »die verfassungsgemäße Befehlsgewalt im bayerischen Teil der Reichswehr wiederherzustellen.«[42]
Auch die Direktoriumspläne wurden hier erörtert[43]: »Dann würde wohl eine Diktatur Seeckt, vielleicht verbunden mit einem Wirtschaftsdirektorium Wiedtfeld - Minoux kommen. Dadurch würde die Lage gegenüber dem gegenwärtigen Zustand für Bayern nicht verbessert; denn gerade Seeckt habe ja die Sache verschärft.«

Eine Woche vorher, am 25. Oktober 1923, war Minoux in München gewesen und hatte dort bei Ludendorff ein Gespräch mit diesem, Kahr, Lossow und Hans Ritter von Seißer, dem Chef der bayerischen Landespolizei, geführt[44]. Ludendorff berichtete in einer Vernehmung am 22. Dezember 1923 über dieses Gespräch[45]:
»Am 25.10.23 kam der mir gut bekannte Herr Minoux in Begleitung der Herren Lossow und Seisser in meine Wohnung. Die Besprechung, die bei dieser Gelegenheit stattfand, hatte mit der Möglichkeit einer Unternehmung gegen Norden von Bayern aus keinen Zusammenhang; meines Erinnerns hatte Herr Minoux die Aufforderung bekommen, nach Berlin zu fahren, um vielleicht dort irgendein Ministerium zu übernehmen und zwar mit einer Diktatur oder

Reichskanzlerschaft Seeckt. Minoux wollte deshalb zuerst mit mir einen Meinungsaustausch pflegen. Er äußerte dabei, er sei zwar geneigt, in ein Ministerium einzutreten, aber nicht, wenn Seeckt darinnen die erste Stelle hätte. Minoux entwickelte seine politischen Ideen, mit denen ich mich allerdings nicht einverstanden erklären konnte, weil sie mir viel zu einseitig wirtschaftlich eingestellt erschienen. Im Übrigen wird wohl Minoux selbst sich an Einzelheiten dieser Besprechung besser zu erinnern vermögen wie ich. Ich habe jedenfalls der Besprechung nur insoweit eine Bedeutung beigelegt, als sie mit der Ministerkandidatur Minoux-Seeckt zusammenhing.«

Kahr-Mitarbeiter Hans von Seißer berichtete[46]: »Am 25.10.23 Nachmittags war ich mit General Lossow und Herrn Minoux eine Stunde lang bei Ludendorff. Wir versuchten alle drei General Ludendorff zu beeinflussen, daß er mäßigend auf Hitler einwirke und verhüte, daß unüberlegte Dinge gemacht würden. Ludendorff gab mir hierbei in Gegenwart Lossows mit Handschlag das Versprechen, daß er nichts unternehmen werde, ohne mich vorher davon zu verständigen. Ludendorff gab dieses Versprechen freiwillig ohne Aufforderung meinerseits. Er hat dieses Versprechen in der Folgezeit weder zurückgenommen noch eingeschränkt. Kurz vor Abbruch dieser Besprechung erschien auch Hitler bei Lud., doch kam es infolge der drängenden Zeit nicht mehr zu einer nennenswerten Besprechung mit ihm.«

Im Hitler-Prozeß präzisierte Seißer diese Aussage am 12. März 1924. Danach war Ludendorff mit dem Wirtschaftprogramm von Minoux nicht einverstanden, »weil es ihm zu wenig völkisch, zu wenig antisemitisch und zu sehr von materiellen Gesichtspunkten bestimmt war. Minoux erklärte, daß auf die Hilfe der Juden gerade bezüglich Währungsstabilisierung nicht verzichtet werden könne.«[47]
Minoux hatte offensichtlich vorgeschlagen, die beiden Bankiers Carl Joseph Melchior und Max M. Warburg als Finanzsachverständige heranzuziehen.
Konrad Heiden schilderte 1923 auf Grund der Aussage Lossows farbig Ludendorffs Reaktion[48]:
»Auch Ludendorff war von den Talenten des Industriellen eingenommen, aber dessen politische Ansichten schienen ihm schauerlich. Schon daß dieser Fachmann mit Seeckt zusammenhing, verdroß ihn, aber das war noch nicht das schlimmste. Wie, Minoux glaubte, nicht ohne Juden regieren zu können? Er wollte auf Leute wie Warburg oder Melchior nicht verzichten ? 'Mein lieber Herr Minoux, was Sie da sagen, ist ja sehr schön, aber wissen Sie, das ist mir alles viel zu wirtschaftlich – ' und nun wurde Minoux ein Vortrag in so rauhen Tönen gehalten, daß er sich wie ausgescholten vorkam.«
Ob Hitler die gesamte Auseinandersetzung zwischen Minoux und Ludendorff

mitverfolgte oder gar in sie eingriff, ist unsicher. Klar ist nur, daß er die von Minoux hier geäußerten Gedanken scharf ablehnte und es sogar erreichte, daß das Volksgericht in seinem Urteil vom 1. April 1924 Hitlers »Angst« vor dem Direktorium Minoux - Wilhelm von Gayl - Seeckt als ein Motiv für den Staatsstreich akzeptierte und wiedergab.

Nach dem erfolglosen Gespräch in München fuhr Minoux nach Berlin, wo er am 26. Oktober mit Seeckt sprach, der ihn jetzt »ganz im bayerischen Fahrwasser« sah. Doch so einfach, wie Seeckt offensichtlich den Standpunkt von Minoux darstellte, war es nicht. Dies wird vor allem aus den Notizen von Seißer über seine Gespräche in Berlin am 3. November 1923 deutlich. Nachdem er mit Redakteuren der »Deutschen Allgemeinen Zeitung« gesprochen hatte, fuhr er zu Minoux[49]:
»2. Minoux, Wannsee. 10 Uhr 30 bis 12 Uhr.
Neues Kabinett hält höchstens 14 Tage. Zweifel, ob Seeckt Entschluß findet zur Bildung eines Direktoriums, - Putsch lehnt Minoux ab. Abwarten in Bayern. Zeit noch immer nicht erfüllt. Hunger und Kälte noch mehr wirken lassen. Dann Unruhen, die eine Änderung hervorrufen.
Minoux hatte eine Unterredung mit Ebert: Dieser denkt nicht daran, ohne Parlament zu regieren. Wird sich auch durch Drohungen nicht einschüchtern lassen.
Gegenüber durchgreifenden wirtschaftlichen Maßnahmen in Bayern gleicher Standpunkt, wie in München vertreten. Wirtschaftliche Separation muß vermieden werden.
Eindruck, daß Minoux sich zurückhält, bis seine Zeit gekommen ist. Er sagt wörtlich, daß Leute, die sich an einem Putsch beteiligen, für Regierung unmöglich werden.
Stellung gegenüber Hitler-Ludendorff unverändert, ebenso Judenfrage.
Sorge über letzte Nachrichten aus Bayern über Ehrhardt-Hitler. Graf Beer macht nicht mehr mit, dafür v. Knebel.
Mitteilung von Stinnes-Senior: Minoux soll seinen Einfluß in Bayern aufbieten, um Bayern von vorzeitigem Losschlagen abzuhalten.«
Die Position von Friedrich Minoux war damit Anfang November 1923 eindeutig: Nach wie vor hatte er enge Kontakte zu Hugo Stinnes, nach wie vor war er auch bereit, sich an einer autoritären Regierung oder einem Direktorium zu beteiligen. Die beiden konkreten Pläne dafür lehnte er jedoch ab: Den Seecktschen Direktoriumsplänen hatte er am 26. Oktober 1923 eine Absage erteilt, den Hitler-Ludendorffschen Separationsabsichten bereits einen Tag davor. Einen Militärputsch lehnte Minoux ebenso ab wie ein isoliertes Vorgehen in Bayern; von Ludendorff und Hitler trennten ihn zudem deren strikt antisemitische Programmatik.

Das Herrenzimmer

Friedrich Minoux setzte auf politische Destruktion: Die neue Regierung Stresemann würde sich nach seiner Meinung nur kurz halten, die wirtschaftliche Lage würde sich weiter verschlechtern und die politische Unruhe würde zunehmen. Vor diesem Hintergrund – so das Kalkül von Minoux – könne sich Reichspräsident Ebert den Plänen für eine autoritäre Regierung, in der Minoux eine führende Rolle einnehmen würde, nicht länger verschließen. Minoux würde dann eine wirtschaftliche Gesundung des Reiches auf Grundlage seiner Überlegungen aus dem September 1923 einleiten und »wirtschaftlichem Sachverstand« eine bedeutende Rolle in diesen Plänen einräumen. Wer außer ihm diesem nationalen Direktorium angehören sollte – und hier wurden Seißer am 3. November von anderen Gesprächspartnern die Namen Otto von Below, Berendt, Seeckt, Lange oder Langer, Hermann von Dewitz, von Kahr und Franz Gürtner genannt, während Stresemann in der Kabinettssitzung vom 5.November 1923 nur von Kahr, Wiedfeldt und Minoux sprach –, war völlig offen. Sicher ist, daß Minoux auf sein Konzept der autoritären Regierungsführung mit stark technokratischen Elementen und der Billigung durch den Reichspräsidenten setzte und einen möglichen Regierungseintritt auf keinen Fall durch eine Teilnahme an einem Seecktschen oder bayerischen Putsch gefährden wollte.

Für die historische Bewertung ist interessant, daß die Beteiligten um Seeckt und um Ludendorff Minoux im jeweils »anderen Lager« vermuteten. Seeckt sah Minoux »ganz im bayerischen Fahrwasser«; Hitler und Ludendorff sahen in Minoux einen Mann Seeckts, während Minoux selbst einer dritten, längerfristigen Konzeption folgte. Hitler hielt die Stellung von Seeckt und Minoux für stark und sah darin zugleich eine Gefahr für seine eigenen politischen Pläne. Dem Münchener Volksgericht suggerierte er dieses als eines der Motive für den Putsch vom 8. und 9. November 1923. In der Urteilsbegründung hieß es dazu[50]: »Aus der schon erwähnten Überzeugung heraus, daß Kahr, Lossow und Seisser trotz des vorhandenen Willens das tatkräftige Wollen niemals aufbringen würden, hat Hitler am 6. November mit einigen Personen, zu denen keiner der Mitangeklagten gehört, den Entschluss gefaßt, den drei Herren Gelegenheit zum Absprung zu geben und die nationale Revolution in Gang zu bringen. Mitbestimmend war hierbei für ihn nach seiner Behauptung die seit dem 4. November 1923, wo Seisser von seiner Reise nach Berlin zurückgekehrt war, in ihm aufgetauchte Besorgnis, daß nunmehr die Drei eine andere Zielsetzung einschlagen könnten und daß es, wie Lossow bei einer früheren Unterredung einmal angedeutet haben soll, nun entweder zu einer Separation Bayerns komme oder

Die Angeklagten des Hitler-Prozesses 1924 (Propagandapostkarte)

aber ein Direktorium Minoux-Gayl-Seeckt mit einem jüdischen Finanzminister, der den wahnwitzigen Gedanken einer Verwandlung der Reichsbahnen in eine Aktiengesellschaft hege, errichtet werde... Um die Separation ebenso wie (die) in der Aufrichtung eines Direktoriums Minoux-Gayl-Seeckt liegende geradezu katastrophale Gefahr zu verhindern, will Hitler dafür sorgen zu müssen geglaubt haben, daß der ursprüngliche Plan des militärischen Marsches nach Berlin zur Durchführung komme.«
Das Gericht folgte hier fast wörtlich Hitlers Aussage vom 13. März 1924[51]:
»Ich hatte die Überzeugung, daß entweder der von Lossow angedrohte Schritt eintreten würde oder daß ein Weg gewählt würde über ein Direktorium Minoux-Gayl-Seeckt. Eine solche Einstellung mit einem jüdischen Finanzminister an der Spitze hätte ich für Deutschland als geradezu katastrophal aufgefaßt, und auch das Programm dieser Herren ist mir bekannt, da es mir in Abschrift vorgelegen hat. Da hieß es, daß die Reichsbahnen ein Privatinstitut werden sollten und zu einer Aktiengesellschaft umzubilden seien. Ich sagte mir im Augenblick, eine solche Katastrophe müsse verhütet werden und jetzt muß man dafür sorgen, daß der ursprüngliche Plan zur Durchführung kommt.«

Minoux hatte also - so die Quellen - die bayerischen Separatisten über seine Ziele informiert, offensichtlich nur ein Gespräch mit Hitler am 25. Oktober 1923 gehabt und dabei den bayerischen Plänen ebensowenig Unterstützung zugesagt wie den Plänen Seeckts am nächsten Tage.

Kurzfristig schien sein Kalkül aufzugehen: Die Sozialdemokraten zogen sich am 2. November 1923 aus der Reichsregierung zurück; Stresemann besaß keine parlamentarische Mehrheit mehr.

Auch der einstige Förderer von Minoux, Stinnes, glaubte noch an die Möglichkeit eines Direktoriums. Der amerikanische Botschafter notierte am 6. November über ein Gespräch mit Stinnes vom Vortage[52]:
»Stinnes sagte mir weiter, daß er glaube, daß Wiedtfeldt abberufen werden würde, um als Reichskanzler und Außenminister an die Spitze der neuen Regierung zu treten und daß Minoux, ein Industrieller von großem Format, der mit Wiedfeldt[53] seit vielen Jahren gearbeitet hat, Finanzminister werden und vermutlich die innere Umstellung überwachen wird.«
In der Kabinettssitzung am 19. November 1923 wurden die Folgen des Austritts der Sozialdemokratie aus der Regierung diskutiert. Stresemann berichtete über Kontakte zu den Deutschnationalen, die nur[54] »für ein reines Rechtskabinett eintreten könnten. Dabei sei auch die Frage der Bildung eines Direktoriums Wiedfeldt-Minoux erwähnt worden. Exzellenz Hergt[55] habe angedeutet, daß die Bildung eines solchen Direktoriums der Mitwirkung des Reichskanzlers

bedürfe. Der Reichskanzler [Stresemann, d.V.] habe dieses Anerbieten jedoch abgelehnt. Er persönlich sei zudem der Auffassung, daß die Bildung eines Rechtskabinetts oder eines Rechtsdirektoriums die ungünstigsten Rückwirkungen auf die außenpolitische Lage haben müsse.«

Am 23. November 1923 verweigerte der Reichstag Stresemann das Vertrauen. Sein Nachfolger wurde am 30. November 1923 der Zentrumspolitiker Wilhelm Marx, der einen Großteil der Minister der Regierung Stresemann im Amt beließ. Mit einer ausgesprochen industriefreundlichen Politik wurde eine rigorose Sanierungs- und Stabilitätspolitik durchgeführt. Die vollziehende Gewalt im Reich lag noch bei Seeckt, der allerdings seine Diktaturabsichten aufgegeben hatte.

Minouxs politische Pläne waren gescheitert. Die Deutschnationalen wären noch Mitte November 1923 bereit gewesen, ein Direktorium mit weitgehenden Vollmachten unter seiner Beteiligung zu unterstützen. Die strikte Ablehnung Stresemanns gegenüber diesen Plänen und die in den folgenden Wochen geführten Gespräche zur Etablierung der gemäßigt rechten Regierung Marx und die vorausgegangene Entfremdung zwischen Minoux und Seeckt führten jedoch dazu, daß die politische Entwicklung alle Pläne für ein Direktorium überholte.

Ende November 1923 war Friedrich Minoux damit durch die Bildung des Kabinetts Marx, das dann vom Reichspräsidenten jene Unterstützung erhalten sollte, die Gustav Stresemann noch versagt worden war, politisch gescheitert. Um so mehr sollte Minoux sich in den folgenden Jahren wieder auf seine eigenen Wirtschaftsunternehmen konzentrieren.

Zwei Fragen müssen jedoch im Zusammenhang des politischen Engagements von Friedrich Minoux noch näher untersucht werden: zum einen, ob Minoux zu irgendeinem Zeitpunkt Hitler oder die NSDAP finanziell unterstützt und zum anderen, ob und in welcher Form Minoux Beziehungen zum Alldeutschen Verband besessen hat.

Die Behauptung, daß Minoux Kontakte zu den »Kampfverbänden um Ludendorff, die er finanzieren hilft«, besaß, findet sich bei George W. F. Hallgarten[56]. Er beruft sich dabei auf das quellenkritisch höchst umstrittene, unter dem Namen von Fritz Thyssen erschienene Buch »I paid Hitler«[57]. Dort findet sich – und nicht an der von Hallgarten angegebenen Stelle – lediglich ein Hinweis auf Minoux als Förderer von Ludendorff, nicht aber als Geldgeber der Kampfverbände oder der NSDAP[58]:

»Ludendorff ... hatte bereits die Hilfe verschiedener Industrieller erbeten und erhalten, insbesondere diejenige von Herrn Minoux von der Firma Stinnes.«

Die Behauptung, daß Stinnes oder Minoux im Auftrag von Stinnes damit die NSDAP finanziell unterstützt habe, findet sich auch in den Arbeiten von Czichon[59], Gossweiler[60] und Pätzold/Weißbecker[61]. Als Beleg dient bei Czichon wieder Thyssen, bei Pätzold/Weißbecker die Arbeit von Czichon. Neue oder andere Belege bringt keiner; leider enthält sogar die quellenreiche, wenn auch strittige Arbeit von Kurt Gossweiler keine weiteren Hinweise.
Neuere Arbeiten verneinen jedoch ausdrücklich eine Finanzierung der Wehrverbände oder der NSDAP durch Hugo Stinnes oder Friedrich Minoux. Peter Wulf, der in seiner Kieler Habilitationsschrift das politische Handeln von Stinnes untersuchte, konnte keinerlei Hinweise auf eine Unterstützung der NSDAP aufspüren.[62] Henry A. Turner faßt in seiner Arbeit »Die Großunternehmer und der Aufstieg Hitlers« dies so zusammen[63]:
»Die gründlichste Studie über die Karriere von Stinnes enthält keine Grundlage für die Behauptung, er oder sein ehrgeiziger Untergebener, Friedrich Minoux, habe der NSDAP geholfen.«
Turner verweist zusätzlich auf mehrere Reden, in denen sich Hitler noch 1923 mehrfach abfällig über Stinnes äußerte[64], sowie auf die herabsetzende Erwähnung von Stinnes in »Mein Kampf«[65]: »Die Äußerung, die damals ein Stinnes in die Welt setzte, richtete die unglaublichste Verwirrung an; wurde sie doch sofort aufgegriffen, um nun in staunenswerter Schnelligkeit zum Leitmotiv all der Kurpfuscher und Salbader zu werden, die das Schicksal seit der Revolution als 'Staatsmänner' über Deutschland losgelassen hatte.«

So gibt es für die Finanzierung der NSDAP oder der Wehrverbände durch Stinnes oder Minoux lediglich die mündliche Überlieferung von Fritz Thyssen, auf die sich alle weiteren Autoren stützen. Die Glaubhaftigkeit Thyssens scheint unter Abwägung des Verhältnisses zwischen Minoux und Ludendorff, das seit der ergebnislosen Aussprache zwischen Ludendorff, Minoux und Seeckt gespannt war und unter Berücksichtigung der offenen Agitation Hitlers gegen Stinnes, eher gering zu sein.

Friedrich Minoux hat später versucht, seine Kontakte zur NSDAP 1923 zu instrumentalisieren. In einem Vermerk des Reichsjustizministeriums von 1941 über das Strafverfahren gegen Minoux und andere heißt es[66]:
»Seiner [Minouxs, d.V.] Persönlichkeit wegen hat das Verfahren besondere Bedeutung. Er soll 1923 vom Führer als Wirtschaftsdiktator ausersehen [gewesen] sein, die Unternehmen der Partei damals z.T. finanziert haben und auch die erste Rede des Führers im Ruhrgebiet nach dessen Besetzung ermöglicht haben.«
Diese Angaben stützen sich auf die Anklage gegen Minoux und finden sich später auch im Urteil wieder[67]: »Durch ihn [Ludendorff, d.V.] machte er 1923 auch

die persönliche Bekanntschaft des Führers, der ihm – immer nach den Behauptungen des Angeklagten – die Wirtschaftsdiktatur im Dritten Reich antrug.« Eine derartige Interpretation der Vorgänge von 1923 geht in die Irre. Minoux war von Hitler, der ja ihm gegenüber eine sehr distanzierte Position einnahm, weder als »Wirtschaftsdiktator« vorgesehen, noch hat Hitler im Zeitraum zwischen der Besetzung des Ruhrgebiet im Januar 1923 und dem Hitlerputsch im November desselben Jahres überhaupt im Ruhrgebiet gesprochen.

So ist auch die Behauptung von der Finanzierung der »Unternehmen der Partei« durch Minoux bis zum Vorliegen anderer Belege eher als Schutzbehauptung eines mit allen Mitteln um seine Freilassung aus der Haft kämpfenden Häftlings und nicht als historisch gesicherte Tatsache zu werten.

Wie steht es nun mit den Kontakten zwischen Minoux und dem Alldeutschen Verband? Am 27. März 1924 bezeichnete Reinhold Lörring in einem Artikel in der »Weltbühne« Minoux, Bang und Knebel-Döberitz als »sichere Werkzeuge des ersten Konsuls Heinrich Claß«[68], des Vorsitzenden des Alldeutschen Verbandes.Er bezog sich dabei auf Aussagen im Hitler-Prozeß über ein Gespräch zwischen Seeckt und Claß am 24. September 1923, bei dem diese drei Namen von Claß genannt worden seien.

Bei der Fülle der Termine Seeckts in den letzten Septembertagen 1923 wundert es nicht, daß Lörring hier vermutlich mehrere Gespräche durcheinanderbringt. Am 24. September 1923 hatte es in der Tat ein Gespräch zwischen Seeckt und Claß gegeben, bei dem beide Gesprächspartner offensichtlich als unversöhnliche Gegner schieden. Von Claß ist nach dem Gespräch die Äußerung überliefert, daß Seeckt »durch das Festhalten an der Legalität in eine verhängnisvolle Rolle geraten« sei.[69] Erst am 25. September kam es dann zu jener Besprechung zwischen Minoux und Seeckt, über die ein Mitarbeiter Seeckts notierte: »Seeckt ist ganz benommen von dem gewaltigen Eindruck dieser Persönlichkeit.«[70]

Kontakte zwischen Minoux und Claß oder anderen Führungspersönlichkeiten des Alldeutschen Verbandes lassen sich jedoch aus keiner anderen Quelle belegen.[71] Deutlich sind auch die programmatischen Unterschiede, wie sie etwa in den wirtschaftlichen Vorstellungen von Minoux zur Überwindung des Inflation gegenüber den Vorstellungen des Alldeutschen Verbands erkennbar werden. So sind Verbindungen zwischen Minoux und dem Alldeutschen Verband weder zu belegen noch als Hypothese überzeugend zu vertreten.

4. Friedrich Minouxs geschäftliche Aktivitäten nach der Trennung von Hugo Stinnes

Nachdem sich Minoux und Stinnes im Herbst 1923 getrennt hatten, erhielt Minoux ein Angebot von der Gute Hoffnungshütte, dort den Posten eines Generaldirektors zu übernehmen. Er lehnte dies ab, weil er nicht von Berlin nach Oberhausen ziehen wollte.[1] Auch ein mit einem Jahresgehalt von 150.000 Reichsmark verbundenes Angebot des deutschen Kalisyndikates schlug er aus, weil ihm diese Vergütung zu niedrig erschien. Stattdessen gründete er eine Reihe von Firmen und beteiligte sich an einer Vielzahl anderer.

Kernstück des verschachtelten Firmenimperiums von Friedrich Minoux sollte die Friedrich Minoux A.-G. für Handel und Industrie, später die Kohlengroßhandlung Friedrich Minoux, Gesellschaft für Handel und Industrie GmbH (später: Friedrich Minoux Gesellschaft für Industrie und Handel m.b.H., am 2. Oktober 1935 umgewandelt in Friedrich Minoux Kommanditgesellschaft) werden.[2]
Um für sich seine ausgedehnten Geschäfte eine möglichst große Liquidität zu sichern, beteiligte er sich schon 1923 am Berliner Bankhaus Jacquier & Securius als Mitinhaber mit einer Einlage von einer Million Mark. Dies entsprach etwa 25 Prozent des gesamten Geschäftskapitals.[3] Das 1817 gegründete Bankinstitut hatte seinen Sitz in Berlin-Mitte, An der Stechbahn 3-4, auch als »Rotes Schloß« bezeichnet. Über die Geschichte dieses »sehr renommierten Berliner jüdischen Privatbankhauses«[4] ist wenig bekannt.[5] Die Gründer hatten bei der Wechselstube Marpurg und Schultze gelernt;[6] 1909 waren der Geheime Kommerzienrat Hermann Frenkel, Kommerzienrat Albert Pinkuss, Eugen Panofsky und Arthur Frenkel die Inhaber; 1920 waren es noch Hermann Frenkel, Eugen Panofsky und Arthur Frenkel. 1930 nennt das Deutsche Bankier-Buch noch Hermann Frenkel, Max Landesmann, Friedrich Minoux, Dr. Erich Frenkel und Alfred Panofsky als Inhaber des Bankhauses.[7] Im Urteil gegen Friedrich Minoux hieß es[8]: »Die Kundschaft dieser Firma setzte sich vornehmlich aus Beamten, Offizieren, Gutsbesitzern usw. zusammen. Beziehungen zu industriellen Unternehmungen unterhielt sie so gut wie gar nicht.«
Ende 1930 verkaufte Friedrich Minoux seinen Anteil an Jacquier & Securius, um sich offensichtlich mehr auf seine Kohlengroßhandlung zu konzentrieren[9].

Über eine weitere wichtige Aktivität von Minoux hielt das Urteil 1941 fest[10]: »Schon während seiner Tätigkeit bei Hugo Stinnes hatte Minoux auf die Rota Kessel- und Maschinenbau GmbH (Rota) Einfluß genommen. Der Anlaß hierzu war, daß Stinnes von der Reichsbahn ein Vertrag über die Ausbesserung von Güterwagen angeboten wurde, den er jedoch nicht eingehen wollte. Minoux machte das Geschäft mit einem gewissen Dr. Hinninger zusammen. In der Folgezeit wurden außer Güterwagen auch noch Lokomotiven ausgebessert. Die Gesellschaft erzielte sehr gute Gewinne und mußte ihren Betrieb in kurzer Zeit von 20 auf 1500 Gefolgschaftsmitglieder erweitern, Hallen bauen und Maschinen anschaffen. ... Zwischen der Rota, deren Geschäftsanteile inzwischen sämtlich in die Hand des Angeklagten Minoux übergegangen waren, und der Reichsbahn kam es schließlich zu Streitereien, weil die Reichsbahn in immer größerem Umfang dazu überging, die Ausbesserungen in ihren eigenen Eisenbahnreparaturwerkstätten vornehmen zu lassen und die Rota ihr dieses Recht bestritt. Im Verlaf dieser Auseinandersetzungen wurde gegen Angestellte der Rota und Reichsbahnbeamte der Vorwurf des Betruges erhoben und verschiedene Angeklagte, insbesondere der Hauptangeklagte März zu Freiheitsstrafen verurteilt. Letzterer war ursprünglich Werkmeister bei der Reichsbahn, dann aber von Minoux zur Aufgabe seiner Stellung veranlaßt und zum Geschäftsführer der Rota gemacht worden. In diesem Prozeß wurde Minoux als Zeuge gehört, jedoch nicht vereidigt, weil er verdächtig erschien, März zu seinen Straftaten angestiftet zu haben, obwohl er nach seinen Angaben alle Anstrengungen machte, vereidigt zu werden. Wie er weiter angibt, hat er für diesen Zivil- und Strafprozeß rund 800.000.- RM geopfert, um eine Freisprechung des Angeklagten zu erreichen.«

Minoux gehörte daneben zu den Gründern und Aufsichtsratsmitgliedern der Printator-Maschinen AG, einem Druckmaschinenbetrieb.[11] Paul Ufermann sah in Minoux bereits 1924 ebenfalls den Mehrheitsaktionär der Deutsch-Rumänischen Petroleum-Aktiengesellschaft (Derupag). Tatsächlich erwarb er erst 1926 die Hälfte des Aktienkapital der Derupag in Höhe von einer Million Goldmark. Die Derupag erhielt den Namen Mineralöl- und Asphaltwerke AG (Mawag). Sie hatte zu dieser Zeit die Gelegenheit, am Kaiser-Wilhelm-Kanal große stillgelegte Tankanlagen der Marine zu pachten und errichtete hier große Destillations- und Raffinerieanlagen, in der vor allem aus mexikanischem Öl Benzin, Heizöl und Kunstharz hergestellt wurden.[12]
Die Mawag errichtete auch eine Ölraffinerie bei Marseille. Die Gewinne aus diesem Geschäft mußte Minoux allerdings in Aktien der neuen Raffinerie stecken, die er später nur mit großen Verlusten verkaufen konnte.

In einer Analyse des Minouxschen Imperiums nannte Paul Ufermann die Beteiligung an der Berlin-Burger Eisenwerk AG, die eine Zeitlang eine vorläufige Konzession für den Vertrieb der Fordschen Automobilwerke in Deutschland besaß, »die weitaus wichtigste«. Offensichtlich aber scheiterten Minouxs Pläne im Bereich des Automobilbaus.

1924 gehörte Friedrich Minoux neben Oberbürgermeister Gustav Böß, drei Stadträten, acht Stadtverordneten und zwei Betriebsratsmitgliedern sowie einem Ingenieur zu den sechzehn Gründungs-Aufsichtsratsmitgliedern der Berliner Städtischen Elektrizitätswerke AG (Bewag). Auffällig ist, daß Minoux in diesem Gremium der einzige Wirtschaftsvertreter war. Warum er diese Position erlangte, die er mindestens bis 1928 wahrnahm, konnte nicht geklärt werden, da die Akten der Bewag aus dieser Zeit nicht überliefert sind[13]. Ebenso gehörte Minoux zu dieser Zeit den Aufsichtsräten der Städtischen Berliner Wasserwerke und der Berliner Gaswerke (Gasag)[14] bis 1930 sowie der Berlin-Anhalter Maschinenbau AG (BAMAG) an. Auf seine Zusammenarbeit mit den Berliner Gaswerken wird unten noch ausführlich einzugehen sein.

Minoux war offensichtlich bereit, auch noch nach dem Ende der Inflation größere geschäftliche Risiken einzugehen und büßte dabei auch Kapital ein. Seine Kohlenhandlung, in der er auch aus Großbritannien importierte Kohle verkaufte, mußte oftmals Verluste aus anderen Geschäftszweigen tragen. Über seine Risikobereitschaft berichtet das Urteil von 1941[15]:
»In diesen Jahren vermittelte Minoux auch als Teilhaber von Jacquier & Securius auch den Bau der Kanalisation von Konstantinopel. Hierbei handelte es sich um ein Geschäft von ungefähr 150.000.000 Goldmark, das durch einen Schwager von Levinsohn-Levin, einem Ingenieur Blumberg, an ihn herangetreten war. Eine Anzahl kleinerer Firmen, wie Woodmetal GmbH, Zeotokol GmbH, Mirakel Deutsche Schuhabsatz GmbH, die er zur Auswertung von Ideen und Patenten gründete, brachten keine oder keine wesentlichen Gewinne, sondern erforderten sogar Zuschüsse. Das gleiche gilt von der Erfurter Mechanischen Schuhfabrik, von der er die Aktienmehrheit besaß.«
Diese Einschätzung wurde von einem ehemaligen Mitarbeiter von Minoux in einem »vertraulichen Gespräch« am 7. November 1941 gegenüber einem Gasag-Vertreter bestätigt[16]: »Minoux hat aus den sehr erheblichen Gewinnen seiner Gesellschaft in den Jahren ab 1924, besonders aber seit dem englischen Bergarbeiterstreik sehr große Beträge bei seinen betriebsfremden Beteiligungen, vornehmlich durch seine jüdischen Partner verloren (Mirakel-Schuhabsatz, Direktläden, Rota u.a.m.). Es handelt sich dabei um eine Summe von mindestens 3 Millionen Reichsmark aus der Zeit von etwa 1926 bis 1932.«
Insgesamt bietet sich so das Bild einer weitgefächerten Beteiligung an unterschiedlichsten Unternehmen, deren Schwerpunkt auf dem Energiesektor und dem Maschinenbau lag. Zur Verwaltung seines Privatvermögens diente vor allem die Proba Metallgesellschaft.[17] Einige Beteiligungen waren eher kurzfristig, andere sind in den gesamten zwanziger Jahren festzustellen. Wichtigstes Standbein sollte jedoch die Kohlengroßhandlung werden, die zur Haupteinnahmequelle von Minoux wurde.

Nicht nur wegen der Rota AG geriet Minoux in einen Konflikt mit der Justiz.[18] Bereits 1924 hatte Jacquier & Securius als Führerin eines Konsortiums verschiedener Banken die Mehrheit des Aktienkapitals der Zigarettenfabrik August Batschari übernommen. Im Juni 1926 übernahm dann Minoux die Firma. Zu dieser Zeit hatte die Batschari AG eine Steuerschuld in Höhe von 11.808.106 Reichsmark. Minoux erreichte in Verhandlungen mit dem Reichsfinanzministerium, daß diese Steuerschuld zinslos innerhalb eines Zeitraumes von zehn Jahren getilgt werden durfte. In die »Sanierungsbilanz« vom 30. Juni 1926 wurde die Steuerschuld als »fundierte Schuld« abgezinst und nur mit einem Betrag von 7.417.106 Reichsmark, also mit 4.391.000 Reichsmark weniger, eingesetzt[19]:
»Diese 4.391.000 Reichsmark wurden in der Weise errechnet, daß man die Zinsen der Gesamtschuld für die gesamte Stundungsdauer von zehn Jahren feststellte. Der so gefundene Betrag ... wurde als »Rediskont« von der Gesamt«-schuld abgezogen. Der auf diese Weise erzielte »Gewinn« wurde dazu benutzt, daß man ihm zum Ausgleich von Verlusten aller Art verwendete, also so verfuhr, als ob es sich um einen effektiven Gewinn handelte.»
Diese Einträge fanden sich auch in der Bilanz vom 31. Juli 1928, als die Aktien von Minoux an die Gebrüder Borg verkauft wurden. Im April 1929 wurde die Batschari AG liquidiert.
Am 29. Juli 1933 beantragte die Staatsanwaltschaft die Eröffnung des Hauptverfahrens vor dem Landgericht Berlin gegen Minoux und Joseph Ludwig als Mitglied des Vorstandes der Batschari AG, weil diese mit den Bilanzeintragungen »absichtlich zum Nachteile der Gesellschaft [Batschari, d.V.] gehandelt und damit Vergehen gegen die Par. 312, 314 und 73 HGB begangen« hätten. Friedrich Minoux wehrte sich vehement gegen den Vorwurf der »Bilanzfälschung«[20] und bezeichnete die Anschuldigungen der Staatsanwaltschaft als »objektiv durchaus unbegründet und subjektiv empfinde ich sie als bitteres Unrecht«.[21] Ausführlich legte er die Wertansätze dar, nach denen er verfahren war, erläuterte sein Vorgehen bei der Sanierung von Batschari und beantragte schließlich, die Eröffnung des Hauptverfahrens abzulehnen. Das Gericht gab dem Antrag von Minoux statt; ein Hauptverfahren wurde nicht eröffnet[22]. Hiergegen erhob die Staatsanwaltschaft Beschwerde; das Verfahren wurde schließlich im Rahmen einer Amnestie eingestellt.

Der von dem Herrn Preußischen
Justizminister
bestellte Sonderstaatsanwalt
Erster Staatsanwalt Dr. Weil
Betr. Ermittlungsverfahren
gegen Reemtsma und Genossen
— IV. c. Min. 99. 33. —

Berlin W 57, den 29. Juli 1933,
Elsholzstraße 32,
Preußisches Kammergericht.

Anklageschrift.

1. Der Kaufmann Friedrich Minoux in Berlin-Wannsee, Große Seestraße 56, geb. am 21. März 1877 in Mutterstadt in der Pfalz, Strafregister ist angefordert,

2. der Kaufmann Joseph Ludwig in Berlin-Charlottenburg 5, Neue Kantstraße 16, geb. am 5. Februar 1893 zu Metz, Strafregister ist angefordert,

werden angeklagt,

zu Baden-Baden und anderen Orten des Inlandes in nicht rechtsverjährter Zeit, insbesondere am 31. Juli 1928 und später,

a) Minoux als Mitglied des Aufsichtsrats und Ludwig als Mitglied des Vorstandes der Zigarettenfabrik Batschari-Aktiengesellschaft in ihren Übersichten über den Vermögensstand der Gesellschaft den Stand der Verhältnisse der Gesellschaft wissentlich unwahr dargestellt zu haben,

b) durch ein und dieselbe Handlung wie zu a) absichtlich zum Nachteile der Gesellschaft gehandelt zu haben.

— Vergehen gegen §§ 312, 314, 73 HGB. —

An die
Strafkammer
des Landgerichts
in Berlin.

Titelseite der Anklageschrift vom 29. Juli 1933

5. Friedrich Minoux in der Gesellschaft zum Studium des Faschismus und in der Akademie für Deutsches Recht

Auch nach 1923 blieb Friedrich Minoux politisch nicht untätig. Im November 1930 sprach er bei Reichskanzler Heinrich Brüning vor und ließ diesem am 13. November 1930 »Leitsätze zur Behebung der Arbeitslosigkeit« zukommen.[1] Einige seiner Vorschläge lauteten:

- Die Arbeitszeit sollte von acht auf sechs Stunden verringert werden, die wie sieben Stunden bezahlt werden sollten, also Arbeitszeitverkürzung bei unterproportionaler Lohnkürzung;
- Öffentliche Großprojekte, etwa die Fertigstellung des Mittellandkanals, der Bau von Talsperren, der »Bau großer Automobilstraßen, z.B. von Hamburg bis Berlin, Berlin - Leipzig - München«, also Projekte, die sich später selbst tragen würden;
- Genaue Überwachung der Arbeitsverhältnisse, »ohne die Freizügigkeit der einzelnen Arbeiter zu beschränken«;
- Einstellung vor allem von verheirateten Männern und Einschränkung der Frauenarbeit, vor allem durch das »Verbot, Frauenarbeit in den Fabriken niedriger zu entlohnen«; damit verbunden eine Junggesellensteuer für dreißigjährige in Höhe von fünf Prozent, für vierzigjährige und ältere in Höhe von 25 Prozent des Einkommens;
- Rücksiedlung von ehemaligen Landbewohnern in die Landwirtschaft;
- Finanzierung durch eine allgemeine 5% Steuererhöhung für alle, bei denen eine Verringerung der Arbeitszeit nicht möglich wäre, die Erhöhung der Tabak- und Alkoholsteuern und die Verstaatlichung der Krankenversicherung.

Eine merkwürdige Mischung aus Arbeitsbeschaffungsprogramm, fortschrittlichen und zutiefst rückschrittlichen Elementen bietet sich hier dar. Vieles erinnert an die Vorstellungen, die Friedrich Minoux 1923 zur Bekämpfung der Inflation vorgelegt hatte. Zugleich werden daran die Konstanten in seinem politischen Denken erkennbar: Viel wirtschaftliche Autonomie, aber starke staatliche Eingriffe und eine gesamtgesellschaftliche Verantwortung für die Überwindung der wirtschaftlichen Probleme.

1932/33 war Friedrich Minoux zugleich Vorstandsmitglied der im Dezember 1931 von Karl Eduard Herzog von Sachsen-Coburg-Gotha gegründeten »Gesellschaft zum Studium des Faschismus«.[2]

Geschäftsführender Vorsitzender der Gesellschaft war Major a.D. Waldemar Pabst, der 1919 führend am Mord an Karl Liebknecht und Rosa Luxemburg

Berlin, den 15. [illegible]

Herrn

Reichskanzler Dr. Heinrich Brüning

Berlin W.

Sehr geehrter Herr Reichskanzler!

Im Anschluß an die Unterredung, die Sie mir zu gewähren die Liebenswürdigkeit hatten, beehre ich mich, Ihnen laut Absprache in der Anlage eine kurze Skizze zu überreichen, in der ich versucht habe, die Ihnen vorgetragenen Gedankengänge niederzulegen.

Zu einer erneuten Diskussion der von mir vorgetragenen Punkte stehe ich Ihnen auf Wunsch jederzeit gerne zur Verfügung.

Inzwischen empfehle ich mich Ihnen mit dem Ausdruck meiner vorzüglichen Hochachtung

Ihr sehr ergebener

gez. Minoux.

Schreiben Minouxs an Reichskanzler Heinrich Brüning

beteiligt gewesen war. Anfang 1933 besaß die Gesellschaft 96 ordentliche und 110 Studienmitglieder. Die meisten Mitglieder gehörten Führungsgremien der DNVP an; Stahlhelm (etwa 30) und NSDAP (etwa 20) waren demgegenüber unterrepräsentiert. Etwa 75 Mitglieder kamen aus Wirtschaft und Industrie (unter ihnen Hjalmar Schacht, Fritz Thyssen, Friedrich Minoux), rund 30 waren Großgrundbesitzer, so der ehemalige Kronprinz Friedrich Wilhelm und Joachim von Oppen-Dannewalde. Dazu kamen einige Theoretiker aus dem Umkreis der »konservativen Revolution«, von denen einige über den italienischen Faschismus publiziert hatten (Ernst Wilhelm Eschmann, Wilhelm Mannhardt, Otto Koellreutter, Heinrich Herrfahrdt, Friedrich Hielscher, August Winnig). Die ordentlichen Mitglieder waren vier Bereichen zugeteilt: Wirtschaft, Recht, Kultur, Militärwesen. Die Gesellschaft sah ihre Hauptaufgabe darin, die Erfahrungen des italienischen Faschismus auf Deutschland zu übertragen und ein einheitliches Vorgehen aller rechtsextremen Kräfte zumindest ideologisch vorzubereiten. Zentraler Schwerpunkt der Gesellschaft war seit ihrer Gründung die Konzeption der künftigen Sozial- und Gewerkschaftspolitik, vor allem eine am Faschismus orientierte Umgestaltung der Gewerkschaften. Seit März 1932 fanden regelmäßig einmal monatlich Vortragsabende statt, bei denen unter anderen Hans Reupke, August Winnig und Friedrich Minoux sprachen.

Personelle Verbindungen bestanden vor allem zum »Nationalen Klub von 1919«, dessen »Politischer Beauftragter« seit Juni 1932 Waldemar Pabst war. Der »Nationale Klub« war 1919 von Angehörigen der altkonservativen Eliten gegründet worden und verstand sich als politische Koordinierungs- und Verbindungsstelle der sogenannten nationalen Opposition, die sich 1932 verstärkt um eine Einigung der Konservativen und der NSDAP bemühte.[3]

Die Ausrichtung auf Italien ist auch durch die Person von Waldemar Pabst mitbestimmt.[4] Pabst war nach seiner Beteiligung am Kapp-Putsch vom März 1920 nach Österreich geflohen und kam dort 1921/22 als Stabsleiter der Tiroler Heimwehr unter.[5] Die Heimwehr war zu dieser Zeit eine militante Bauern- und Bürgermiliz, die sich auf bürgerkriegsähnliche Auseinandersetzungen mit der Sozialdemokratischen Partei Österreichs (SPÖ) und der österreichischen Arbeiterschaft vorbereitete. 1920 bis 1923 bestanden enge Verbindungen zu Hitler und den bayerischen Wehrverbänden. Ab 1922 erhielt die Heimwehr auch einen Platz im innenpolitischen Stabilisierungsprogramm der bürgerlichen Koalitionsregierung Seipel. Sie wurde vom österreichischen Industriellenverband großzügig subventioniert und sollte der Bundesregierung als »Brachialgewalt« gegen angebliche innere Unruhen und äußere Bedrohungen zur Verfügung stehen.[6] Die zukünftige Zusammenarbeit mit der Regierung wurde von den Richtlinien bestimmt, die Pabst 1922 in einer Denkschrift festgelegt hatte und die auch detaillierte Planungen für den Bürgerkrieg enthielt. Jedoch war noch kein Regime faschistischer Prägung geplant, da die Heimwehr nur bei außerordentlichen Unruhen in Aktion treten sollte, nicht aber bei einem legalen Wahlerfolg der SPÖ.[7] Unter maßgeblicher Beteiligung von Pabst erfolgte 1927 dann eine ideologische Zäsur: Das italienische faschistische Gedankengut wurde rasch rezipiert, auch materielle Unterstützung wurde aus Italien erhofft. Zugleich wurde die Staatsstreichplanung zur Errichtung eines autoritären Ständestaates vorangetrieben. Die universalistische Philosophie Othmar Spanns und des Spannkreises gewann zunehmend an Einfluß in der Ideologie und der Führung der Heimwehr.[8] Der Spannkreis erfüllte auch Mittlerdienste zwischen Italien und der Heimwehr. 1929 strebte dann die Heimwehrführung eine Verfassungsreform an, um die parlamentarische Machtstellung der SPÖ und ihren Einfluß auf die Verwaltung der Stadt Wien zu beseitigen sowie eine Volkswahl und die Kompetenzerweiterung für Notverordnungen des Bundespräsidenten durchzusetzen. Die Regierung Schober konnte jedoch 1930 diesen von der Heimwehr angestrebten autoritären Staat nicht durchsetzen. Im Verlauf eines Konfliktes zwischen Schober und der Heimwehr wurde Waldemar Pabst schließlich im Juni 1930 aus Österreich ausgewiesen. In Deutschland sollte Pabst in den Jahren 1931/32 zu den wichtigsten Vermittlern zwischen den konservativen Kreisen und der NSDAP gehören. Ein solches Bindeglied sollte auch die Gesellschaft zum Studium des Faschismus sein.

Am 15. Dezember 1932 hielt Friedrich Minoux vor der »Gesellschaft« einen Vortrag über »Wirtschaftswende durch Soziale Individualwirtschaft«[9]. Über seine »Leitsätze zur Bekämpfung der Arbeitslosgkeit« noch weit hinausgehend, legte Minoux hier ein umfassendes wirtschaftliches Neuordnungsprogramm vor. Er betonte den »Primat der Politik«, verlangte die Setzung der Rahmenbedingungen für die Wirtschaft durch den Staat und setzte sich ausführlich mit anderen Wirtschaftskonzepten auseinander. Einen »christlichen Sozialismus« lehnte er wegen der dort angeblich vorhandenen falschen Prämissen ab, ebenso eine am marxistischen Sozialismus ausgerichtete Planwirtschaft. Scharf lehnte er die in der Sowjetunion durchgeführten Wirtschaftsreformen ab und wehrte sich eindeutig gegen ihre Übernahme auf Deutschland[10]:

»Die Tatsache, daß wir neuerdings unsere Tänze aus den Negerkolonien beziehen, und die Tatsache, daß wir uns in Europa mehrfach von der asiatischen Cholera überzeugen konnten, können es aber nicht rechtfertigen, daß wir nun auch unsere Wirtschaftsrezepte aus Asien beziehen.«

Minoux verurteilte die »Überorganisation der Wirtschaft« und lehnte Planwirtschaft, Staatskapitalismus und Staatssozialismus als untauglich ab. Statt dessen sprach er sich für eine »soziale Individualwirtschaft« aus[11]:

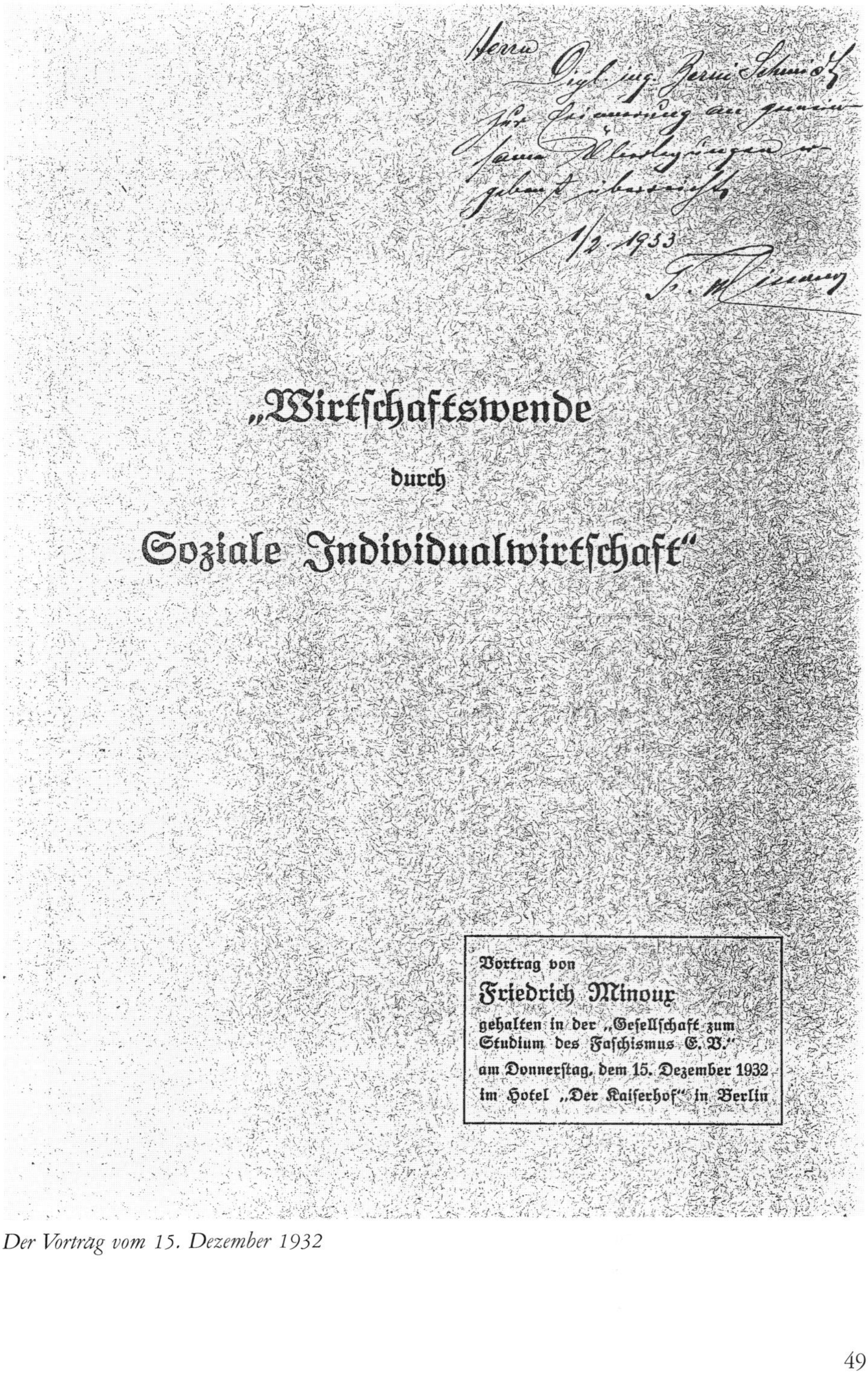

„Wirtschaftswende

durch

Soziale Individualwirtschaft"

Vortrag von

Friedrich Minoux

gehalten in der „Gesellschaft zum Studium des Faschismus E. V."

am Donnerstag, dem 15. Dezember 1932

im Hotel „Der Kaiserhof" in Berlin

Der Vortrag vom 15. Dezember 1932

»Innerhalb ihrer Gesetze sind Familie und Eigentum, Verantwortungsgefühl und gesunder Erwerbssinn die naturgewollten und ewig wirkenden Triebkräfte zur Bildung des Sparsinns, zur Steigerung der Arbeitslust und der Arbeitsleistung. Während die Kollektive eine Verhunzung aller irdischen Lebenswerte nach sich ziehen, fördert die Individualwirtschaft den Fortschritt der Menschheit zu ihrem geistigen und materiellen Wohl. Daher steht für mich fest: Je mehr Kollektivismus, um so schlechter muß das Resultat der Gesamtgütererzeugung sein.«

Ausführlich sprach Minoux über Trusts, Monopole und Syndikate. Interessanterweise betonte er, bereits 1918 Hugo Stinnes eindringlich zur Kündigung des Kohlensyndikates geraten zu haben, und daß Stinnes diesem Rat leider nur vorübergehend gefolgt sei. Minoux forderte daher die »Aufhebung und Verbot aller Syndikate und Truste«[12]. Ebenso sprach er sich gegen »Lohnsyndikate und Tarifverträge«[13] aus. An ihre Stelle sollte eine staatliche Regelung, ein »Arbeitsschutzgesetz« treten, in dem für die verschiedenen Berufsgruppen Mindestlöhne festzulegen seien. Kernstück der Minouxschen Reformen war aber die Zerschlagung der »anonymen Mammutgesellschaften« durch eine Reform des Aktienrechts und die »Enttrohnung des anonymen Kapitals«[14] durch umfassende Kapitalumverteilung[15]: »Den Organen der großen anonymen Kapitalkörperschaften, sowohl Banken als auch Industrieunternehmungen, wäre die Aufgabe zu stellen, ihre Gesellschaften, unter Berücksichtigung regionaler Gliederung, wie fabrikatorischer Zweckmäßigkeit, so in eine Reihe kleinerer Gesellschaften oder durch Überführung in Privatbesitz innerhalb gemessener Frist zu zergliedern, daß unter Vermeidung von Monopolen Gesellschaften mit mehr als 5 Millionen Reichsmark nicht ohne besondere staatliche Genehmigung fernerhin würden mehr existieren dürfen.«

Daneben verlangte Minoux eine »berufsständische Gliederung der Wirtschaft« und berief sich dabei unter anderem auf August Winnig, der auf dem vorigen Vortragsabend der »Gesellschaft« am 1. Dezember ausführlich zu diesem Problem gesprochen hatte. Insgesamt sollten 27 nach Berufsgruppen eingeteilte Ständekammern errichtet werden, die die Produktions- und Bedarfsentwicklung sorgfältig beobachten und in technischen Ausschüssen »auf rationelle Betriebsführung und zweckmäßige Betriebsverbesserungen zur Erreichung intensiver Wirtschaft« hinwirken sollten, Arbeitsnachweise sowie Fach- und Fortbildungsschulen im Rahmen der einzelnen Berufsstände einzurichten hatten, aber auch »alle Vorschriften des Arbeitsschutzgesetzes, einschließlich der Vorschriften gewerbepolizeilicher Art, zu überwachen und Produktionsstörungen, insbesondere Streiks, zu verhindern«[16] hätten. Auch die Preisüberwachung sollte zu den Aufgaben der Ständekammern gehören. Flankierend sollte bei dieser Organisation der deutschen Wirtschaft eine Reform der Sozialversicherung wirken. Sozialversicherungsbeiträge sollten für jeden einzelnen gespart werden und ihm im Fall von Krankheit oder Not zur Verfügung stehen. Sollten diese gesparten Mittel verbraucht sein, stünden die Mittel einer »Sozialnotversicherung« zu Verfügung, die »nur von den Beiträgen der Unternehmungen zu speisen wäre«.[17]

Abschließend setzte sich Minoux mit der Marxschen Mehrwerttheorie und hier vor allem mit der Berechtigung von Zins, Rente und Unternehmensgewinn auseinander. Er forderte eine scharfe »Wegsteuerung von Zins und Rente«.[18] Dabei sollten spekulative Zinsen wesentlich schärfer als kleinere Zinserträge besteuert werden. Gradmesser der Besteuerung sollte sein, ob die Vermögen in Fabriken »zur Befriedigung lebenswichtiger Bedürfnisse« oder anders angelegt seien[19]
»Wenn auch kleine Vermögen bis zu etwa 20000 RM vielleicht schonender zu behandeln wären, als größere Vermögen, so dürfte doch für die Ermittlung des Tarifsatzes nicht etwa die Höhe des Vermögens als solche ausschlaggebend sein, sondern für den Unterschied in der Besteuerung des Vermögens und die Höhe des Steuersatzes müßte die Art seiner Anlage und Verwendung in der Gesamtwirtschaft bestimmende Geltung haben.«

Die Einkommenssteuer sollte sich am »Verbrauch« des zu Besteuernden orientieren. Vom durch Arbeit erzielten Einkommen seien die gesparten – oder bei Unternehmergewinnen investierten – Beträge abzuziehen; nur der Rest des Einkommens sei als »Verbrauch« – abhängig von Familienstand und Kinderzahl – zu besteuern. Das Verfahren würde zugleich eine »Kapitalbildung in den richtigen Händen« ermöglichen.

Dieses am Ideal des mittelständischen Unternehmers orientierte Wirtschaftsprogramm habe – so Minoux – die Probleme, die die »im Kern« richtige Mehrwerttheorie von Marx aufgeworfen habe, gelöst. Eigeninitiative, Verhinderung von Monopolen und Trusts, Begrenzung der Kapitalhöhe von Aktiengesellschaften, Ablehnung der Tarifverträge und Verlagerung eines Teils der staatlichen Aufgaben auf die ständischen »Berufskammern« sowie eine Reform des Sozialversicherungs- und Steuerrechts waren die schillernden Elemente einer Theorie, die sich weniger auf die Erkenntnisse der Volkswirtschaftslehre stützte, als auf die Erfahrungen, die der »Praktiker« Minoux entwickelt hatte und die bereits ihren Niederschlag in den Inflationsüberwindungsvorschlägen von 1923 und in den Ratschlägen an Brüning von 1930 gefunden hatten. Charakteristisch dafür sind auch die Bemerkungen Minouxs am Schluß des Vortrags[20]: »Bestimmt haben Sie alle aber aus meinen Darlegungen die Begriffsverbindung

erkannt, die sogar zwischen der marxistischen Lehre auf dem Gebiet der Mehrwertstheorie und der nationalsozialistischen Wirtschaftseinstellung gegenüber Zins und Rente besteht. Hoffentlich waren meine Ausführungen auch geeignet, den Beweis dafür zu erbringen, daß sich die privatkapitalistische Wirtschaft in eine soziale Wirtschaft umwandeln läßt, und zwar unter absoluter Beibehaltung der Individualwirtschaft und unter Verzicht auf jede Form einer kollektivistischen Wirtschaft...
Nur die Existenz einer möglichst großen und breiten Mittelschicht, die ebenso wirtschaftlich wie steuerlich leistungsfähig ist, verbürgt Wohlergehen und Zufriedenheit aller Individuen, soweit sie überhaupt guten Willens sind, bringt öffentlichen Wohlstand und verhütet Erschütterungen der staatlichen Gemeinschaft.«
Ob es noch zu dem für den 17. Februar 1933 geplanten Ausspracheabend über den Vortrag im Hotel Kaiserhof am Wilhelmplatz gekommen ist, läßt sich aus den vorliegenden Quellen nicht beantworten.

Mit Sicherheit war dieser Vortrag kein nationalsozialistischer. Ob er sich bei seiner Hervorhebung und Zustimmung zu den marxschen Ideen bei den Machthabern nach dem 30. Januar 1933 beliebt gemacht hatte, ist ungewiß. Zumindest war dies sein letzter öffentlicher Versuch, Einfluß auf das politische Geschehen zu nehmen und sein Konzept des mittelständischen, auf den »Sachverstand« bauenden Unternehmers als Allheilmittel der Wirtschaftskrise anzubieten.

Die Gesellschaft zum Studium des Faschismus verlor nun rasch an Bedeutung. Sie wurde zum 31. Dezember 1933 aufgelöst, ihre Mitglieder geschlossen als Faschistische Studiengesellschaftin den Nationalen Klub von 1919 übernommen. Ob Minoux zu dieser Zeit noch zu den Mitgliedern der Gesellschaft gehörte, ist unbekannt.

Im April 1933 reichte Friedrich Minoux seine »Leitsätze zur Bekämpfung der Arbeitslosigkeit« erneut dem Reichskabinett ein.[21] Ein Hinweis auf seine weitere politische Betätigung findet sich im ersten erhalten gebliebenen Mitgliederverzeichnis der im Juni 1933 konstituierten und mit Gesetz vom 11. Juli 1933 zur öffentlich-rechtlichen Körperschaft erhobenen Akademie für Deutsches Recht.[22] Es enthält den handschriftlichen Eintrag »Minoux Friedr., Generaldirektor, Bln.Wannsee, Am Großen Wannsee 56«[23], während das hektographierte Verzeichnis vom August 1936 ihn als ordentliches Mitglied mit der Anschrift »Berlin-Wannsee, Große Seestraße 56« nennt[24].

Zu welchem Zeitpunkt Friedrich Minoux in die Akademie berufen wurde, die nach dem Willen ihres Gründers Hans Frank vor allem Einfluß auf die Gesetz-

133

Lammers Hans-Heinrich, Dr., Staatssekretär und Chef der Reichskanzlei, Berlin W. 8, Wilhelmstraße 78.
Lange Heinrich, Dr., Professor, Breslau, Zimpelerstraße 1.
Lechner Ludwig, Dr., Rechtsanwalt, München, Sonnenstraße 17.
Lehmann Heinrich, Dr., Professor, Köln-Marienburg, Wolfgang-Müller-Straße 18.
Lehnich Oswald, Dr., Professor, Staatsminister i. R., Präsident der Reichsfilmkammer, Stuttgart-N, Lindenstraße 4.
Lent Friedrich, Dr., Professor, Erlangen, Hindenburgstraße 47.
Lenz Heinz, Dr., Rechtsanwalt, Gauführer des BNSDJ, Stettin, Lindenstraße 1.
Ley Robert, Dr., Führer der Deutschen Arbeitsfront, Staatsrat, Berlin W. 9, Leipziger Platz 14.
Linde Franz, Vizepräsident, Berlin-Grunewald, Lynarstraße 16.
Lippert Julius, Dr., Staatskommissar, Berlin C. 2, Rathaus.
Linz Carl, Senatspräsident am Reichsgericht, Leipzig S. 3, Kaiserin-Augusta-Straße 11.
Lohse Heinrich, Gauleiter, Oberpräsident, Altona, Flottbecker Chaussee 14.
Lüer Carl, Dr., Präsident der Industrie- und Handelskammer zu Frankfurt a. M., Frankfurt a. M., Brentanostraße 2.
Lutze Viktor, Oberpräsident, Stabschef der SA, Berlin W. 8, Voßstraße 1.

Mansfeld Werner, Dr., Ministerialdirektor, Reichsarbeitsministerium, Berlin NW. 7, Unter den Linden 33/35.
Meerwald Willy, Dr., Ministerialrat, Berlin W. 8, Wilhelmstraße 78.
Meißner Otto, Dr., Staatssekretär, Berlin W. 8, Wilhelmstraße 73.
Menge August, Dr., Diplom-Ingenieur, Berlin W. 62, Kurfürstenstraße 112.
Meyer Alfred, Dr., Reichsstatthalter in Lippe und Schaumburg-Lippe, Detmold, Rosental 13.
Meyer Herbert, Dr., Professor, Göttingen, Planckstraße 6 a.
Meyer Karl, Dr., Staatsrat, Bad Tölz, Hindenburgstraße 27.
Mezger Edmund, Dr., Professor, München, Kaulbachstraße 89.
Mikorey Max, Dr., Professor, München, Sigmundstraße 3.
Minoux Friedrich, Generaldirektor, Berlin-Wannsee, Große Seestraße 56.
Möncmeier Otto, Dr., Berlin-Frohnau, Hermsdorfer Steige 30.
Mößmer Ferdinand, Dr., Rechtsanwalt, München, Kaufingerstraße 15.
Müller Karl, Bankdirektor, Berlin-Grunewald, Siemensstraße 9.
Müller-Erzbach, Rudolf, Professor, München, Leopoldstraße 145.
Murr, Gauleiter, Reichsstatthalter, Stuttgart, Goethestraße 14.
Mutschmann Martin, Reichsstatthalter, Gauleiter, Dresden, Grunaerstraße 60.

Nagler Johannes, Dr., Professor, Breslau 16, Wagnerstraße 13.
Neef Hermann, Reichsführer des NS-Beamtenbundes, Berlin W. 35, Graf-Spee-Straße 16/17.

Friedrich Minoux im Mitgliederverzeichnis der Akademie für Deutsches Recht

gebung des nunmehr nationalsozialistischen Staates gewinnen sollte und in permanentem Kleinkrieg mit dem Reichsjustizministerium stand, ist nicht bekannt. Der Akademie gehörte neben Repräsentanten der NSDAP wie Hermann Göring, Wilhelm Frick, Franz Gürtner, Richard Walther Darré, Hanns Kerrl, Roland Freisler und Robert Ley, Reichsminister wie Konstantin von Neurath und Julius Dorpmüller und Vertreter der gehobenen Staatsbürokratie wie Hans Pfundtner, Otto Meißner und Hans-Heinrich Lammers auch eine Reihe von Industriellen wie Eugen Böhringer, Carl Bosch, Hermann Bücher, Wilhelm Merck, Philipp Reemtsma, Werner von Siemens, Wilhelm von Opel und Fritz Thyssen an. In der Gruppe der Hochschullehrer befanden sich neben Otto Koellreutter einige, die wie Minoux Mitglied der Gesellschaft zum Studium des Faschismus gewesen waren. Daneben sind die Namen von Carl Bilfinger, Viktor Bruns, Hermann Dersch, Justus Wilhelm Hedemann, Ernst Heymann, Friedrich Lent, Edmund Mezger, Johannes Nagler, Heinrich Mitteis, Friedrich Oetker, Richard Schmidt und Carl Schmitt zu nennen.[25]

Offensichtlich sollten gerade die Industriellen der Akademie nicht nur eine Finanzierung sichern, sondern für die postulierte »praxisnahe« Gesetzgebung der Nationalsozialisten stehen. Friedrich Minoux taucht nicht in den Führungsgremien der Akademie oder ihrer Ausschüsse auf; ob und an welchen Aktivitäten der Akademie er teilgenommen hat, ließ sich auch bei einer Durchsicht der überlieferten Restakten der Akademie im Bundesarchiv nicht klären. Die Akademie scheint jedoch die einzige politische Einrichtung gewesen zu sein, der Minoux im Dritten Reich angehörte.[26] Eine Mitgliedschaft in der NSDAP oder anderen NS-Organisationen ist nicht nachweisbar.[27]

6. Die »Arisierung« der Papierfabrik Okriftel

Auch nachdem Friedrich Minoux seine Beteiligung am Bankhaus Jacquier & Securius zum 1. Januar 1931 aufgegeben hatte, behielt er seine Geschäftsräume im Hause An der Stechbahn 3-4 bis 1935. Er widmete sich danach vor allem seinem Kohlengroßhandel, war aber 1938 auch an der »Arisierung« eines Zellstoff- und Papierwerkes im hessischen Okriftel maßgeblich beteiligt.[1] In der »Anmeldung des Rückerstattungsanspruches« von 1949 heißt es über die Geschichte dieses Werkes[2]:

»Die Cellulosefabrik Okriftel a.M. Philipp Offenheimer wurde im Jahre 1896 von Kommerzienrat Philipp Offenheimer aus Frankfurt a.M. mit einer Belegschaft von 27 Arbeitern und 2 Angestellten gegründet. Der Gründer des Werkes war einer der Pioniere der deutschen Zellstoffindustrie. Er hat frühzeitig die Bedeutung des gebleichten Zellstoffs erkannt und sein Werk nach diesen Gesichtspunkten angelegt und entwickelt. Zunächst wurde die Produktion in kleinem Umfang betrieben. Aber gar bald verstand es der Weitblick und die Rührigkeit des Inhabers in zunehmendem Maße ein Produkt auf den Markt zu bringen, das sich im In- und Auslande rasch einführte und großer Beliebtheit erfreute.

Um die Jahrhundertwende wurde eine Papierfabrik angegliedert, die, mit der Zellstoff-Fabrik als Rohstoffbasis sich mit ihren Erzeugnissen (hochwertige technische Rohpapiere, Pergamyn, Florpost- und Durchschlagpapiere) bald den Markt eroberte... In den Jahren vor der Entziehung erreichten die Jahresumsätze eine Höhe von 8,5 Millionen Reichsmark, die Produktion eine solche von 18.000 Tonnen Ia gebleichten Zellstoffen und von 6500 Tonnen hochwertiger Papiere.«

Bald nach der nationalsozialistischen Machtübernahme begannen die Schikanen gegen den »nichtarischen Betrieb«. Allein die Rohstoffzuteilung (Fichtenholz) wurde durch die Berliner Zentrale für Holzverteilung um mindestens 25 Prozent eingeschränkt, ebenso wurde die Produktpalette verringert. Dennoch konnte die Bilanz zum 1. Juli 1937 noch mit einem Jahresgewinn von 993.785,35 Reichsmark abschließen.[3] Nach dieser Bilanz verstärkten sich die Repressalien durch die Handelskammer Frankfurt am Main, die seit Jahresbeginn 1936 eingesetzt hatten, noch weiter. Professor Dr. Carl Lüer, Präsident der Industrie- und Handelskammer für das Rhein-Mainische Wirtschaftsgebiet in Frankfurt am Main[4], ließ die Inhaber der Firma »auffordern, das Unternehmen durch Verkauf zu arisieren«.[5] Eine Schätzung der »Vaterländischen Revisions- und Treuhandgesellschaft mbH Wirtschaftsprüfungsgesellschaft« gab – erheblich unterbewertet, um eine rasche »Arisierung« durchführen zu können – den Wert des Unternehmens am 25. März 1938 mit 9,4 Millionen Reichsmark an. Die Inhaber selbst gingen zu diesem Zeitpunkt von einem tatsächlichen Wert der Anlagen und Grundstücke von mindestens zwölf Millionen aus, die selbst bei einer Liquidierung zu erzielen gewesen wären.[6] Bei einer normalen Produktivität des Betriebes wäre eine noch weitaus höhere Bewertung angemessen gewesen.

In den folgenden Wochen wuchs der Druck auf die Inhaber (die Witwe des Gründers, Lucie Offenheimer, ihren Sohn Ernst Offenheimer, ihre Tochter Marie Therese Offenheimer, verheiratete Bloch, und ihren Schwiegersohn Siegfried Bloch). Wann Minoux Nachricht von dem unter Verkaufszwang stehenden Unternehmen erhielt, ist unbekannt. Möglicherweise hat er davon über seine alten Verbindungen zur Zelluloseindustrie, in der er ja zu Beginn der zwanziger Jahre im Auftrag von Hugo Stinnes führend tätig gewesen war, gehört; auch könnte er über Carl Lüer, der wie Minoux Mitglied der Akademie für Deutsches Recht war, von dieser prospektiven »günstigen Gelegenheit« erfahren haben.

Jedenfalls wurde am 21. Juni 1938 die Papierfabrik Okriftel vor dem Frankfurter Notar Vollrath für den Preis von 3,65 Millionen Reichsmark an Minoux verkauft.[7] Von diesem Betrag mußte sofort eine Million Reichsmark als »Reichsfluchtsteuer« an das Finanzamt Frankfurt/Höchst abgeführt werden. Der Rest wurde auf Sperrkonten beim Bankhaus Alwin Steffan in Frankfurt festgehalten. Die ehemaligen Inhaber konnten sich während der Novemberpogrome 1938 verstecken und kurze Zeit darauf auswandern - ohne auch nur den geringsten Teil der Gelder, die aus dem Verkauf von Okriftel erzielt worden waren, mitnehmen zu dürfen.[8]

Minoux finanzierte den Kaufpreis nur zum geringsten Teil aus eigenen Mitteln. Einen Teil der Kaufsumme stellte ihm die Dresdner Bank zur Verfügung; den anderen erhielt er gegen eine Hypothek von drei Millionen Reichsmark auf das Grundstück der Firma in Okriftel, das Minoux später offensichtlich noch stärker hypothekarisch belastete.

Faktisch hatte Friedrich Minoux einen Betrieb im Werte von über zwölf Millionen Reichsmark mittels eines Kapitaleinsatzes von weniger als einer Million Reichsmark erworben. Dies ist selbst unter den Bedingungen des organisierten Raubes an den deutschen Juden – euphemistisch als »Arisierung« bezeichnet – ein wegen der ungewöhnlich hohen Bereicherung herausragender Fall.

Als Minoux im Mai 1940 verhaftet wurde, bemühte sich ein Vertreter von ihm um den Verkauf der Firma und »leitete Verkaufsverhandlungen mit der Firma Kalle AG, Wiesbaden-Biebrich, und der Firma Henkel, Düsseldorf, ein. Die

Firma Kalle, die an sich als Erwerber am geeignetsten gewesen wäre, da sie in engen Geschäftsbeziehungen mit dem Werk Okriftel stand, schied infolge ihrer Konzernzugehörigkeit zur I.G. Farbenindustrie und eines zwischen dieser und der Zellstoffindustrie geschaffenen Abgrenzungsabkommens aus. Die Verhandlungen mit Henkel waren im Gange, obgleich von dort kein allzu großes Interesse gezeigt wurde, als Minoux unerwartet sein Wannseer Grundstück zu angemessenem Preise verkaufen konnte. Dadurch flossen 1,5 Mio RM aus dem Erlös in das Werk Okriftel.«[9]

Tatsächlich tilgte Minoux aber mit dem Verkauf nur die Schulden und die Hypothek für das Haus in Wannsee bei der Dresdner Bank. Offensichtlich reichte dies aus, um die Liquidität für Okriftel zur erhöhen.
Das Werk erreichte trotz des durch den Krieg verursachten Rohstoff- und Personalmangels im ersten Halbjahr 1941 noch einen Reingewinn von 220.000 Reichsmark. Es stellte zu dieser Zeit das einzige noch verbliebene größere Eigentum von Friedrich Minoux dar. Um seine Schulden gegenüber der Gasag und seine Prozeßkosten zumindest zu einem Teil bezahlen zu können, leitete Minoux über seinen Rechtsanwalt Graf von der Goltz Verhandlungen ein, die am 3. Juli 1943 zu einem Vertragsabschluß mit dem SS- und Wehrwirtschaftsführer Fritz Kiehn[10] führen sollten.[11] Das Werk arbeitete zwar seit 1. Juli 1943 »für Rechnung und Gefahr von Kiehn«, Minoux hatte sich aber ein Rücktrittsrecht vom Vertrag vorbehalten, falls es ihm nicht möglich sein würde, mit dem Verkaufserlös seine Gläubiger, vor allem die Gasag, zu befriedigen. Langwierige und komplizierte Verhandlungen zwischen Kiehn und der Gasag waren die Folge dieses Rücktrittsrechts. Erst Anfang 1945 wurde die Höhe des Verkaufspreises endgültig mit rund sechs Millionen Reichsmark festgelegt[12].

Kiehn und die Gasag schlossen eine Übereinkunft, nach der die Gasag ihre Forderungen gegen Minoux an Kiehn abtrat[13]: »Der Sinn des Abkommens vom 15.2.45 ... war der, daß Kiehn sämtliche vorhandenen Forderungen gegen Minoux nebst den dafür bestehenden Sicherungen erwerben wollte, um mit Minoux ein Abkommen auf der Grundlage zu treffen, daß dieser aus der Haftung für sämtliche gegen ihn bestehende Forderungen entlassen werden, der Kaufvertrag betr. Okriftel von ihm gegenüber Kiehn erfüllt werden und die Besitzung in Garmisch nebst wertvoller Einrichtung Minoux verbleiben sollte. Es handelte sich mithin um eine Gesamtbereinigung, bei der Kiehn im übrigen Minoux auch die Mittel belassen sollte, die ihm auferlegte Geldstrafe zu begleichen.«

Kiehn zahlte im März 1945 an die Gasag 3.391.644,73 Reichsmark und erhielt daraufhin offensichtlich die Auflassungsbewilligungen von Minoux und der

Gasag; zu einer Grundbuchänderung kam es jedoch nicht mehr, so daß das Werk noch bis über das Kriegsende hinaus auf den Namen von Minoux eingetragen blieb.

Nur mit Hilfe des Verkaufes der unrechtmäßig erworbenen Fabrik in Okriftel, deren Erwerb ein »gegen die guten Sitten verstoßendes Rechtsgeschäft«[14] gewesen war, hatte Minoux bis Kriegsende zumindest einen Teil seiner Schulden und der gegen ihn gerichteten Schadensersatzforderungen bezahlen können.

Ursache seiner Haft und seiner Probleme waren seine bis in die zwanziger Jahre zurückreichenden Geschäftsverbindungen zu den Berliner Gaswerken, die Minoux zu einem langjährigen Betrug ausgenutzt hatte.

7. Friedrich Minoux und die Berliner Gaswerke

Nach der Trennung von Hugo Stinnes lag der Schwerpunkt der Tätigkeit von Friedrich Minoux trotz aller industriellen Engagements auf dem Kohlengroßhandel. Die Geschäftsräume der »Friedrich Minoux Gesellschaft für Handel und Industrie« lagen bis 1935 an der Stechbahn 3-4 und blieben auch dort, als Minoux seine Beteiligung am Bankhaus Jacquier und Securius aufgegeben hatte.

Die Firma zog danach an den Kurfürstendamm 32 in Charlottenburg und änderte ihren Namen in Friedrich Minoux KG, Kohlengroßhandlung. Sie unterhielt ein großes Auslieferungslager in Treptow, Hoffmannstraße 29-30, ein weiteres in Steglitz-Friedenau, Rembrandtstraße 10a.[1] Auch zu dieser Zeit war das Hauptgeschäft der Handel mit Kohlen aus Großbritannien; beschäftigt wurden rund 35 Mitarbeiter.

Die Firma von Friedrich Minoux war eine der bedeutendsten Berliner Kohlenhandlungen. Dies drückte sich nicht nur in der Tatsache aus, daß Friedrich Minoux bereits 1919 Vorstandsmitglied der Vereinigten Berliner Kohlenhändler (Vaubeka) war, sondern auch in seinen Aufsichtsratssitzen bei den 1924 neu geschaffenen Versorgungsbetrieben Gasag und BEWAG. Dank seiner Position konnte er sich in den folgenden Jahren an einem umfangreichen Betrugsmanöver gegenüber der Gasag beteiligen[2].

Die Wirtschaftliche Vereinigung Deutscher Gaswerke, Gaskokssyndikat AG (im folgenden: WV) war bereits 1904 in Köln als Zusammenschluß von zuerst 81 Gaswerken gegründet worden. Zweck der Vereinigung war vor allem der Verkauf des bei der Gaserzeugung anfallenden Gaskokses auf Grundlage der von ihr selbst festgelegten und damit der Marktentwicklung nur bedingt unterworfenen Preises. 1914 gehörten der WV rund 500 Werke als Gesellschafter (Aktionäre) an, 1919 waren es bereits 600.[3] Die Gaswerke hatten der WV allen von ihnen erzeugten Koks – mit Ausnahme des jeweiligen »Ortsgeschäftes« – anzubieten; die WV hatte die Gesamtmenge dann auch aufzukaufen. Zur Aufgabe der WV gehörte ebenfalls der Vertrieb der anderen Nebenerzeugnisse der Gasproduktion, so Teer, Ammoniak, Toluol, Benzol und verschiedene Öle. Zum besseren Vertrieb und zur Sicherung der einheitlichen Preisgestaltung wurden von der WV ab 1912 Gaskoksvertriebsgesellschaften gegründet. In Berlin veranlaßte die WV neun Berliner Kohlengroßhändler am 22. März 1912 zur Gründung einer Gaskoksvertriebsgesellschaft (im folgenden: GV). Die Gesellschaft hatte die Aufgabe, allen Gaskoks der WV im Raum Berlin zu verkaufen. Nach dem Ersten Weltkrieg und der darauf folgenden Inflation ergaben sich Verschiebungen bei den Gesellschafteranteilen. 1927 konnte Minoux von der WV mehr als ein Viertel der Geschäftsanteile der Berliner GV erwerben, obwohl sein Gaskoksumsatz relativ gering war und pro Jahr nur 3000 bis 5000 Tonnen betrug.[4]

Am 14. März 1935 schließlich erfolgte durch die Aktionäre der GV die Gründung der Gaskoksverkaufsgesellschaft Max Kessler KG (GMK), die die Aufgaben der GV übernahm. Der persönlich haftende Gesellschafter Max Kessler erhielt einen von der Gesellschafterversammlung gebilligten Vertrag, der ihn ausdrücklich von seinen Verpflichtungen als Komplementär freistellte. Im Urteil gegen Minoux wird festgestellt[5]:
»Wie die Angeklagten unumwunden zugegeben haben, sollte die Gründung der Kommanditgesellschaft den Beteiligten weder bezüglich ihrer Rechte noch ihrer Pflichten eine Änderung bringen, sondern dem Vertriebe sollte nur ein neues Mäntelchen umgehängt werden.«

Ein entscheidender Schritt für die Aktionäre der GV war am 13. März 1924 der Abschluß eines »Ortsvertrages« für Berlin. Vor dem Hintergrund der trostlosen Absatzlage für Koks erhielt die WV – und damit indirekt die GV – jetzt den gesamten Koksvertrieb aller Berliner Gaswerke übertragen. Die Initiative dazu war von Johannes (Hans) Tiemessen, dem Geschäftsführer der WV und späteren Mitangeklagten von Minoux ausgegangen. Unterstützt wurde er dabei von einem anderen späteren Mitangeklagten, Max Kessler, dem Geschäftsführer der GV, der die Gasag am 14. Februar 1924 »auf die Gefahr einer Absatzkatastrophe« hingewiesen hatte.[6] Friedrich Minoux, damals Aufsichtsratsmitglied der Gasag und stellvertretender Beiratsvorsitzender der GV, war von sämtlichen Verhandlungen zwischen WV, GV und Gasag unterrichtet. [7]

Obwohl die Gasag verlangt hatte, daß der Vertrag mit der WV als Gaskokssyndikat und nicht mit der privaten GV geschlossen wurde, akzeptierte sie, daß der GV von der WV alle Rechte und Pflichten aus dem Ortsvertrag übertragen wurden.[8]
Die GV war damit die einzige Koksverkaufszentrale der Berliner Gaswerke. Über die Verflechtungen der Positionen Minouxs bei Gasag, WV und GV heißt es im Urteil[9]:
»Innerhalb der WV und der GV hatten die Angeklagten Kessler, Tiemessen und Minoux, solange sie Hand in Hand arbeiteten, eine nahezu unbegrenzte Macht. Begründet war dies darin, daß sie nicht nur selbst sämtliche wichtigen Posten in den beiden Gesellschaften besetzt hielten, sondern darüber hinaus auch noch ihre Anhänger in entscheidende Stellungen gebracht hatten.
Tiemessen war in der Aufsichtsratssitzung der WV vom 23. März 1923 die Oberleitung der gesamten Geschäfte übertragen worden. Er führte den Titel General-

direktor und hatte das Recht, [für, d.V.] die Firma allein zu zeichnen. Im Aufsichtsrat der GV führte er den Vorsitz und übernahm später den Vorsitz im Beirat der GV, der an die Stelle des Aufsichtsrates trat, bezw. den Vorsitz im Geschäftsausschuß der GMK, als dieser die Geschäfte der GV übertragen wurden. Die Oberleitung der Geschäfte der WV und den Vorsitz im Beirat bezw. Geschäftsausschuß behielt er bis zu seinem Ausscheiden aus den Diensten der WV im Jahre 1937.
Minoux, der bei verhältnismäßig kleinem Gaskoksumsatz mit mehr als einem Viertel am Stammkapital der GV beteiligt war, stand auf der Händlerseite und war stets stellvertretender Aufsichtsrats-, Beirats- oder Geschäftsausschußvorsitzender. Außerdem gehörte er dem Sachverständigenausschuß an und war von 1923/24 bis 1930 Aufsichtsratsmitglied der Gasag, des bedeutendsten Lieferwerks des Berliner Ortsvertrags. Er selbst hat seinen Einfluß in den Versammlungen am besten mit der Erklärung gekennzeichnet, daß in seinem Beisein die übrigen Kohlenhändler nicht wagten, eine Erklärung abzugeben, sondern vertrauensvoll auf seine Ansicht warteten.
Kessler, der von dem Angeklagten Minoux zur WV bezw. GV gebracht worden war, war kurze Zeit Vorstandsmitglied der WV und hat in dieser Eigenschaft am Abschluß des Berliner Ortsvertrages mitgewirkt. Er war ferner vom 1. April 1923 bis zum 14. März 1935 Geschäftsführer der GV und anschließend persönlich haftender Gesellschafter der GMK. Er war gleichfalls Mitglied des Sachverständigenausschusses und ab 1937 Ringgeschäftsführer sämtlicher Gaskoksvertriebe.
Zum Bansen war ebenfalls durch Vermittlung Minoux' 1923 zur WV gekommen, wo er ab 1926 die Stellung eines Vorstandsmitgliedes bekleidete. Daneben war er von 1930 bis zu seinem Ausscheiden aus der WV Geschäftsführer mehrerer Betriebe. Die Angeklagten hatten danach die gesamte Geschäftsführung der WV und der GV bezw. GMK in der Hand, und dies um so mehr, als sie die Kontrollorgane zur völligen Bedeutungslosigkeit herabgedrückt hatten.«

In den folgenden Jahren bereicherten sich Friedrich Minoux, Max Kessler und Hans Tiemessen durch ihre Machtstellung in Gasag, WV und GV erheblich unrechtmäßig. In der GV-Buchhaltung wurden unter der Bezeichnung »WV« Tarnkonten errichtet, die tatsächlich nur den persönlichen Entnahmen von Tiemessen (»Monopolvertragskonto«) und Kessler (»Sammelkonto«) dienten und daher bei der WV-Buchhaltung keine Gegenkonten besaßen. Während Minoux Tiemessens und Kesslers unrechtmäßige Entnahmen unterstützte und später vor Gericht als »Mittäter« der beiden gelten sollte, war seine eigene Form der Bereicherung subtiler und noch erfolgreicher. Beim »Monopolvertragskonto« wurden die Lieferfirmen, die WV und die GV zwischen 1927 und 1938 um 1.500.000 Reichsmark sowie beim »Sammelkonto« um 400.000 Reichsmark geschädigt; beim »Sommermengenkonto« der GV aber entstand ein Schaden in

Höhe von über 5,5 Millionen Reichsmark, deren Großteil Minoux zugute kommen sollte. Über den Unterschied zwischen Minoux und seinen Mittätern hielt das Gericht 1941 fest[10]:
»Das Verhalten von Kessler und Tiemessen entspricht nicht dem Wesen Minoux'. Die Entnahmen von Kessler und Tiemessen sind letzten Endes 'ein Griff in die Kasse', mag dieser auch durch die Art der Verbuchung, die Verquikkung mit angeblichen Rechtsansprüchen und die Art der Abhebung noch so verschleiert worden sein. Minoux hingegen hat für seine Entnahmen stets den Anschein des Rechts durch Verträge gewahrt, wie die Sondergeschäfte[11] zeigen. Es wurde deshalb ein Weg gesucht, Minoux, ohne Sondergeschäfte zu machen, die Vorteile aus den Sondergeschäften dauernd zu erhalten, ohne die Bruttospanne von 2,50 RM weiter zu schmälern, und damit Minoux die Entnahmen von Sammelkonto und Monopolvertragskonto, die doch auch seinen Gewinnanteil als Gesellschafter der GV verringerten, duldete. Dieser Weg sind die sogenannten Festpreisabkommen von 1927 bis 1938.«

»Festpreisabkommen« – dieses war der Sammelbegriff für eine Reihe von Verträgen zwischen den Berliner Gaswerken und der GV. Diese Verträge sollten den Gaswerken eine regelmäßige und über das Jahr gleichbleibende Abnahme von Koks sichern. Die Berliner Gaswerke erhielten aber nicht den marktgerechten Betrag für den Koks, sondern ihnen wurde ein um fiktive »Sommerabschläge« geminderter Preis gezahlt; die Abschläge jedoch enthielt die GV den von ihr belieferten Firmen vor und erzielte so eine überhöhte Handelsspanne, die der Ausgangspunkt für alle weiteren kriminellen Handlungen von Minoux und seinen Mittätern war. Möglich war der Abschluß zwischen der GV und den Berliner Gaswerken nur, weil der Gedanke eines Festpreisabkommens von Minoux stammte und dieser »als stellvertretender Aufsichtsratsvorsitzender der Gasag seinem Geständnis nach maßgeblich auf den Abschluß der Abkommen« hingewirkt hatte.[12] Es kam hinzu, daß Tiemessen, Kessler und Minoux den damaligen Gasag-Direktor Adolf Schmidt mit umfangreichen Geld- und Sachleistungen bestochen hatten. Schmidt, von 1920 bis 1933 kaufmännischer Direktor der Gasag, hatte bereits für seine Aktivitäten bei den »Sondergeschäften« im Dezember 1925 rund 3800 Reichsmark, im Mai 1926 über 46.000 Reichsmark und im Januar 1927 weitere 55.000 Reichsmark erhalten;[13] doch auch anderen Wohltaten gegenüber zeigte er sich zugänglich[14]: »Um Schmidt auch für die Zukunft für weitere Geschäfte gefügig zu machen, pachteten ihm die Angeklagten Anfang Februar 1927 die Jagd in Kunsterspring bei Neuruppin, für die sie im Laufe der Jahre 35.851,30 RM aufwandten. Nach seinem Ausscheiden aus den Diensten der Gasag setzte Schmidt unter Hinweis auf sein gesunkenes Einkommen eine Herabsetzung des jährlichen Pachtzinses durch. Er erhielt einen größeren Betrag zurückgezahlt, den er für sich verbrauchte.

Die WV stellte Schmidt auch ein Auto zur Verfügung. Mit diesem Wagen hatte sein Sohn, der ihn benutzte, einen Unfall, der den Verlust des Wagens zur Folge hatte. Schmidt fühlte sich jedoch nicht bemüßigt, der WV den Wert des Wagens zu ersetzen, obwohl er durch Versicherung gedeckt war. Die WV stellte auch keine diesbezüglichen Ansprüche. Im Gegenteil schaffte sie ihm einen neuen Personenkraftwagen an. Diesen Wagen verkaufte Schmidt bei seinem Ausscheiden für 2000 RM. Das Geld behielt er ebenfalls für sich.«
Derart den Argumenten der WV, der GV und von Minoux »aufgeschlossen«, erhielten die Gasag und die Gasbetriebsgesellschaft Ende April 1927 ein Angebot der WV, in dem die WV anbot, den Koks zu bestimmten Festpreisen abzunehmen und aus eigenen Mitteln Rabatte zur Absatzförderung zu geben, da angeblich nur so ein »reibungsloser Absatz in den Sommermonaten« gewährleistet sei.[15] Nach kurzen Verhandlungen wurde der Vertrag am 15. Mai 1927 von Adolf Schmidt und einem weiteren Gasag-Direktor unterzeichnet; das Gaswerk Potsdam schloß sich am 21. Mai 1927 diesem Abkommen an. Der Vertragsklausel, die Gasag über die tatsächlich erteilten Rabatte zu informieren, kamen die WV und die von ihr mit dem Koksvertrieb beauftragte GV jedoch nie nach.

Da die GV in Wirklichkeit nur wesentlich geringere Rabatte gewährte, als dieses die WV gegenüber den Gaswerken behauptete, ergab sich ein überhöhter Gewinn für die WV. Fast sämtlicher Koks der GV konnte in den folgenden Jahren abgesetzt werden. Um von den so erwirtschafteten Beträgen nicht alle Aktionäre, später Gesellschafter der GV beziehungsweise der GMK, sondern nur Friedrich Minoux profitieren zu lassen, wurde über letzteren eine scheinbare »Rückversicherung« abgeschlossen.[16]

Diese Rückversicherung erfolgte, um die – in der Realität nicht bestehende – Gefahr abzusichern, daß die WV und die GV Koks unterhalb des Preises, den sie der Gasag zahlte, hätte verkaufen müssen.

Bei diesen Scheingeschäften waren vom 1. April 1927 bis zum 31. März 1930 die Bank Jacquier & Securius, vom 1. April 1930 bis zum 1. Februar 1936 die Friedrich Minoux Gesellschaft für Handel und Industrie, vom 2. Februar 1936 bis zum 31. März 1937, vermutlich sogar bis zum 31. März 1938 die Friedrich Minoux KG die Garantiegeber.

Im Mai 1927 schlossen WV und Jacquier & Securius einen Vertrag, in dem die Bank sich bereit erklärte, die volle Haftung für die Risiken aus dem Festpreisabkommen zu übernehmen. Dafür sollte Jacquier & Securius immerhin drei Viertel des möglichen Überschusses aus dem Festpreisabkommen erhalten, während bei der WV lediglich das restliche Viertel als Gewinn verbleiben sollte.

Minoux war aber dieser hohe Anteil am Gewinn aus dem Festpreisabkommen nicht genug. Er führte in das Geschäft noch einen weiteren Partner ein, der nur zum Schein die Rückversicherung für das Festpreisabkommen übernahm. Der Rückversicherer, in den Jahren 1927 bis 1930 das Bankhaus Cif (Commerce, Industries, Finances) in Paris, sollte dafür 95 Prozent der Summe erhalten, die die WV an Jacquier und Securius zahlen würde. Das Bankhaus Cif überwies jedoch die Gelder, die es von Jacquier & Securius erhalten hattte, nach Deutschland zurück, und zwar auf die Konten der Friedrich Minoux GmbH. Minoux ver«buchte diese Gelder nicht, sondern schüttete sie als Gewinne an die Teilhaber der Friedrich Minoux GmbH, also vor allem an sich selbst, aus.[17] Friedrich Minoux hatte eine perfekte »Geldwaschanlage« geschaffen.

Damit waren zwei Scheingeschäfte miteinander verknüpft: Das Festpreisabkommen sicherte der WV und der GV einen risikolosen Profit auf Kosten der Gasag und der anderen beteiligten Gaswerke; die angebliche Rückversicherung sorgte dann dafür, daß ein großer Teil dieser Gelder auf dem Umweg über drei Firmen wieder direkt bei Friedrich Minoux landete.

Die Methode, die 1927 so gut funktioniert hatte, wurde in den folgenden Jahren noch vervollkommnet: WV und Gasag schlossen das »Festpreisabkommen«, für das eine von Minoux kontrollierte Firma eine vorgebliche »Garantie« übernahm, sich eine »Rückversicherung« besorgte, für die sie wiederum die »Prämien« an Minoux direkt überwies. Durch die Beteiligung ausländischer Firmen war dieses Geschäft von außen her überhaupt nicht mehr zu durchschauen, geschweige denn zu überprüfen. Lediglich die Höhe des Gewinnanteils, der an den Minoux-Garanten von WV und GV überwiesen wurde, wechselte. In den Jahren 1927/28 waren es drei Viertel, bis 1934/35 zwei Drittel, bis 1937/38 die Hälfte.[18]

Die Orientierung der Garantie auf Minoux wird auch aus den veränderten Garantie- und Rückversicherungsfirmen ab 1930 deutlich. Als Minoux bei Jacquier & Securius ausgeschieden war, übernahm für das Wirtschaftsjahr 1930/31 die Firma Friedrich Minoux die Garantie für die Risiken aus dem Festpreisabkommen und holte sich eine englische Firma als Rückversicherer, nämlich die Kohlenexportfirma Mathwin & Son in Newcastle on Tyne, mit der Minoux in engen Geschäftsbeziehungen stand[19]

Aus der Korrespondenz zwischen der Minoux GmbH und Mathwin & Son wurde jedoch der ganze Charakter des Scheingeschäfts deutlich.[20] Ein Jahr später änderte sich die Situation erneut[21]:
»Ein Rückversicherungsvertrag mit der Firma Mathwin & Son wurde jedoch

Friedrich Minoux mit Geschäftspartnern
von rechts: Friedrich Minoux, unbekannt, Dr. Hans-Helmut Kuhnke, Bruder von Dr. Kuhnke, Beauftragter der Firma Mathwin & Son, unbekannt, Minouxs Hamburger Filialleiter Vogelsang.

nicht geschlossen. Der Zeuge Lerch – Prokurist Minoux' –, der von Minoux den Auftrag hatte, deswegen mit der genannten Firma zu verhandeln, sah das Rückversicherungsgeschäft als ein Scheingeschäft an, wie er als Zeuge bekundet hat. Er erklärte, ohne mit der englischen Firma überhaupt verhandelt zu haben, Minoux kurzer Hand, die Firma Mathwin & Son habe eine Verlängerung abgelehnt. Der Angeklagte Minoux nahm daher die Proba Metall GmbH als Rückversicherin, deren Anteile im allein gehörten und die nur zur Verwaltung seines Vermögens diente.«

Bei dieser Regelung blieb es dann in den Geschäftsjahren1932/33, 1933/34, 1934/35 und – mit kleinen Abweichungen im Detail – auch 1935/36 und 1936/37. Für das Jahr 1937/38 wurde nicht einmal mehr ein formeller Garantievertrag zwischen der WV und der Firma Friedrich Minoux geschlossen; Minoux erhielt dennoch seinen Gewinnanteil.[22]
Insgesamt wurden dem »Sommermengenkonto« der GV – so die Tarnbezeichnung für die Gewinne aus den »Festpreisabkommen« zwischen 1927 und 1938

9.613.416,27 Reichsmark gutgeschrieben, wovon lediglich 3.442.455,66 Reichsmark für den vorgeschobenen Zweck der »Kampfrabatte« in den Sommermonaten verwandt wurden. 2.507.023,91 Reichsmark betrugen sogenannte »Entnahmen zu gemeinsamen Lasten« und 3.663.936,70 Reichsmark die »Endausschüttungen« des »Sommermengenkontos«.[23]

Hinter den »Entnahmen zu gemeinsamen Lasten« verbargen sich etwa die Kosten für die Jagd des Gasag-Direktors Adolf Schmidt, für dessen Kur in Marienbad, für die Miete von Tiemessens Wohnung in der Potsdamer Straße, Schmiergelder, private Entnahmen von Tiemessen, Kessler und Minoux. In dem hier untersuchten Zusammenhang interessiert vor allem eine Quittung vom 17. April 1928 über 24.000 Reichsmark mit der Aufschrift »selbst Mx. Kirche«[24]:
»Der Angeklagte Minoux hat bestritten, diesen Betrag erhalten zu haben. Er habe wohl für die St. Michaelskirche in Wannsee, die nach seinem Vater benannt worden sei, insgesamt 60 – 70.000 RM zur damaligen Zeit aufgewendet, darunter auch Beträge von 11.200 RM für einen Kreuzweg und 5.000 RM für ein Altarbild. Diese Beträge seien aber nach und nach in Teilbeträgen gegeben worden und hätten mit der Zahlung von 24.000 RM am 17. April 1928 nichts zu tun...«
Auch an dieser Stelle folgte das Gericht der Darstellung von Friedrich Minoux nicht.

Von den »Endausschüttungen« in Höhe von 3.663.936,70 Reichsmark erhielten Jacquier & Securius sowie die Minoux-Gesellschaften insgesamt 2.381.597,05 Reichsmark. Wie hoch der Anteil war, den Minoux über seine »Geldwaschanlage« direkt und unversteuert erhielt, ließ sich nicht mehr ermitteln. Insgesamt betrug der von Minoux und seinen Mittätern angerichtete Schaden nach Feststellungen des Strafgerichts zwischen 1927 und 1938 mindestens 7,4 Millionen Reichsmark – ohne die bereits verjährten Straftaten aus den Jahren 1925 und 1926.

Ein Betrug in derartigen Dimensionen war nur möglich, weil Minoux und seine Mittäter Vertrauensstellungen besaßen, die sie hemmungslos ausnutzten, weil sie in unterschiedlichen Funktionen sich wechselseitig »kontrollierten« und weil sie mit erheblicher krimineller Energie vorgingen[25]:
»Gefahren, die ihnen von Leuten drohten, die Einblick in die Dinge gewonnen oder von ihnen Kenntnis erhalten hatten, wußten die Angeklagten, wenn auch zum Teil unter beträchtlichen Geldopfern, abzuwehren Schwieriger und auf Dauer unmöglich war es jedoch, der Unzufriedenheit Herr zu werden, die auf Seiten der Lieferwerke entstand. Der Gasbetriebsgesellschaft fiel schon bald nach Abschluß des Festpreisabkommens die große Spanne auf, die zwischen

den ihnen gezahlten Werkspreisen und den im Handel erzielten Verbraucherpreisen bestand. Tiemessen und Kessler gelang es jedoch, ihre Bedenken zu zerstreuen, umso leichter, als die Gasbetriebsgesellschaft sich ...im Fahrwasser der Gasag hielt. Bei dieser aber war der bestochene Zeuge Schmidt kaufmännisches Vorstandsmitglied und Minoux stellvertretender Aufsichtsratsvorsitzender. Sie bereitete daher den Angeklagten zunächst keine Schwierigkeiten. Dies änderte sich, nachdem der Aufsichtsrat der Gasag im Jahre 1930 neu besetzt und Minoux ausgeschieden war. Der neue Aufsichtsratsvorsitzende Bürgermeister Dr. Elsas beauftragte den Direktor der Gaswerke in Frankfurt a.M., den Zeugen Dr. Winkler, mit einer Nachprüfung der wirtschaftlichen Verhältnisse der Gasag. Winkler bemühte sich besonders um das Koksgeschäft, das er als entscheidenden Faktor für die Wirtschaftlichkeit der Gasag erkannt hatte und bemängelte in seinem Gutachten u.a. auch die große Handelsspanne. Infolge des Zusammenspiels der Angeklagten mit Schmidt wurden aus den Feststellungen des Zeugen keine Folgerungen gezogen. Winkler wurde als unfähig angegriffen, verblieb jedoch bei seinem Standpunkte, ohne indessen die Gasag überzeugen zu können.«
Mit derartigen Methoden, aber vor allem mit Hilfe geschickter Buchhaltungs- und Bilanztricks gelang es Minoux und seinen Mittätern, bis Ende 1934 jede unabhängige Einsicht oder gar Prüfung der Bücher der WV und GV zu verhindern.

Als die – 1930/31 mit der Aufgabe der Bilanzprüfung aller deutschen kommunalen Versorgungsunternehmen gegründete Wirtschaftsberatung Deutscher Gemeinden, Aktiengesellschaft (Wibera) Ende 1935 eine Vorprüfung bei der WV vornahm, verlangte sie Einsicht auch in die Bilanzunterlagen der GV, um festzustellen, ob die wechselseitigen Buchungen korrekt waren. Da bei der GV verschiedene Konten unter der Bezeichnung der WV geführt wurden, für die es bei der WV gar keine Gegenkonten gab, entschlossen sich Tiemessen, Kessler und Minoux am 12. Mai 1936 zu einer Umbenennung mehrerer WV-Konten bei der GV. Das »Sommermengenkonto«, jetzt bereits unter der unverfänglichen Bezeichnung »Gemeinschaftskonto« laufend, firmierte jetzt als »Garantiegemeinschaftskonto«, das »Sammelkonto« als »Minderabnahmekonto« und das »Mengenausgleichskonto« als »Gaskoksvertriebs-Konto (Mengenausgleich)«. Tiemessen äußerte nach dieser Sitzung: »Jetzt können sie kommen. Ich bin nicht so dumm und lasse mich erwischen!«[26]

Doch diese letzten Manipulationsversuche sollten die Aufdeckung nur verzögern. Nach einigem Hin und Her legte die Wibera am 6. Januar 1937 ihren Prüfungsauftrag nieder und zog den Bestätigungsvermerk der Bilanz von 1935 zurück. Im April 1937 wurde im neu zusammengesetzten WV-Aufsichtsrat

bekannt, daß Tiemessen einen Mitarbeiter, der Veruntreuungen begangen hatte, deckte. Tiemessen wurde beurlaubt, ein weiterer Mitarbeiter schied aus. Doch Tiemessen, Kessler und Minoux gelang es, ein daraufhin eingeleitetes Strafverfahren der Staatsanwaltschaft in Frankfurt am Main zu verhindern[27]:
»Nach dem Ausscheiden Tiemessens aus der WV schrieb der Zeuge Dr. Erlenbach am 8. April 1937 an die Staatsanwaltschaft in Frankfurt a.M. und beschuldigte Tiemessen der Untreue, des Betrugs und der Urkundenvernichtung, ...«
Das Verfahren endete mit einem Strafbefehl gegen Tiemessen in Höhe von 50.000 Reichsmark sowie mit Strafbefehlen zu je 5.000 Reichsmark gegen drei andere Beschuldigte, »weil die Tantieme Tiemessens in den Büchern und Bilanzen der WV nicht ausgewiesen war. Im übrigen wurde das Verfahren von der Staatsanwaltschaft eingestellt, und zwar auch insoweit, als der Vorwurf der Veruntreuung von Sonderguthaben auf dem Mengenausgleichskonto und Endabrechunungskonto erhoben worden war.«[28]
Und es endete so glimpflich, weil die Beschuldigten alle Aussagen sorgfältig vorher miteinander abgesprochen hatten, Sachverständige falsch informiert und alle Möglichkeiten der Verschleierung angewandt wurden.

Friedrich Minoux, Bernhard Schmidt, Erna Behrens

Am 24. Februar 1938 legte Friedrich Minoux sein Amt als stellvertretender Geschäftsausschußvorsitzender der GMK, der Nachfolgegesellschaft der GV, nieder. Sein Nachfolger, Friedrich Wilhelm Meyer, Generaldirektor der Hugo Stinnes GmbH, bat im Juli 1937 Max Kessler um Informationen über das Garantiegemeinschaftskonto. Während Kessler im Frankfurter Verfahren noch hatte erklären lassen, daß es sich dabei nur um eine interne Verbuchung in der GV und nicht um ein echtes WV-Konto gehandelt habe, teilte er Meyer nun am 13. Juli 1938 genau das Gegenteil mit: Das Garantiegemeinschaftskonto und das WV-Endabrechnungskonten seien treuhänderisch für die WV und nur unter deren Verfügungsgewalt errichtet worden. Kessler versuchte auch noch, diese Position durch Mitarbeiter der WV und der GMK bestätigen zu lassen. Dieses scheiterte.

Am 10. Dezember 1938 erteilte der neue Aufsichtsratsvorsitzende der WV der Wibera den Auftrag, »alle mit dem WV-Sommermengenkonto zusammenhängenden Fragen zu prüfen«.[29] Bereits im September/Oktober 1938 hatte er den Präsidialdirektor der Gasag und Aufsichtsratsmitglied der WV, Dr. Hoffmann, »von Unstimmigkeiten bezüglich eines bei der Gaskoksverkaufsgesellschaft Max Kessler (GMK) geführten Garantiegemeinschaftskontos« unterrichtet.[30] Da die Gefahr zu bestehen schien, daß nach Ablauf der Aufbewahrungsfrist am 31. Dezember 1938 wichtige Unterlagen vernichtet werden würden, entschlossen sich Meyer und Hoffmann nach dem Vorliegen erster Prüfungsergebnisse der Wibera, am 20. Dezember 1938 Strafanzeige beim Generalstaatsanwalt beim Landgericht Berlin zu erstatten, der sich einen Tag später als Gesellschafterin von GV und GMK die Hedwigshütte Kohlen- und Kokswerke AG anschloß. Die Untersuchungen gegen Friedrich Minoux und andere begannen.

184

Mündliche Urteilsbegründung
durch den Vorsitzer der 7. Strafkammer, Landgerichts-
direktor B ö h m e r t
am 15.8.1941

Der Vorsitzende schilderte zunächst Aufgaben und Tätigkeit der WV., GV. und GMK. sowie die Stellung der Angeklagten Tiemessen und Kessler als Organe dieser Gesellschaft; er erläuterte ferner die Rolle des Angeklagten Minoux unter Hervorhebung seiner früheren Stellung als Mitglied des Aufsichtsrats der Gasag. Sodann wurden der Kokslieferverträg zwischen der WV. und der GV., der Berliner Ortsvertrag 1924 und der Schriftwechsel zwischen WV. und GV. vom 7./10.5.1928 behandelt unter Darlegung, welche Einkünfte der WV. hiernach zustanden.

Der Vorsitzende trug sodann den Tatbestand der Sondergeschäfte 1925 und 1926 vor. Er betonte dabei, dass diese Sondergeschäfte nicht zum Gegenstand der Anklage gemacht worden seien, aber eine breite Erörterung verdient hätten, weil sie den Schlüssel für das Verständnis der späteren Geschäftsbeziehungen ab 1927 bildeten. Er stellte fest, dass der Angeklagte Minoux an den Sondergeschäften I und II (1925) als Garant rd. 352 000,-- RM, die WV. für ihren Anteil rd. 117 000,-- RM verdient habe. Mindestens bezüglich des Geschäftes II über 30 000 Tonnen im Juni 1925 habe ein Risiko überhaupt nicht bestanden.

Für die Sondergeschäfte 1926 über 24 000 und 105 000 Tonnen habe Minoux stets und auch noch im Laufe der Hauptverhandlung seine Beteiligung bestritten. Den ihm zu jener Zeit zugeflossenen Betrag von 240 000,-- habe er mit anderen Zusammenhängen aufzuklären versucht. Der Sachverständige van Aubel habe aber die Beteiligung Minoux's überzeugend nachgewiesen. Die von ihm angestellten Überlegungen seien keine "Geisterbeschwörung". Es ist erwiesen:

1. Das Sondergeschäft I war bis März 1926 abgerechnet. Die Schlussüberweisung an Minoux auf sein Konto bei Jacquier & Securius habe pfenniggenau seinem Anspruch entsprochen.
2. Die behauptete Beteiligung des Minoux am Kapitalentwertungskonto habe nicht bestanden.
3. Die Behauptungen Minoux's seien widerlegt. Der Betrag von 240 000 RM sei sein Anteil an den Sondergeschäften 1926.

Auch für die Sondergeschäfte 1926 habe keinerlei Risiko bestanden. Minoux hat selbst zu Beginn der Hauptverhandlung diese Risikolosigkeit ohne weiteres zugegeben. Er konnte dies damals, weil er eine

Aufdeckung

Das Urteil gegen Friedrich Minoux und andere

8. Das Strafverfahren 1938 - 1941

Ende Dezember 1938, also bereits kurz nach der Strafanzeige, kam es bei Minoux, bei der WV, bei der GV und bei der GMK zu Hausdurchsuchungen und Beschlagnahmen durch die Staatsanwaltschaft. Am 20. Februar 1939 wurde Hans Tiemessen verhaftet, am 28. März 1939 Max Kessler. Während nur noch Friedrich Minoux 1939 auf freiem Fuß blieb, kam es zu umfangreichen Ermittlungen der Staatsanwaltschaft, die auch mehrere Sachverständige einschaltete[1]. Am 4. Mai 1940 schließlich wurde auch Friedrich Minoux verhaftet.

Ende Dezember 1940, zwei Jahre nach der Strafanzeige, legte die Staatsanwaltschaft beim Landgericht ihre zweibändige, 443 Seiten umfassende Anklageschrift vor. 96 Zeugen und vier Sachverständige wurden benannt, die elf schriftliche Gutachten vorlegten. Kessler, Tiemessen und Minoux wurden wegen gemeinschaftlicher Untreue und von 1927 bis 1938 wegen fortgesetzter Untreue gegen die GV und als Gesellschafter der GMK in Tateinheit mit gemeinschaftlichem und fortgesetztem Betruge zum Schaden der Gasag, der Gasbetriebsgesellschaft AG und des Gaswerkes Potsdam angeklagt.[2]

Minoux versuchte auch jetzt noch - diesmal mit Hilfe seiner alten politischen Kontakte - einer Strafverfolgung zu entgehen. In einem Vermerk aus dem Reichsjustizministerium vom Februar 1941 hieß es über ihn[3]:
»Minoux war zwar nur stellvertretender Vorsitzender des Beirates der GV, aber der führende Kopf unter den Beschuldigten und der einflußreichste Mann in sämtlichen in Frage kommenden Unternehmungen. Er soll 1923 vom Führer als Wirtschaftsdiktator ausersehen [gewesen, d.V.] sein, die Unternehmen der Partei damals z.T. finanziert haben und auch die erste Rede des Führers im Ruhrgebiet nach dessen Besetzung ermöglicht haben. Er betreibt durch seinen Verteidiger, Justizrat Dix, unter Verzicht auf gerichtliche Entscheidungen seine Haftentlassung mit Eingaben an den Führer, der nach einer Mitteilung geneigt sein soll, ihn aus der Haft zu entlassen. Für das Strafverfahren würde das eine Katastrophe bedeuten, weil in höchstem Maße Verdunkelungsgefahr besteht. Bisher sind sämtliche Strafverfahren gegen Minoux gescheitert. Wegen derselben Straftaten schwebte bereits 1937 in Frankfurt a/M. ein Strafverfahren gegen Tiemessen, das durch Verabredungen der Beschuldigten bezw. ihrer Berater und durch Beeinflussung von Zeugen zur Einstellung gebracht wurde. In der Folgezeit haben die Beschuldigten durch sehr geschickte Verdunkelungsmaßnahmen, u.a. durch Beeinflussung von Zeugen die Aufdeckung ihrer Straftaten (durch Buchprüfer) zu verhindern versucht. Die Voraussetzungen für die Aufrechterhaltung der Haft sind deshalb trotz Abschlusses der Ermittlungen erfüllt.

Staatsminister Dr. Meissner hat in seinem Brief an Herrn Staatssekretär Dr. Schlegelberger vom 30.1.1941 um eine Äußerung zur Frage der Haftentlassung von Minoux gebeten. Es gilt, den Brief den vorstehenden Ausführungen entsprechend zu beantworten... Der Entwurf einer Anklageschrift liegt dem Ministerium vor. Über ihn und die Beantwortung des Briefes von Staatsminister Dr. Meissner soll am 11.2. den beiden Herren Staatssekretären Vortrag gehalten werden.«

Ministerialdirektor Wilhelm Crohne gab diesen Bericht am 8. Februar 1941 an Staatssekretär Roland Freisler – in dieser Funktion knapp ein Jahr später Teilnehmer der Wannsee-Konferenz – weiter. Offensichtlich überzeugten die Bedenken gegen die Haftentlassung von Minoux, denn er blieb – wie seine Mitangeklagten – bis zum Beginn der Hauptverhandlung vor der 7. Großen Strafkammer des Landgerichts Berlin am 17. April 1941 in Haft.
Interessant bleibt zu vermerken, daß Minoux zu diesem Zeitpunkt immerhin noch einige Spitzen der nationalsozialistischen Verwaltungsbürokratie beschäftigte oder gar für sich einzunehmen in der Lage war.

Nach 43 Sitzungstagen wurden am 15. August 1941 die Angeklagten Hans Tiemessen, Max Kessler und Friedrich Minoux wegen gemeinschaftlicher Untreue und Betruges in besonders schweren Fällen zu je fünf Jahren Zuchthaus, fünf Jahren Ehrverlust und hohen Geldstrafen (Kessler 300.000, Tiemessen 120.000 und Minoux 600.000 Reichsmark) verurteilt.[4] Alle Angeklagten legten Revision gegen das Urteil ein.

Max Kessler nahm im Oktober 1941 seine Revision zurück und trat seine Strafe in der Strafanstalt Luckau an. Von dort aus kam er am 7. Juli 1943 zu einer »Bewährungseinheit« 999 und konnte den Krieg überleben.[5] Die Gasag forderte in einem Zivilprozeß auch von ihm Teilwiedergutmachung des von ihm verursachten Schadens. Ein Versäumnisurteil des Landgerichts Berlin vom 17. August 1942 verurteilte ihn zur Zahlung von 1,5 Millionen Reichsmark an die Gasag[6]. Diese erwirkte gegen die Kunstsammlung von Max Kessler einen Arrestbefehl, ließ diese Sammlung von Altberliner Bildern, Porzellanen und Keramiken am 17. März 1942 auf 644.000 Reichsmark schätzen und legte Kessler am 8. Januar 1943 im Zuchthaus Luckau einen notariellen Vergleich vor, in dem er seine Kunstsammlung und sein Grundstück in Sakrow für den Gegenwert von insgesamt nur 800.000 Reichsmark abtreten mußte.[7]

Die Geschichte der Sammlung Max Kessler zeigt, daß die Gasag fest entschlossen war, sich für die entgangenen Verluste mehr als zu entschädigen. Es gab neben der Sammlung Kessler, wie es in einem Gutachten des Provinzialkonservators der Reichshauptstadt Berlin vom 18. Oktober 1944 heißt, »keine derartige Zusammenfassung des Berliner Kunstschaffens des 18. und Beginnes des 19. Jahrhunderts«. Um Kesslers Sammlung, die dieser im Vergleich vom 8. Januar 1943 für weniger als 650.000 Reichsmark an die Gasag abgegeben hatte, entbrannte in der Folgezeit ein heftiges Tauziehen. Am 23. September 1944 schrieb Hubertus Graf von Bentzel-Sternau im Auftrag von Hitlers Leibfotografen und »künstlerischen Berater« Heinrich Hoffmann an Präsidialdirektor Dr. Hoffmann von den Berliner Gaswerken[8]:

»Im Frühjahr 1940 wurde von Generaldirektor Dr. Heinz Kurz [Tiemessens Nachfolger in der WV, d.V.] Herrn Prof.Hoffmann [Heinrich Hoffmann, d.V.] im Berliner Schlossmuseum die sogenannte Sammlung Kessler gezeigt und zum Erwerb für den Führer angeboten...

Herr Prof. Hoffmann hat das stärkste Interesse an der Sammlung, die nunmehr, nachdem alle streitigen Rechtsfragen über den Veräusserungsberechtigten geklärt sind, in ihren wesentlichsten Teilen vom Führer, dessen Berater auch in dieser Sache Prof. Hoffmann ist, für die Linzer Galerien bestimmt werden soll. Zu diesem Behufe bin ich beauftragt, die Sammlung im Ganzen gegen die Barauszahlung von RM 3,5 Millionen bei Übergabe an ihrem derzeitigen Lagerplatz (Flakturm Friedrichshain) zum freien Abtransport an den von Prof. Hoffmann zu bestimmenden neuen Einlagerungsort zu übernehmen.«

Heinz Kurz, der Vermittler, ergänzte am 26. September 1944 in einem Schreiben an Dr. Hoffmann[9]:

»Prof. Hoffmann äußerte den Wunsch, die Sammlung möglichst bald nach den von ihm zu bestimmenden Lagerplätzen in Süddeutschland abzutransportieren, um dem Führer einzelne Stücke persönlich zeigen zu können. Es ist ihm also auch seinerseits an einer beschleunigten Abwicklung gelegen.«

Hoffmann leitete die Briefe von Graf Bentzel-Sternau und Kurz an den Berliner Stadtkämmerer Lindig (Ministerialrat im Reichsinnenministerium a.D.; seit 1939 im Amt) weiter, der darüber mit dem kommissarischen Oberbürgermeister Ludwig Steeg am 12. und 13. Oktober 1944 sprach. In einem Vermerk hielt Lindig das weitere Vorgehen der Stadt fest, mit dem indirekt Hitlers und direkt Hoffmanns Absichten unterlaufen werden sollten[10]: »Der Oberbürgermeister wird alles versuchen, um die Kunstsammlung, zum mindesten aber die Porzellansammlung, der Reichshauptstadt Berlin zu erhalten. Diese Sammlung gehöre historisch nach Berlin (Porzellan-Manufaktor; Friedrich der Große, usw.) und habe mit dem Museum in Linz keine innere Verbindung. Über die Bilder könne man ggf. dahin verhandeln, ob sie nach Linz abgegeben werden, selbstverständlich gegen Bezahlung. Kulturelle Werte Berlins gehörten jedoch auf alle Fälle in die Reichshauptstadt. Dr. Kurz bezw. dem Grafen Bentzel-Sternau sei erst zu antworten, wenn die Sammlung tatsächlich in unseren Händen sei.«

Tatsächlich wurde dieser Handel zwischen der Stadt Berlin und der Gasag noch in den Endmonaten des Krieges abgewickelt. Nach Freigabe der Sammlung durch das Finanzamt Tiergarten vom 1. Dezember 1944 wurde sie der Stadt für 3,5 Millionen Reichsmark überlassen. Dies teilte der Oberbürgermeister am 19.Dezember 1944 der Gasag mit; die Bestätigung des Zahlungseinganges datiert vom 1. Oktober (!) 1945[11]. Die Gasag hatte also einen Gewinn von fast drei Millionen Reichsmark erzielt. Max Kesslers Gesamtschulden gegenüber der Gasag betrugen jedoch nur 1,5 Millionen Reichsmark. Noch 1950 war die Sammlung Kessler verschollen; Max Kessler forderte sie oder zumindest den finanziellen Gegenwert in Höhe von 3,5 Millionen Reichsmark von der Gasag zurück.[12]

Die Revision von Hans Tiemessen wurde am 14. Mai 1942 vom Reichsgericht als »offensichtlich unbegründet« verworfen. Tiemessen trat seine Haft ebenfalls im Zuchthaus Luckau an.[13]
Auch gegen ihn erging am 17. August 1942 ein Versäumnisurteil; er hatte der Gasag 750.000 Reichsmark Schadensersatz zu zahlen. Am 8. Januar 1943 schloß die Gasag dann auch mit Tiemessen einen Vergleich, in dem er fast alle Vermögenswerte und Versicherungen der Gasag übertrug[14]. Hans Tiemessen sollte dies nicht lange überleben. Er starb am 5. April 1944 während eines Gefangenentransportes bei Darmstadt; seine Frau Eugenie war bereits vorher – als Reaktion auf die Inhaftierung ihres Mannes – schwer erkrankt und am 20. September 1943 gestorben.

9. Der Verkauf des Hauses am Großen Wannsee 56 – 58

Friedrich Minoux hatte am 4. Januar 1938 beim Amtsgericht Lichterfelde beantragt, die Villa Am Großen Wannsee 56 – 58 auf sich persönlich umzuschreiben, da das Vermögen der Norddeutschen Grundstücks-AG am 13. Dezember 1937 auf die Proba Metallgesellschaft mbH übergegangen war, deren Vermögen wiederum am 28. Dezember 1937 Minoux im Wege der Gesamtrechtsnachfolge übernommen hatte.[1]

Nachdem er am 5. Mai 1940 verhaftet worden war, beantragte er dann – wohl zur Vorbereitung einer Kreditaufnahme im Fall einer Geldstrafe – eine Gesamteigentümergrundschuld in Höhe von einer Million Reichsmark[2].

Im Herbst 1940 muß Friedrich Minoux erkannt haben, daß das Haus Am Großen Wannsee 56 – 58 für ihn nicht mehr zu halten war. Er beauftragte seinen Prokuristen, Rechtsanwalt Hans-Helmut Kuhnke, mit dem Verkauf des Grundstückes. Vermittler war der Makler Karl Hennis. Als Käufer trat eine »Stiftung Nordhav« auf.

Erna Behrens, Friedrich Minoux, Hans-Helmuth Kuhnke

Die Stiftung Nordhav war vom Chef der Sicherheitspolizei und des Sicherheitsdienstes (SD) Reinhard Heydrich gegründet worden. Sie sollte Ferienheime für Angehörige der Sicherheitspolizei und des SD erwerben und unterhalten. Dies war jedoch nur der äußere Teil der Stiftungstätigkeit. Zuerst kaufte sie 1939 ein repräsentatives Gut auf der Insel Fehmarn, nach dessen ursprünglicher Bezeichnung auch die Stiftung benannt wurde.[3] Dieses Gut lag in der Nähe von Heydrichs Ferienhaus und wurde von einem Vetter seiner Frau Lina verwaltet.

Das Haus Am Großen Wannsee 56 – 58 war das zweite große Objekt, das die Stiftung Nordhav erwarb. Heydrich wollte sich beide Immobilien längerfristig für seine privaten und dienstlichen Repräsentationszwecke sichern. Hier sollten seine zukünftige Dienst- und Ferienwohnungen als Chef des Reichssicherheitshauptamtes oder gar noch in einer höheren politischen Position sein. Nach seinem Tod 1942 benötigte die Stiftung Nordhav die Villa Minoux daher nicht mehr; es war daher eine logische Folge, daß das Haus 1943 an den Reichspolizeifiskus verkauft wurde.
Auf den Bevollmächtigen von Minoux, Kuhnke, wurde während der Verhandlung in der Prinz-Albrecht-Straße 8 kein Druck ausgeübt, kein Versprechen etwa hinsichtlich einer Strafmilderung für Minoux minderte den Preis. Um den marktgerechten, von Minoux und Kuhnke festgesetzten Preis von 1,95 Millionen Reichsmark »wurde nicht gefeilscht«[4]. Am 31. Oktober 1940 traf sich Kuhnke in der Kanzlei des Notars Johannes Goldsche mit den Vertretern der Stiftung Nordhav, Regierungsdirektor Hans Nockemann und Regierungsrat Rudolf Bergmann[5]. Sie unterzeichneten ein Vertragsangebot[6]. 5000 Reichsmark erhielt Kuhnke als Bietungsentgelt, 1.450.000 Reichsmark sollten der Dresdener Bank auf ein Konto von Minoux überwiesen und davon zuerst die Eigentümergrundschuld in Höhe von einer Million Reichsmark gelöscht werden; 495.000 Reichsmark sollten auf ein Sperrkonto gelegt und für die erwartete Wertzuwachssteuer verwendet werden. Wegen »der käuflichen Übernahme gewisser im Haus befindlicher Möbel und sonstiger Zubehörgegenstände« blieb eine »besondere Vereinbarung« vorbehalten.[7]
Die Unterzeichnung des Kaufvertrages am 20. November 1940 wurde möglich, weil Minoux einen Tag zuvor im Untersuchungsgefängnis die Genehmigung des Kaufes und die Vollmacht für Kuhnke vor dem Notar Hellmuth Boden unterschrieben hatte[8]. Kuhnke und die Vertreter der Stiftung Nordhav vereinbarten noch einige kleine Veränderungen im Vertrag. Die früheste Übergabe des Grundstückes wurde für den 1. April 1941 vorgesehen; dafür durfte die Stiftung schon davor »das Grundstück und die Baulichkeiten insoweit benutzen und ... betreten, als dies für die von ihm durchzuführenden Umänderungs- oder Erweiterungsarbeiten erforderlich ist und dadurch das Wohnrecht des Verkäufers nicht wesentlich beeinträchtigt wird.«[9]

Der Reichsführer-SS
und
Chef der Deutschen Polizei
im Reichsministerium des Innern

S I E 3 Nr. 5818/40.

Bitte in der Antwort vorstehendes Geschäftszeichen und Datum anzugeben

Berlin SW 11, den 11.November 1940.
Prinz-Albrecht-Straße 8
Fernsprecher: 120040

Der Bezirksbürgermeister
Berlin-Zehlendorf
Planungsamt
Eing. 12. NOV. 1940
Anl. Abt.

An den

Herrn Bezirksbürgermeister
des Verwaltungsbezirks Zehlendorf

in Berlin-Zehlendorf,
Kirchstr.

Chef der Sicherheitspolizei u.des SD/
Die vom ~~mir~~/gegründete Stiftung Nordhav beabsichtigt, das am Wannsee, Am großen Wannsee 56/58, gelegene Wasser-villengrundstück des Kaufmanns Friedrich Minoux zu erwerben. Herr Minoux hat ~~mir~~ in diesem Zusammenhang ein notarielles Kaufangebot zu einem Preise von 1.950.000,--RM gemacht.

Ich wäre dankbar, wenn ich die dortige Entscheidung nach dem Wohnsiedlungsgesetz für den Eigentumsübergang baldmöglichst erhalten könnte. Auf dem Grundstück sind keine erheblichen Veränderungen baulicher oder sonstiger Art beabsichtigt. Es soll vielmehr nach Möglichkeit in dem jetzigen Zustand erhalten bleiben, wobei lediglich in geringfügigen Punkten eine Anpassung an den künftigen Verwendungszweck notwendig wird. Eine Beeinträchtigung des Landschaftsbildes würde diesem Verwendungszweck widersprechen und kommt daher keinesfalls in Betracht. Ich bitte, mir die Genehmigung nach dem Wohnsiedlungsgesetz unter diesen Umständen ohne irgendwelche Auflagen zu erteilen.

Die dortige Entschließung bitte ich, dem von mir mit der Einholung der Genehmigungen beauftragten Makler Karl Hennis, Berlin W. 62, Kalckreuthstr. 19 (Telefon: 25 4489) unmittelbar auszuhändigen.

Im Auftrage:
H. Bagmann

Vorstandsmitglied der Stiftung
"Nordhav"

We-

Schreiben der Stiftung Nordhav vom 11. November 1940

Kuhnke konnte dieser Klausel getrost zustimmen, denn Friedrich Minoux saß – ohne Aussicht auf Entlassung – im Untersuchungsgefängnis, seine Frau Lilly lebte seit Jahren in Garmisch-Partenkirchen und beide Töchter hatten das Haus verlassen.

Kurz darauf, am 5. Dezember 1940, wurde die Auflassung und die Umschreibung des Grundstückes beantragt und einen Tag später von Notar Goldsche an das Amtsgericht Berlin-Lichterfelde mit der Bitte um schnellstmögliche Erledigung weitergegeben. Tatsächlich wurde die Eintragung schon am 9. Dezember 1940 im Grundbuch vorgenommen.[10]

Monika Minoux vor dem Haus am Wannsee

Die Eile bei diesem Verkauf hatte durchaus ihren Sinn: Minoux befürchtete Schadensersatzansprüche der Gasag, eine Pfändung oder ein Antrag auf dinglichen Arrest hätte den Verkauf blokiert. Tatsächlich bemühte sich die Gasag seit Herbst 1940, einen Überblick über die Vermögenswerte von Minoux zu erhalten. Ende Dezember veranlaßte sie eine Einsicht in das Grundbuch und konnte nur noch den Verkauf des Hauses feststellen.[11] Dennoch wollte die Gasag »etwaige an Minoux zur Auszahlung gelangende Beträge ... zu erfassen versuchen«[12]. Am 9. Januar schrieb die Rechtsabteilung der Gasag an den Vorstand der Dresdner Bank[13]:

»Wir haben gegen den Kaufmann Friedrich Minoux, zuletzt Berlin-Wannsee, größere Ansprüche auf Grund der Tatbestände, wegen deren seine Verhaftung erfolgt ist. Wie wir hören, hat er sein Grundstück in Berlin-Wannsee verkauft. Die Abwicklung des Geschäfts erfolgt nach dem Vertrag durch Sie. Wir prüfen z.Zt. die Frage, ob wir Schritte zur Sicherung unserer Forderung unternehmen sollen. Da uns nicht bekannt ist, ob Herrn Minoux aus der Abwicklung des Kaufvertrages nennenswerte Beträge zur Verfügung stehen, insbesondere, ob Sie etwa Ihrerseits außer Ihrer der Grundschuld zu Grunde liegenden Forderung Ansprüche auf den Kaufpreis erheben, bitten wir Sie um eine Auskunft hierüber. Wir möchten daher unsere Entschließung von den praktischen Erfolgsaussichten abhängig machen, zumal die Kosten im Arrestverfahren recht erheblich wären.«

Das Schreiben der Gasag hatte eine scharfe Reaktion des Verteidigers von Minoux, Justizrat Rudolf Dix, zur Folge[14]:

»Sie haben selbstverständlich gewußt, daß die Dresdner Bank ohne Verletzung des Bankgeheimnisses nicht in der Lage ist, Ihre Anfrage zu beantworten, ohne vorher das Einverständnis des Herrn Minoux zu ihrer sachlichen Auskunftserteilung eingeholt zu haben.... Es bedarf keiner weiteren Ausführungen, daß Ihre Anfrage bei der Dresdner Bank schon in ihrer Wirkung auf die Bank kreditschädigende Wirkung haben konnte, die in ihrem Ausmaß gar nicht zu übersehen gewesen wären. Der Schaden, der Herrn Minoux durch Ihre Anfrage entstehen konnte, hätte mit Leichtigkeit diejenige Summe um ein Vielfaches übersteigen können, welche Sie in Ihrer Klage gegen Herrn Minoux, von diesem bestritten, geltend machen. Keine wie immer geartete Sicherheitsleistung hätte deshalb diesen Schaden abwenden oder decken können. Der gefestigte Ruf des Herrn Minoux hat bisher diesen Schaden – wenigstens erkennbar – nicht entstehen lassen. Für alle Fälle muß sich Herr Minoux Schadensersatzansprüche vorbehalten; des weiteren muß ich Sie darauf hinweisen, daß Herr Minoux sich alle Rechte vorbehält, die sich für ihn aus einer Wiederholung dieses Verhaltens Ihrerseits an dieser oder anderer Stelle als berechtigt ergeben würden, insbesondere also neben Klage auf Schadenersatz Klage auf Unterlassung usw. ...

Die Tatsache, daß auf Anzeige des Herrn Stadtpräsidenten Lippert ein Ermittlungsverfahren gegen Herrn Minoux eingeleitet, Herr Minoux im Rahmen dieses Ermittlungsverfahrens in Untersuchungshaft genommen worden und die Anklage zu erwarten ist, macht Herrn Minoux in keiner Weise vogelfrei und gab Ihnen nicht das geringste Recht, eine Handlung vorzunehmen, welche die kaufmännische Ehre des Herrn Minoux auf das Tiefste verletzen mußte und ihm die größten materiellen Schäden bringen konnte.«

Die Direktion der Dresdner Bank antwortete am 24. Januar 1941 der Gasag, daß aus den bei ihr geführten Konten die Gasag keine Gelder zu erwarten hatte[15]:
»Nachdem wir Gelegenheit hatten, uns mit dem Bevollmächtigten des Herrn Minoux über Ihre Anfrage zu unterhalten, sind wir nunmehr in der Lage, Ihnen folgende Auskunft zu geben: Aus dem Verkaufserlös steht bei uns noch auf einem Gemeinschaftskonto, über das Herr Minoux allein nicht verfügen kann, ein Betrag von RM 425.000.-, der zur Begleichung der Wertzuwachssteuer reserviert ist und nach Angabe des Bevollmächtigten des Herrn M. in voller Höhe benötigt wird. Darüber hinaus wird auf einem persönlichen Konto des Herrn Minoux noch ein Guthaben unterhalten, das jedoch nur einen Bruchteil des Gesamtverkaufserlöses ausmacht und an dem wir im Hinblick auf unsere trotz der erfolgten Rückzahlung der Ihnen bekannten Grundschuld noch immer bestehenden, das Guthaben um ein Vielfaches übersteigenden Kredite, die wir Herrn Minoux für seine gewerblichen Unternehmen seit längerer Zeit zur Verfügung stellten, das Pfandrecht geltend machen.«
Friedrich Minoux sorgte sich mit Recht um seinen guten Ruf, der ihm am 6. Dezember 1940 auch noch von einer von der Gasag beauftragten Wirtschaftsauskunftei bestätigt wurde[16]:
»Wie verlautet, schwebt seit einiger Zeit gegen Friedrich Minoux ein Verfahren, welches ihn an der Geschäftsleitung behindert. Er ist seiner freien Tätigkeit entzogen. Generalvollmacht für den Geschäftsbetrieb hat Dr. Hans Helmuth Kuhnke. Dieser erfreut sich einwandfreien Rufes und gilt als tüchtiger, gewissenhafter Kaufmann. Der Firma stehen genügend Betriebsmittel zur Verfügung, sodaß durch das Fernbleiben von Friedrich Minoux kein nachteiliger Einfluß auf die Gesamtlage ausgeübt wird. Wir erfahren aus Lieferantenkreisen, daß große Umsätze erzielt werden. Der geschäftliche Verkehr wickelt sich in reibungsloser, angenehmer Weise ab. Die Zahlweise wird uns von unseren Vertrauensleuten als pünktlich bezeichnet.«
Wenn auch die Gasag das erste Rennen um die Minouxschen Vermögenswerte, das heißt um den Verkaufserlös der Villa, verloren hatte, wollte sie sich zumindest der Sachwerte aus dem Haus versichern. Während des Zivilprozesses gegen Minoux beauftragte sie am 9. Februar 1942 den Privatdetektiv Arthur Müller aus Berlin-Lichterfelde-West mit der Ermittlung des Verbleibs der Möbel aus dem Haus. Wenige Tage später, am 14. Februar 1942, berichtete Müller[17]:

ARTHUR MÜLLER
DETEKTIV

TELEFON: G 6 BREITENBACH 0663

BERLIN-LICHTERFELDE-WEST
DEN 14. Februar 1942
HORTENSIEN PLATZ 5

BLATT: I

46

BETRIFFT: Friedrich Minoux.

BERICHT:

Meine sofort in der Angelegenheit Friedrich Minoux am 9. Februar 1942 aufgenommenen Ermittelungen ergaben bisher folgendes.

Der H aushalt Friedrich Minoux in Berlin-Wannsee, Am großen Wannse 56/58 wurde am 1. Mai 1941 aufgelöst. Das kostbare Eßzimmer, in welche sich auch ein großer wertvoller Gobelin befand, wurde von der SS käufli übernommen. Bereits seit März 1941 wurden dann in dem Hause von einer Speditionsfirma Packer beschäftigt. Die betreffende Speditionsfirma konnte bisher noch nicht ermittelt werden. Ende April 1941 oder Anfang Mai 1941 sollen dann die übrigen Gegenstände auf einen Speicher in Lichtenberg geschafft worden sein. Die kostbaren Ölgemälde sollen jedoc in das Haus der Frau Minoux, in welchem diese seit Jahren lebt, nach Garmisch-Partenkirchen geschafft worden sein. In Berlin-Dahlem, Max Eythstraße 12 a, eine kleine Villa von etwa 6 Zimmern, deren Eigentümer der Architekt Prof. J.A. Breuhaus ist, wurde diese betreffende Villa vom 1. April 1941 ab zunächst auf 1 Jahr möbliert gemietet und ist an dieser Adresse die Ehefrau Lilly Minoux geb. Hente, am 7.2.1878 in St. Ingbert in Bayern geboren, seit dem 13.5.1941 als wohnhaft gemeldet Frau Minoux hält sich jedoch seit langen Jahren in ihrem Hause in Gar= misch - Partenkirchen auf, da sie angeblich das Klima in Berlin-Wannsee wegen ihres Gesundheitszustandes nicht vertragen kann.

Aus der Ehe Minoux gingen zwei Töchter hervor und zwar Johanna, am 8.6.1904 in Essen geboren und Monika, am 27.7.1908 in Essen geboren, hervor.

Die

Bericht der Detektei Müller vom 14. Februar 1942

»Der Haushalt Friedrich Minoux in Berlin-Wannsee,Am Großen Wannsee 56/58 wurde am 1. Mai 1941 aufgelöst. Das kostbare Eßzimmer, in welcher sich auch ein großer wertvoller Gobelin befand, wurde von der SS käuflich übernommen. Bereits seit März 1941 wurden dann in dem Hause von einer Speditionsfirma Paker beschäftigt. Die betreffende Speditionsfirma konnte bisher noch nicht ermittelt werden. Ende April 1941 oder Anfang Mai 1941 sollen dann die übrigen Gegenstände auf einen Speicher in Lichtenberg geschafft worden sein. Die kostbaren Ölgemälde sollen jedoch in das Haus der Frau Minoux, in welchem diese seit Jahren lebt, nach Garmisch-Partenkirchen, geschafft worden sein. In Berlin-Dahlem, Max Eythstraße 12 a, eine kleine Villa von etwa 6 Zimmern, deren Eigentümer der Architekt Prof. J.A. Breuhaus ist, wurde diese betreffende Villa vom 1. April 1941 auf zunächst auf 1 Jahr möbliert gemietet und ist an dieser Adresse die Ehefrau Lilly Minoux ... seit dem 13.5.1941 als wohnhaft gemeldet. Frau Minoux hält sich jedoch seit langen Jahren in ihrem Hause in Garmisch-Partenkirchen auf, da sie angeblich das Klima in Berlin-Wannsee wegen ihres Gesundheitszustandes nicht ertragen kann.«

Am 20. Februar 1942 ergänzte Müller seinen Bericht[18]:
»Wie meine weiteren Ermittelungen ergaben, wurde die Villa des Herrn Prof. Breuhaus in Dahlem, Max Eythstraße 12 a am 1. April 1941 an Herrn Friedrich Minoux möbliert vermietet und wurde der Mietvertrag auf ein Jahr von dem Anwalt des Herrn Prof. Breuhaus abgeschlossen und die Miete für ein Jahr im Voraus bezahlt. Herr Prof. Breuhaus lebt in Kissingen. In diese Villa wurden lediglich s.Zt. die dem Frl. Behrens und der Köchin Schröder gehörigen Sachen durch den Kohlenhändler Schulze aus Wannsee, Königstr. 58 geschafft. Bei Übernahme der Minoux'schen Villa in Wannsee wurden, wie schon berichtet, neben dem Eßzimmer auch noch andere Gegenstände übernommen. Ein kleiner Teil der Möbel wurde in das Haus der Tochter Monika, nach dem Grunewald, Hagenstr. 40, geschafft, während der Rest der Möbel, etwa 60 %, auf einen Speicher in Lichtenberg gebracht wurden. Aus diesem Speicher wurden die Sachen wieder heraus genommen, da der Speicher durch Fliegerangriffe beschädigt war, und an anderer Stelle untergebracht. Durch welchen Spediteur die Möbel aus der Minoux'schen Villa abgefahren wurden, ebenso der Speicher in Lichtenberg, wie auch die dritte Stelle der Lagerung der Möbel konnte bisher trotz größter Bemühungen nicht ermittelt werden, da alle hiervon wissenden Personen 'dicht halten'. Der Chauffeur Gantner befindet sich seit einigen Tagen wieder in Berlin und wohnt wieder bei dem Kohlenhändler Schulze in Wannsee, Königstr. 58. Er wird wieder beschäftigt im Büro Minoux am Kurfürstendamm und bringt wieder wie voher jeden Morgen seinem Chef, Herrn Friedrich Minoux, das Frühstück in das Untersuchungsgefängnis. ... Die in der Max

Eythstraße 12 a gemietete Villa wird am 31. März d. Jhrs. wieder geräumt. Ab 1. April 1942 soll eine leerstehende Villa in Dahlem wieder bezogen werden und dort die jetzt auf dem Speicher befindlichen Möbel wieder hingeschafft werden. Diese betreffende leerstehende Villa soll ab 1. April d. Jhrs. auf 5 Jahre gemietet worden sein. Wo diese Villa sich befindet, konnte bisher ebenfalls nicht ermittelt werden.«

Der Gasag konnten sich also keinen Anteil am Verkauf des Hauses am Wannsee sichern. Auch ihre Suche nach den Möbeln blieb erfolglos. Sie versuchte jedoch weiter, Schadenersatz vom inhaftierten Friedrich Minoux zu erhalten.

Zelle im Zuchthaus Brandenburg

10. Haft und Tod von Friedrich Minoux

Friedrich Minoux und seine Mitangeklagten Kessler und Tiemessen hatten gegen das Strafurteil vom 15. August 1941 Revision eingelegt. Während Kessler seine Revision im Oktober 1941 zurücknahm, blieben Minoux und Tiemessen im Untersuchungsgefängnis in Berlin-Moabit in Haft, bis das Reichsgericht am 14. Mai 1942 beider Revisionen als »offensichtlich unbegründet« verwarf[1]. Im Juni 1942 wurde Hans Tiemessen in das Zuchthaus Luckau, Friedrich Minoux in das Zuchthaus Brandenburg überführt.

Am 27. Juni 1942 richtete Minoux eine Eingabe an Hitler »mit dem Antrag, den Oberreichsanwalt anzuweisen, gegen das Urteil Nichtigkeitsbeschwerde zu erheben«[2]. Im Mai 1943 lehnte der Oberreichsanwalt die Erhebung der Nichtigkeitsbeschwerde ab. Alle Rechtsmittel waren erschöpft.

Kurz vor dem Haftantritt, am 1. Juni 1942, ermächtigte Minoux seinen Anwalt Rüdiger Graf von der Goltz, die Friedrich Minoux KG, »deren Handelsgeschäft ganz oder teilweise zu verkaufen, auch das Grundstück Treptow, Hoffmannstr. 27/28, zu verkaufen und aufzulassen und alle für die Durchführung notwendigen Maßnahmen zu treffen.«[3]

Im Oktober 1942 verkaufte Goltz die Firma an den Berliner Kaufmann Hugo Kunheim in der Französischen Straße 60/61 (Berlin-Mitte), wohin auch die Geschäftsräume verlegt wurden. Im Dezember 1943 trat der Kaufmann Egon Edler von Hardtmuth, Berlin-Wannsee, Am Kleinen Wannsee 8, als persönlich haftender Gesellschaft in die Friedrich Minoux KG ein, die zur gleichen Zeit in eine offene Handelsgesellschaft umgewandelt wurde[4]. Ihr Gründer tauchte zwar noch im Firmennamen »Friedrich Minoux - Inhaber: Dr. Hugo Kunheim und Egon Edler von Hardtmuth« auf, aber mehr hatte er mit diesem Kohlengroßhandel nicht zu tun.

Die Berliner Gaswerke hatten nicht nur bereits 1940/41 versucht, an den Erlös des Hausverkaufes zu kommen, sondern führten auch mehrere Zivilprozesse mit Schadensersatzforderungen gegen Minoux, Kessler und Tiemessen. Die Verfahren gegen sie waren offensichtlich auf Grund politischer Entscheidungen in der kommunalen Spitze der Stadt eingeleitet worden.

Den bei der Gasag Verantwortlichen war es offenbar höchst peinlich, den Ratsherren berichten zu müssen, daß der Betrug an der Gasag bis 1937 fortgedauert hatte. Am 17. Februar 1942 kam es zu einer Besprechung beim kommissarischen Oberbürgermeister Ludwig Steeg, in der sich dieser damit einverstanden er-

klärte, »daß nach Unterrichtung der Beiräte der Berliner Gaswerke die Angelegenheit in der Ratsherrensitzung in der Weise vorgetragen werde, daß auf die Tagesordnung lediglich ein Bericht des Herrn Präs.-Dir. Dr.Hoffmann [damaliger Gasag-Chef, d.V.] über den Stand des Koksabsatzes gesetzt, jedoch keine schriftliche Vorlage beigegeben werde. Herr Präs.-Dir. Dr. Hoffmann solle beim Vortrag der Angelegenheit vor den Ratsherren über den Stand des Strafverfahrens nur das Allernotwendigste berichten, aber keine Einzelheiten.
Im übrigen nahmen Herr kommissarischer Oberbürgermeister Steeg und Herr Stadtkämmerer Lindig den Standpunkt ein, es sei nicht gerechtfertigt, wenn die Staatsanwaltschaft Sorge in der Richtung habe, aus der Anstrengung des Zivilprozesses durch die Berliner Gaswerke könne geschlossen werden, daß die Staatsanwaltschaft nur aus finanziellen Gründen ('des Mammons wegen') die öffentliche Klage erhoben habe. Selbstverständlich sei es Pflicht der Staatsanwaltschaft, beim Vorliegen eines strafbaren Tatbestandes öffentliche Klage ohne Rücksicht darauf zu erheben, welche zivilrechtlichen Ansprüche nebenher verfolgt würden.«[5]
Die Gasag überzog Minoux jetzt mit einer Reihe von Klagen:

- am 18. Dezember 1940 als Mitbeklagten neben der WV Klage wegen 500.000 Reichsrmark, erhöht am 13.Dezember 1941 auf 3.000.000 Reichsmark;
- indirekt über die GV im Dezember 1941 Klage wegen 1.000.000 Reichsmark;
- gegen die Friedrich Minoux KG Klage am 17.August 1942 wegen 800.000 Reichsmark und
- am 10. März 1944 Klage wegen 1.000.000 Reichsmark.[6]

Am 18.Juli 1942 hatte die Gasag ihren Anspruch gegen die Beschuldigen aufgelistet. Sie verlangte jetzt Schadensersatz in Höhe von insgesamt 8.864.508,76 Reichsmark.[7] Friedrich Minoux gab sich aber nicht geschlagen und überreichte kurz darauf »2. Rechtsgutachten des Senatspräsidenten Baumbach[8], das trotz der Strafurteile zu einer Verneinung der Ansprüche kommt. Gaswerke beschaffen Rechtsgutachten des Professors Dr. Siebert[9] (Universität Berlin) zur Frage der Verjährung der Ansprüche: Das Gutachten verneint eine Verjährung, da Gaswerke Kenntnis von den Ansprüchen frühestens erst mit Kenntnis der Anklageschrift (März 1941) erlangt haben, zu dieser Zeit der Prozess aber bereits anhängig war.«[10]

Da der zuständige Richter am Landgericht Berlin erkrankte, wurden am 11. November 1942 die Prozesse der Gasag gegen Minoux und die Minoux KG mit dem Verfahren der WV und der GV gegen Minoux und die Minoux KG zusammengefaßt.[11]

Als neuer Termin wurde der 14. Dezember 1942 angesetzt, aber kurzfristig wieder abgesetzt, da der mit dem Verfahren neu betraute Richter starb. Zwischen dem 18. und dem 25. Januar 1943 verhandelte die 10. Zivilkammer des Landgerichts Berlin unter Vorsitz von Landgerichtsrat Griesche über die Ansprüche der Gasag.[12] Im Mittelpunkt der Verhandlung stand dabei die Frage, ob durch den Verzicht der Gasag, von GV und GMK Schadenersatz zu verlangen, auch Friedrich Minoux befreit war. Das Gericht verneinte diese Frage. In Vorbereitung auf weitere Verhandlungstermine schrieb Minoux seinen Rechtsanwälten[13]:

»Ich bin leider wieder einmal sehr in Zeitnot; ich bereite Entwürfe für Schriftsätze gegen GV u. Gasag vor, deren Einreichung mir wegen der von uns unterm 8. Mai cr. beantragten Beweisaufnahme als Antwort auf die gegnerischen Schriftsätze dazu, (GV 21.5.43, Gasag 31.5.43) noch unbedingt notwendig erscheint.

Ich kann nicht von hier aus gegen die immer wieder hydramäßigen neuen Verdrehungen der Gegner von links und rechts ankämpfen, ohne daß mir dazu die nötige Zeit gegönnt wird.«

Seine Rechtsanwälte teilten daraufhin dem Landgericht mit, daß sie keine Bedenken hätten, »am 14. Juli ohne weitere schriftsätzliche Vorbereitung zu verhandeln. Im Falle der Möglichkeit oder im Falle desBedarfs wird ein weiterer Schriftsatz entweder vor oder nach dem 14. Juli folgen.«[14]

An diesem Tag erkannte Minoux die rechnerische Richtigkeit der Gasag-Forderung vom 18. Juli 1942 an, bestritt aber weiterhin den Grund des Anspruchs. Daraufhin legten die Gaswerke weiteres Beweismaterial aus dem Strafprozeß vor.

Offensichtlich rechnete Friedrich Minoux nicht mit einem für ihn schlechten Ausgang des Verfahrens, denn am 28. Juli 1943 teilte er den Berliner Gaswerken mit[15]:

»Mit Ihrem Schreiben vom 21.7.1943 übersandten Sie mir 2 Abtretungserklärungen vom 13. Juli 1943 an die Gaskoksvertriebs GmbH i.L. in Berlin.

Sie wissen genau so gut wie ich, daß weder Sie noch die GV gegen mich berechtigte Ansprüche haben, da ich weder die Gaswerke betrogen noch Tiemessen u. Keßler bei ihren Verfehlungen Helfer oder auch nur Mitwisser war.

Die haltlosen Forderungen der GV, die offenbar auch von Ihnen als solche erkannt sind, werden dadurch nicht berechtigter, daß Sie ihr ebenso haltlose Forderungen von Ihrer Seite zusätzlich abtreten. Ich sehe darin lediglich Advokatenkniffe.

Die Stunde, in der Sie ihr gesamtes unerhörtes Vorgehen gegen mich, gegen das ich auch hier feierlich Protest einlege, zu verantworten haben, wird kommen!

Mit weiteren direkten Zuschriften bitte mich zu verschonen und alle Ihre Mitteilungen an meinen Prozeßbevollmächtigten Herrn Justizrat Dr. Dix zu senden.
Minoux«
Der Optimismus von Friedrich Minoux war unbegründet. Am 11. August 1943 verkündete das Landgericht die Urteile:
- Im Verfahren 210.0.209/40 hatte Friedrich Minoux an die Gasag 3.000.000 Reichsmark,
- im Verfahren 403.0.117/41 an die GV 1.000.000 Reichsmark sowie – im Verfahren 210.0.138/42 die Friedrich Minoux KG an die Gasag 800.000 Reichsmark zu zahlen.

In der Zwischenzeit hatte die Gasag im Arrestverfahren eine Sicherungshypothek über zwei Millionen Reichsmark auf den Grundbesitz von Minoux in Okriftel im Februar 1942 beantragt und erhalten, am 23. Februar 1942 die Möbel von Minoux in Garmisch für 101.400 Reichsmark gepfändet sowie im März 1943 eine Sicherungshypothek in Höhe von 200.000 Reichsmark für den Grundbesitz von Minoux in Garmisch beantragt und erhalten. Gegen die Arresturteile legte Minoux Revision ein, die am 11. Juni 1943 vom Kammergericht als »offensichtlich unbegründet« verworfen wurde. Minoux verkaufte daraufhin im Juli 1943 das Papierwerk in Okriftel an Friedrich Kiehn und die langwierigen, oben beschriebenen Verhandlungen zwischen der Gasag, Kiehn und Minoux begannen.

Auch auf die letzte Klage der Gasag vom 17. Mai 1944 wegen einer Million Reichsmark verurteilte das Landgericht Berlin am 17. Mai 1944 Friedrich Minoux zu weiterem Schadenersatz in Höhe von 988.900,84 Reichsmark.

Aufgrund des Vergleiches zwischen der Gasag und Fritz Kiehn zahlte Kiehn im März 1945 an die Gasag 3.391.644,73 Reichsmark für den Anspruch auf das Werk in Okriftel.

Bereits vorher hatte die Gasag aufgrund der Urteile vom 11. August 1943 von der Minoux KG 802.368,22 Reichsmark erhalten sowie aus Restguthaben von Friedrich Minoux beim Bankhaus Steffan in Frankfurt/Main 78,00 Reichsmark und bei der Reichsbank in Frankfurt 15.070,99 Reichsmark.[16]
Die 10. Zivilkammer des Landgerichts Berlin hatte der Gasag am 11. August 1943 einen Gesamtschadensersatz von 8.864.508 Reichsmark zugebilligt, der von Minoux, Tiemessen und Kessler zu leisten war. Bis zum März 1945 waren Zahlungen in Höhe von 8.403.428,89 RM eingegangen. Zufrieden konnte 1946 also der Rechtsanwalt der Gasag, Leonhard Hartmann, zusammenfassen[17]:
»Dabei sind die weitestgehenden Möglichkeiten der Begründung für solche

Schadensersatzansprüche unmittelbarer und mittelbarer Art in Betracht gezogen worden. Es ist mithin festzustellen, daß die Gasag durch die erzielten Schuldtitel und abgeschlossenen Vergleiche eine Gesamtvergütung des ihr von Minoux und den übrigen Beteiligten zugefügten Schadens erhalten hat.«
Hartmann verschwieg an dieser Stelle allerdings, daß die Gasag die Sammlung Kessler an die Stadt Berlin weiterverkauft hatte und daß 3.391.947,26 Reichsmark von Fritz Kiehn für den Weiterverkauf einer »arisierten« Firma erzielt worden waren. Hartmann war nur froh, daß die Position der Gasag aus diesem Unrechtsgeschäft nicht tangiert wurde[18]:
»Bezüglich Okriftel hat übrigens der jüdische Voreingentümer vor Minoux Rückerwerbsansprüche angemeldet, vor deren Erledigung eine Eintragung [ins Grundbuch, d.V.] für Kiehn oder Rechtsnachfolger von ihm nicht in Frage kommt. Die Rechtslage für Gasag aus dem Abkommen mit Kiehn wird dadurch nicht berührt.«

Für die Gasag war die Angelegenheit erledigt; zu begleichen waren nach Aufstellungen des Gasag-Rechtsanwaltes Hartmann vom 15. April und 12. Oktober 1946 nur noch Anwaltskosten an ihn in Höhe von 76.574,84 RM[19].

Das Zuchthaus Brandenburg

Friedrich Minoux war am 15. August 1941 nicht nur zu einer Haftstrafe von fünf Jahren Zuchthaus, sondern auch zu einer Geldstrafe in Höhe von 600.000 Reichsmark sowie zur Zahlung der anteiligen Gerichtskosten verurteilt worden. Die Gerichtskasse Moabit legte auf das Eigentum in Okriftel für die Gerichtskosten eine Sicherungshypothek in Höhe von 42.609,65 Reichsmark sowie für die Geldstrafe eine Sicherungshypothek von 600.000 Reichsmark. Ob diese Summen auch noch nach 1945 von den Erben Friedrich Minouxs abverlangt wurden, konnte nicht mehr ermittelt werden.

Friedrich Minoux war bei seinem Strafantritt im Juni 1942 65 Jahre alt. Er wurde im Zuchthaus Brandenburg nach Berichten in von Zeitzeugen in der Bibliothek[20] und in der Küche[21] eingesetzt, erhielt aber offensichtlich auch genügend Zeit und eine Schreibmaschine, um seinen ausführlichen Schriftwechsel mit Anwälten, Finanzämtern und der Gasag zu führen und auch etwa die Bilanzen von Okriftel und seine umfangreichen Steuererklärungen zu überprüfen. Die Erinnerungsliteratur über Brandenburg nennt ihn nicht.

Nach der Befreiung des Zuchthauses Brandenburg im April 1945 war auch für Minoux die Haft beendet; er kehrte nach Berlin zurück und starb bald darauf, am 16. Oktober 1945, in Lichterfelde[22]. Am 23. Oktober 1945 erschien eine kurze Todesanzeige in der »Neuen Zeit«; die Trauerfeier fand am 23. Oktober 1945 in der St. Michaels-Kirche in Wannsee statt. Anschließend wurde Friedrich Minoux auf dem Neuen Friedhof an der Lindenstraße in Wannsee beigesetzt.

Von dem Vermögen dieses energischen und phantasievollen Industriellen, der lange Jahre erfolgreich für Hugo Stinnes wirkte, ein eigenständiges wirtschaftspolitisches Konzept zur Bekämpfung der Inflation entwickelte und in den politischen Machtkämpfen 1923 beinahe eine führende Position in der Regierung des Deutschen Reiches übernommen hätte, sich dann sein eigenes Imperium schuf und später Betrug in großem Stile beging, blieb wenig übrig.

11. Reinhard Heydrich und die Stiftung Nordhav

Am 30. Juli 1939 gründete Reinhard Heydrich, Chef der Sicherheitspolizei und des Sicherheitsdienstes (SD), bald darauf Chef des Reichssicherheitshauptamtes, in Berlin die Stiftung Nordhav, deren ausdrücklicher Zweck die »Schaffung und Unterhaltung von Erholungsheimen für die Angehörigen des Sicherheitsdienstes der SS sowie für ihre Angehörigen« sein sollte[1].

»Nordhav« war der Name eines kleinen, »4 1/2 Drömtsaat großen Bauernhofes«[2] in der Vitzdorfer Heide auf der Insel Fehmarn. An dessen Stelle wurde 1760 von einem Leutnant Witte der Hof Katharinenhof erbaut. Zwischen 1848 und 1851 wurde das alte Herrenhaus des Hofes beträchtlich vergrößert. Katharinenhof wurde 1873 ein selbständiger Gutsbezirk und kam 1928 zu Vitzdorf zurück, als zugleich ein Teil der Ländereien des Gutes für Siedlungszwecke parzelliert wurde. Der Hof selbst wurde weiter bewirtschaftet.

Wie kam es, daß eine Stiftung des Chefs der Sicherheitspolizei den Namen eines längst niedergelegten Bauernhofes auf einer Insel in der Ostsee erhielt ? Die Antwort liegt in der privaten Biographie von Reinhard Heydrich. Am 6. Dezember 1930 lernte der Oberleutnant zur See Reinhard Heydrich die neunzehnjährige Lina von Osten kennen, die in Avendorf auf Fehmarn geboren war.[3] Ihre Eltern waren - durch die Folgen des Ersten Weltkrieges verarmt - aufs Festland, nach Lütjenbrode gezogen. Verwandte von ihr lebten weiterhin auf der Insel. Am 26. Dezember 1931 heirateten Reinhard Heydrich und Lina von Osten kirchlich in einer nationalsozialistisch umrahmten Feier in Großenbrode[4].

1934 lebten die Eltern von Lina Heydrich offensichtlich wieder auf Fehmarn, da Lina Heydrich über einen Besuch Ende 1934 dort berichtete[5]: »Dennoch liege ich meinem Mann nach meiner Rückkehr in den Ohren, sobald wie möglich ein Haus auf Fehmarn zu kaufen. Er kann dort, wie ich ihm in leuchtenden Farben ausmale, jederzeit segeln. Er freut sich, fragt sich aber, wie wir das wohl ohne Geld bewerkstelligen sollen. Ein guter Engel ist in dieser Stunde jedoch mit uns, der Konsul Willy Sachs[6], damals »Bayernwilli« [sic] genannt».

Architekt des Hauses war Gustav Rall[7]. Seine Baupläne waren teurer, als Lina Heydrich dies vorausgesehen hatte, denn die Kosten wuchsen auf 42.000 Reichsmark. Noch aus den Erinnerungen Lina Heydrichs spricht der Stolz auf dieses Haus[8]: »Im Frühjahr 1935 beginnen die Handwerker mit dem Bau. Das Richtfest ist ein großes Ereignis. Heinrich Himmler tritt als Schirmherr auf. Einer seiner Schmiede hat ein großes handgeschmiedetes Türschloß gemacht, das unser Haus auch symbolhaft vor ungebetenen Gästen schützen soll. Heute verschließt es im Bungalow eines namhaften Historikers die handgeschmiedete Wand, die die Diele vom Wohnzimmer trennt.«

Nach 1945 wurde das Haus beschlagnahmt. Lina Heydrich erreichte jedoch die Freigabe vom Land Schleswig-Holstein, baute das Haus mehrfach um und lebte hier bis zum ihrem Tod in den achtziger Jahren[9].

Heinrich Himmler fuhr am 22. Juni 1935 von Verden nach Fehmarn, nahm hier an der Einweihung des Heydrich-Hauses, einer großen Veranstaltung der Reiter-SS sowie einer spektakulären Sonnenwendfeier teil[10] und ließ sich – vermutlich am Sonntag, dem 23. Juni 1935 – bei dieser Gelegenheit vom Fehmarner Heimatforscher Peter Wiepert (einem Vetter von Lina Heydrich) die archäologischen und heimatkundlichen Sehenswürdigkeiten der Insel, so auch den Katharinenhof zeigen.[11] Einen Tag später, am 24. Juni 1935, fuhr Himmler zurück nach Berlin.

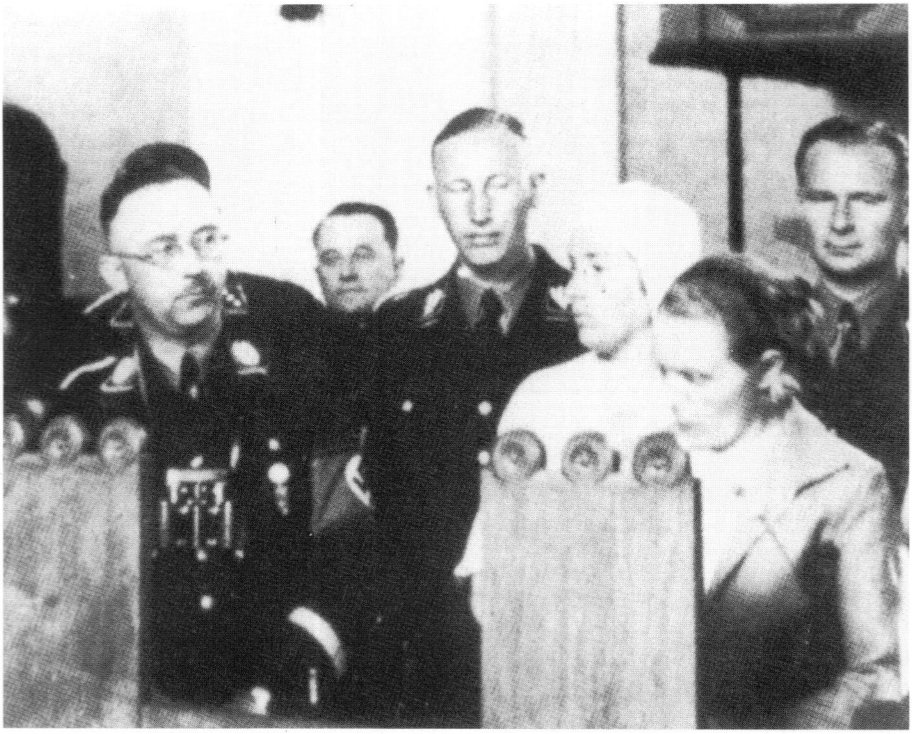

Heinrich Himmler, Reinhard und Lina Heydrich mit Margarethe Himmler und Karl Wolff bei einem Kirchenbesuch in Fehmarn

Peter Wiepert, am 19. Juli 1890 auf Fehmarn geboren und dort in Bisdorf auf einem eigenen, etwa 30 Hektar großen Bauernhof beheimatet, gehörte in diesen Jahren bereits zu den anerkannten Heimatforschern der Ostsee-Insel. Apologetisch hieß es noch 1970 über die Bekanntschaft zwischen Himmler und Wiepert[12]:

»Wiepert wurde überraschend zum Reichsführer Himmler nach Berlin beordert, den er in seinem Amtszimmer mit 'Guten Tag!' begrüßte, worauf Himmler entgegnete: 'So habe ich Sie mir vorgestellt! Ein richtiger Fehmarner Dickschädel. Aber so geht das nicht! Sie müssen Ihre Volkskundearbeit weitermachen! Ich gebe Ihnen dreißig Minuten Bedenkzeit, sich zu entschließen!'«

Ob die Begegnung sich so zugetragen hat, mag dahingestellt bleiben. Wiepert jedenfalls zeigte Himmler auf Fehmarn ausführlich seine »reichhaltigen heimatkundlichen Sammlungen« und auf »den Ländereien«, die später von der Stiftung Nordhav erworben wurden, »mehrere, zum großen Teil zerstörte Steingräber, darunter die sog. 'Vitzbyer Steenkiest', in der sich 1420 ein Fehmeraner verborgen haben soll.«[13]

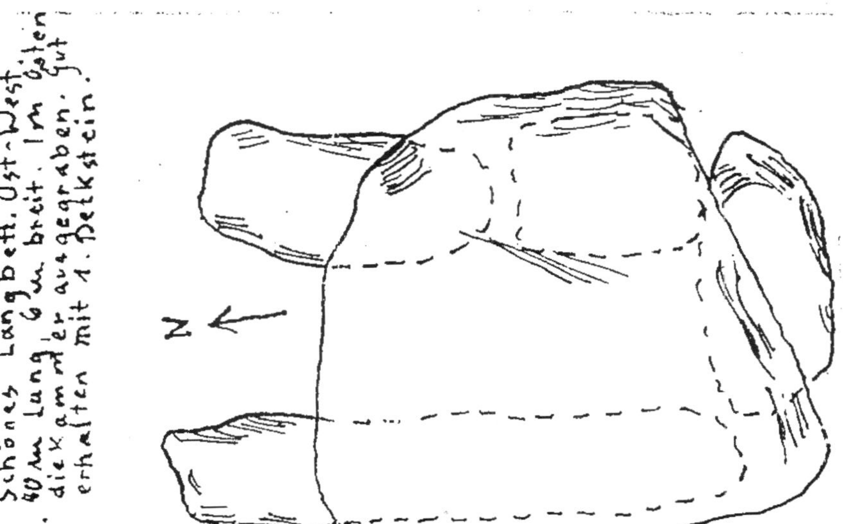

Die »Vitzdorfer Steenkiest«

Die Vitzdorfer Steinkiste, eine frühgeschichtliche Grabanlage, liegt südöstlich des Gutes Katharinenhof und gehört heute zur Gemeinde Bannesdorf (Altgemeinde Meeschendorf«[14]:
»Das Hünenbett zeigt sich als 40 m langer und 15 m breiter auseinander geflossener Erddamm bis zu 2 m Höhe. Die Einfassung vermag unter den zahlreich umherliegenden Steinen nicht bestimmt zu werden.«
Insgesamt gibt es in der Nähe des Gutes Katharinenhof fünf derartige Grabanlagen, die allerdings zum Teil zerstört sind.

Heinrich Himmler besaß ein so reges Interesse an einer populären Germanisierung der deutschen Geschichte, daß er zu ihrer Förderung bereits 1935 die Stiftung »Ahnenerbe« gründete. Ausgrabungen - in Schleswig-Holstein etwa in Haithabu - gehörten ebenso zum Arbeitsgebiet der Stiftung wie später verbrecherische Menschenversuche in den Konzentrationslagern Dachau und Natzweiler[15].

Aus Mitteln des Ahnenerbes förderte Himmler jetzt auch den Verein zur Sammlung Fehmarnscher Altertümer, der Wieperts Vorarbeiten für ein großes nordisches fehmarnsches Freilichtmuseum unterstützte. Dafür wurde eine Konstruktion erfunden, für die es im Bereich der SS kein Beispiel gab.

Am 30. April 1937 trafen sich der Geschäftsführer des Ahnenerbe, SS-Obersturmführer Wolfram Sievers, und der Leiter der Zentralabteilung I/1 im SD-Hauptamt, SS-Oberführer Wilhelm Albert. Sievers verlangte von Albert - und damit vom SD - finanzielle Hilfe für das Ahnenerbe, die Wiepert zugute kommen sollte.Zunächst kam wohl keine Einigung zustande, denn am 16. Juli 1937 mußte sich Sievers an die »Abt. Wirtschaftliche Hilfe« der SS mit der Bitte wenden, bei Himmler erneut wegen finanzieller Unterstützung für Wieperts Arbeiten vorstellig zu werden[16]:
»Ich bitte, diese Entscheidung herbeizuführen, da der Reichsführer SS den Einbau von Peter Wipper [sic!] in das Ahnenerbe wünscht, wie er mir gesprächsweise am Abend der Heinrichsfeier in Quedlinburg sagte.«
Im September 1937 einigten sich dann Ahnenerbe und SD, wie Sievers an Albert schrieb [17]: »Im Anschluß an mein Schreiben vom 10.5. kann ich heute mitteilen, daß der Reichsführer SS sein Einverständnis dazu gegeben hat, daß die durch den Einbau von Peter Wipper [sic!] in das 'Ahnenerbe' entstehende Belastung von jährlich RM 6.000.- zur Hälfte vom 'Ahnenerbe' übernommen wird. Wegen des restlichen Betrages von RM 3.000.- hat der Reichsführer SS mich ersucht, mit SS-Gruppenführer Heydrich zu sprechen und ihn im Auftrag des Reichsführers zu bitten, den Betrag vom Sicherheitshauptamt zur Verfügung zu stellen. Da die Angelegenheit von Ihnen bearbeitet wird, teile ich Ihnen dies

zunächst mit, mit der Bitte um Stellungnahme, ob ich mich gemäß dem Wunsche des Reichsführers-SS direkt an SS-Gruppenführer Heydrich wenden soll oder ob Sie dies vermitteln wollen.«

Wiepert sollte nicht nur im Auftrage des Ahnenerbes seine Sammlungen pflegen und Anfragen der »Pflegstätte für Sippenzeichenforschung im 'Ahnenerbe' e.V.« nach den »Hausmarken der Insel Fehmarn« beantworten, sondern auch in enger Zusammenarbeit mit der Gestapo »V-Leute« im Rahmen nachrichtendienstlicher Arbeit auf der Insel Laaland führen und etwa Heydrich 1938 in einem ausführlichen Bericht über die Situation in Dänemark informieren. Im Sommer 1939 erhielt er einen Forschungsauftrag zur »Frage der Süsswasser-Gewinnung auf Helgoland«, der als »kriegswichtige« Maßnahme des Ahnenerbes eingestuft wurde[18].

Im Vordergrund des Interesses stand für Wiepert aber der Verein zur Sammlung Fehmarnscher Altertümer, dessen Vorsitz er 1939 übernahm. Am 6. und 7. Juli 1939 kam es in Fehmarn zu einer oder mehreren Besprechungen, an denen das Ehepaar Heydrich, Albert (inzwischen SS-Brigadeführer), Sievers (inzwischen SS-Sturmbannführer) vom Ahnenerbe und Wiepert teilnahmen.[19] Dabei wurde unter anderem über eine mögliche Schirmherrschaft des Ahnenerbes oder Himmlers persönlich für das geplante Fehmarner Museum und über die »Bereitstellung von 2000 RM für die Fertigstellung des Museums« gesprochen. Dabei wurde aber auch über die Einbeziehung und den Kauf des Gutes Katharinenhof gesprochen, auf dem sich die »Steenkiest« befand. Die Besitzer dieses Gutes waren so verschuldet, »daß ohne eine umfangreiche Landabgabe nach den Feststellungen der Entschuldungsstelle bei der Schleswig-Holsteinischen Landesgenossenschaftsbank eGmbH Kiel ein nachhaltiger Entschuldungserfolg nicht erzielt zu werden vermag.«[20]

Das Gut Katharinenhof bot sich jedoch weniger als Fehmarner Heimatmuseum und als Ort germanischer Ahnenpflege an, sondern war vor allem ein stattlicher Besitz von über 20 Hektar Größe in der Nähe von Heydrichs eigenem, eher kleinen Ferienhaus.

Die Umstände bei der Errichtung der Stiftung Nordhav, der Kauf des Katharinenhofes im August 1939 sowie der Kauf des repräsentativen Besitzes Am Großen Wannsee 56 – 58 lassen den Schluß zu, daß sich Heydrich Gut und Villa längerfristig für seine privaten und dienstlichen Zwecke sichern wollte. Er wollte hier seine künftige Dienst- und Ferienwohnung als Chef des Reichssicherheitshauptamtes oder gar noch in einer höherer politischen Position errichten, denn Heydrich fühlte sich 1939 erst am Anfang seiner politischen Karriere.

Die zum Kauf der beiden Besitze benötigten Gelder hätte sich Heydrich zu dieser Zeit schwerlich von Reichsfinanzminister Lutz Graf Schwerin von Krosigk beschaffen können, der – ähnlich wie sein preußischer Amtskollege Johannes Popitz – erstaunlich oft Widerspruch gegenüber den Finanzwünschen der SS oder der Gestapo äußerte. Die umfangreichen Mittel der »schwarzen Kassen« des Reichssicherheitshauptamtes standen erst nach dem Beginn der Deportation der deutschen Juden zur Verfügung. Darum mußte der Hauskauf durch die Errichtung einer Stiftung – eben Nordhav – in die Wege geleitet werden, um den eigentlichen Zweck der Nutzung zu verschleiern. Eine »Zuwendung« an die Stiftung Nordhav war innerhalb des Geschäftsbereiches des »Reichsführer SS und Chef der deutschen Polizei im Reichsministerium des Innern« unverfänglich. Sie unterlag danach lediglich dem Zugriff des Partei-Nachrichtendienstes SD und war so einer Kontrolle des Rechnungshofes entzogen. Auch dies ist ein Beispiel für das Bestreben der SS, staatliche Finanzmittel in den eigenen Machtbereich zu verlagern.

Der später erfolgende Bau und Unterhalt von kleineren Ferienheimen und Skihütten durch die Stiftung Nordhav war durchaus dazu angetan, den Ankauf der beiden großen Immobilien noch besser zu tarnen.

Während also die längerfristige Perspektive in der Sicherung des Besitzes für Heydrichs private und dienstliche Zweke lag, bot sich als kurzfristige Nutzung die Unterbringung von Teilen des SD-Führerkorps zur Schulung oder Erholung auf der landschaftlich schönen Insel Fehmarn an. Vielleicht war dies aber auch nur eine Begründung, mit der Heydrich Himmlers Zustimmung zum Ankauf des Besitzes sichern wollte. Es entsprach dem Denken beider, daß für Katharinenhof jetzt der alte »germanische« Begriff »Nordhav« wiederbelebt wurde.

Drei Wochen nach dem Besuch auf Fehmarn, zum 30. Juli 1939 errichtete Reinhard Heydrich dann die Stiftung Nordhav. Die kurze Satzung nannte neben dem Stiftungszweck, der »Schaffung und Unterhaltung von Erholungsheimen für die Angehörigen des Sicherheitsdienstes der SS, sowie für deren Familienangehörigen« das Anfangsvermögen der Stiftung in Höhe von 150.000 Reichsmark; der Betrag wurde vom Chef der Sicherheitspolizei und des SD zur Verfügung gestellt. Heydrich setzte seine engen Mitarbeiter SS-Brigadeführer Werner Best[21], SS-Brigadeführer Wilhelm Albert[22], SS-Oberführer Dr. Herbert Mehlhorn[23]), SS-Sturmbannführer Walter Schellenberg[24] und seinen Chefadjutanten, den Hauptmann der Schutzpolizei Kurt Pomme[25] als Vorstandsmitglieder ein.

Reinhard Heydrich
Herbert Mehlhorn
Walter Schellenberg

Am 3. August 1939 wurde die Stiftung vom Reichs- und Preußischen Innenministerium durch Staatssekretär Wilhelm Stuckart (einem späteren Teilnehmer der Wannsee-Konferenz) genehmigt.[26] In Heydrichs Auftrag unterzeichnete SS-Sturmbannführer Walter Schellenberg, der nach eigenen Angaben in dieser Zeit[27] in der Zentralabteilung I/1 des SD »zunehmend selbständig organisatorische Fragen sowie Personal-, Etat-, Reichsreform- und Mobilisierungsprobleme für den Kriegsfall zu bearbeiten« hatte, am 25. August 1939 im Amtsgericht von Burg auf Fehmarn den Kaufvertrag für weite Teile des Gutes Katharinenhof. Für 80.000 Reichsmark erwarb er über elf Hektar Land von Hans Georg Loesener von Tempsky, dem Rittmeister a.D. Robert Loesener und dessen Frau Eleonore. Der Verkauf war vorher durch die Entschuldungsstelle bei der Schleswig-

Holsteinischen Landesgenossenschaftsbank eGmbH in Kiel genehmigt worden[28]. Zu den verkauften Flächen gehörten das Hünengrab mit ca. 0,5 Hektar Umgebung, ein Zugangsweg vom Strand zum Hünengrab, ein Randstreifen am Meer mit weiten Strandstücken sowie – ein »Herrenhaus«, ein »Wohnhaus«, ein »Försterhaus«, Pferdestall, Reitstall, Backhaus, Bienenhaus und ein Hühnerstall.

Schweinestall, Abort und Holzschuppen waren von der Stiftung Nordhav auf eigene Kosten abzubrechen; das Abbruchmaterial sollten die Verkäufer erhalten. Die Stiftung Nordhav gab den Verkäufern, die auf einem Teil des Katharinenhofes wohnten, strenge Auflagen[29]: »Die Verkäufer verpflichten sich, denjenigen Teil des Hofplatzes, über welchen die Auffahrt zum Herrenhaus führt, sauber und würdig zu halten. Die Anlage von Dungstätten auf demselben ist untersagt. Die Verkäufer sind verpflichtet, keine neuen Anpflanzungen auf der Steenkiste, dem Bocksberg und der Meiereikoppel zu machen, welche den Blick vom Herrenhause auf das Meer nach Südosten stören.«

Peter Wiepert sollte sämtliche Abweichungen, die sich vermessungstechnisch ergeben könnten, »im freundschaflichen Geiste« regeln und erhielt von den Verkäufern und der Käuferin die Vollmacht[30], »alle mit diesem Vertrage zusammenhängenden und notwendigen Erklärungen vor Kulturamt, Grundbuchamt, Gericht und sonstigen Behörden abzugeben.«

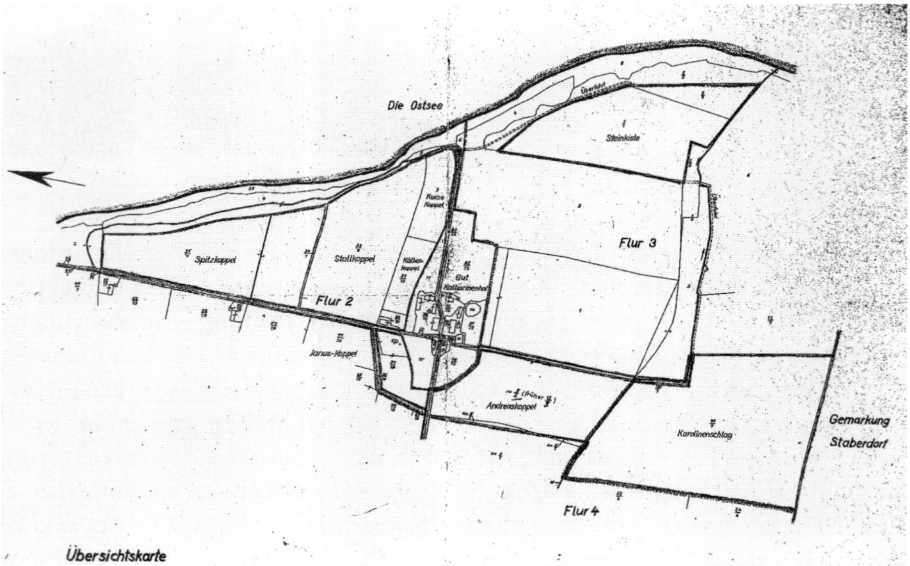

Gut Katharinenhof und die Vitzdorfer Steinkiste

Am 8. Mai 1940 wurde zwischen der Stiftung Nordhav und demEhepaar Loesener ein Ergänzungsvertrag geschlossen. Mit ihm wurden drei weitere Hektar für 7.500 Reichmark in der Nähe des Hünengrabes erworben.[31] Der Verkauf war endgültig abgeschlossen, nachdem am 27. Juni 1941 einige weitere Umschreibungen im Grundbuch vorgenommen worden waren.[32]
Die Stiftung Nordhav war nicht die einzige »SS-nahe« Institution, die sich in der Umgebung des Katharinenhofes niederließ. Weite, erheblich größere Teile von Flur 2 und 3 hatte die Deutsche Ansiedlungsgesellschaft AG, ebenfalls am 25. August 1939, erworben[33].

Die Deutsche Ansiedlungsgesellschaft AG, Berlin, Behrenstraße 14 - 16, war mit einem Grundkapital von einer Million RM eine 100%ige Tochter der Deutschen Revisions- und Treuhand AG und damit im Eigentum des Deutschen Reiches. Vorsitzender des Aufsichtsrates war der spätere Chef des SS-Wirtschafts-Verwaltungshauptamtes (WVHA) und SS-Gruppenführer Oswald Pohl, stellvertretender Aufsichtsratsvorsitzender der SS-Gruppenführer und Chef des Stabshauptamtes im Reichskommissariat für die Festigung deutschen Volkstums, Ulrich Greifelt. Im »Mindener Bericht«, den ehemalige Angehörige des SS-WVHA im Internierungslager Minden verfaßt haben, heißt es über die Deutsche Ansiedlungsgesellschaft[34]:
»Die DAG hatte die Aufgabe, Güter in den deutschen Randgebieten aufzukaufen und aufzuteilen und sie mit deutschen Bauern zu besiedeln. Während des Krieges bekam sie die weitere Aufgabe, nicht ordnungsgemäß verwaltete Bauernhöfe gegen Entschädigung zu enteignen und mit Bauern zu besetzen, die in der Lage waren, diese Höfe wirtschaftlich zu führen. Bei dieser Gesellschaft war Pohl kapitalmäßig nicht beteiligt, sondern nur Aufsichtsratsvorsitzender. Als später entschieden wurde, daß diese Gesellschaft in den Arbeitsbereich des Reichskommissars für die Festigung deutschen Volkstums gehörte, wurde Greifelt als stellvertretender Aufsichtsratsvorsitzender berufen.«

Betrachtet man den Lageplan des Gutes Katharinenhofes, so wird der Sinn der Beteiligung von zwei der SS zugewandten Institutionen deutlich: Die Stiftung Nordhav konnte mit relativ wenig Kapitalaufwand das eigentliche Gut, den Randstreifen an der Küste sowie das Hünengrab erwerben; die finanziell wesentlich besser ausgestattete Deutsche Ansiedlungsgesellschaft konnte die größeren Landflächen in Flur 2 und Flur 3 erwerben. Dies konnte nur nach einer vorhergegangenen Absprache zwischen Heydrich und Pohl möglich gewesen sein.
Einen Teil des Flurstückes 12 (0,45 Hektar) mit einem »Kuhhaus« gehörte zu den Flächen, die die Deutsche Ansiedlungsgesellschaft am 25. August 1939 erworben hatte. Diesen verkaufte sie - ohne Inventar - am 7. März 1941 für

10.000 Reichsmark an die Stiftung Nordhav.[35] Vertreter der Deutschen Ansiedlungsgesellschaft war Erich Hahn, die Stiftung Nordhav wurde durch Peter Wiepert vertreten, der dafür eine Vollmacht vom 10. Februar 1941 vorweisen konnte. Jetzt war fast das gesamte Gut im Besitz der Stiftung Nordhav.

Noch deutlicher wurde die Verquickung zwischen der SS, der Stiftung Nordhav, der Deutschen Ansiedlungsgesellschaft und Peter Wiepert aber spätestens am 11. März 1943. An diesem Tag erschien Wiepert auf dem Amtsgericht in Burg sowohl als Bevollmächtigter der Stiftung Nordhav als auch der Deutschen Ansiedlungsgesellschaft[36]. Von der insgesamt 17,47 Hektar großen Parzelle der »Steenkiest« sollte die Stiftung Nordhav jetzt nur noch das Areal unmittelbar um das Hünengrab, rund 4 Hektar, behalten; 13,47 Hektar sollten in das Eigentum der Deutschen Ansiedlungsgesellschaft übergehen. Dies war mit umfangreichen Grundbuchumschreibungen verbunden.[37] Das Gebiet um Katharinenhof war für die SS gesichert: Der Kernbereich um das Gut gehörte der Stiftung, die Ländereien der Deutschen Ansiedlungsgesellschaft.

Für Heydrichs Familiensinn spricht, daß Peter Wiepert die Bewirtschaftung des Gutes übernahm. Zur Abrechnung der Wirtschaftsführung fuhr er mehrmals nach Berlin in das Reichssicherheitshauptamt.[38] Bis 1945 bewirtschaftete er das Gut, ohne daß SS oder SD dort als Nutzer auftraten. Niemand wußte es besser als Peter Wiepert, als er 1941 in seinem »Führer durch die Stadt Burg und die Dörfer auf der Insel Fehmarn« schrieb[39]: »Hof, Wald und Strand von Katharinenhof dürfen nur mit Genehmigung der Besitzer betreten werden.« Wer dieser Besitzer war, verbarg Wiepert in einer Anmerkung: »SS-Stiftung Nordhav«[40].

Keiner der Beteiligten hat sich später über sein Wirken für die Stiftung Nordhav geäußert. Walter Schellenberg erwähnte sie in seinen teilweisen ausführlichen Memoiren oder bei Vernehmungen in Nürnberg überhaupt nicht, Werner Best konnte sich auf Befragen nur vage und fehlerhaft erinnern[41]:
»Den Namen 'Nordhav' = Nordmeer erhielt die Stiftung im Zuge der damaligen 'nordischen Mode'... Die Initiative zur Errichtung der Stiftung kam von Heydrich... Ich kann mich nicht erinnern, je an einer Maßnahme der Stiftung mitgewirkt oder von einer solchen etwas erfahren zu haben. Ein satzungsgemäßes Wirken der Stiftung wurde durch den Kriegsbeginn verhindert... Nachdem ich Ende Mai 1940 aus meinem Amt als Chef des Amtes Verwaltung und Recht des Hauptamtes Sicherheitspolizei im Reichsministerium des Innern ausgeschieden war, habe ich nichts mehr von der Stiftung gehört.«

Die Stiftung Nordhav blieb nach dem Kauf von Teilen des Katharinenhofes ein halbes Jahr untätig, wohl weil inzwischen durch den deutschen Überfall auf

Polen innerhalb Heydrichs Machtbereich umfangreiche Umorganisationen stattfanden. Als im Herbst 1940 die Verhandlungen zwischen der Stiftung Nordhav und Hans-Helmut Kuhnke, dem Bevollmächtigten von Friedrich Minoux, über das Haus Am Großen Wannsee 56 – 58 stattfanden, mußte Heydrich feststellen, daß Nordhav keinen handlungsfähigen Vorstand mehr besaß.

Bereits nach der Errichtung des Reichssicherheitshauptamtes im Herbst 1939, das jetzt staatliche Institutionen (Gestapo, Kripo) und den Parteinachrichtendienst (SD-Inland, SD-Ausland) unter einem organisatorischen Dach vereinte, hatte es eine Verschiebung im Vorstand gegeben. Die SD-Führer Mehlhorn und Albert waren von ihren Pflichten entbunden worden, weil sie Funktionen außerhalb des SD und des RSHA übernommen hatten, ebenso Heydrichs Adjutant Pomme. An ihre Stelle waren die Chefs der Ämter IV und V des Reichssicherheitshauptamtes, die SS-Oberführer Heinrich Müller[42] und Arthur Nebe[43] sowie SS-Standartenführer Richard Pruchtnow[44], der Berlin wenig später wieder verlassen sollte, getreten. Best wechselte Ende Mai 1940 vom RSHA zum Kriegsverwaltungschef im besetzten Frankreich.
Müller, Nebe und Schellenberg waren als führende Funktionäre des Reichssicherheitshauptamts viel zu beschäftigt, um ihre Aufgaben als amtierende Vorstandsmitglieder der Stiftung Nordhav wahrzunehmen. Da die Trennung zwischen SD und Gestapo jetzt zudem im RSHA aufgehoben war, bestimmte Heydrich am 24. Oktober 1940 konsequenterweise zwei Beamte aus dem Amt II (Organisation, Verwaltung, Recht) des RSHA zu amtierenden Vorstandsmitgliedern der Stiftung Nordhav[45]: SS-Standartenführer Dr. Hans Nockemann[46] und SS-Sturmbannführer Dr. Rudolf Bergmann[47]. Bergmann bildete in den kommenden Jahren zusammen mit Walter Schellenberg den amtierenden Vorstand der Stiftung.[48]

Spätestens nach der Umorganisation des RSHA zum 1. Oktober 1943 und Bergmanns Ernennung zum kommissarischen Gruppenleiter II B im RSHA (Wirtschaftsangelegenheiten, Gefangenenwesen, Justitiar) war Regierungsoberinspektor Herbert Quarg[49] im Referat II B 1 zuständig für die »Verwaltung des beschlagnahmten Vermögens und der Stiftung Nordhav, Wirtschaftsangelegenheiten der Ein- und Umwandererdienststellen, Sonderaufträge«[50]. Daß Quarg zugleich für beschlagnahmtes Vermögen und für die Stiftung Nordhav zuständig war, sollte sich besonders beim Erwerb weiterer Immobilien für die Stiftung als günstig erweisen.

Das Geheime Staatspolizeiamt in der Prinz-Albrecht-Straße 8

13. Kauf und Umbau der Villa Minoux durch die Stiftung Nordhav

Am 5. November 1940 schrieb Dr. Rudolf Bergmann an die Allgemeine Abteilung des Stadtpräsidenten der Reichshauptstadt Berlin einen Brief unter dem Kopf »Der Reichsführer-SS und Chef der Deutschen Polizei im Reichsministerium des Innern – S I E 3 Nr. 5818/40«[1]:

»Vom Chef der Sicherheitspolizei und des SD, SS-Gruppenführer Heydrich wurde am 30.7.1939 die Stiftung Nordhav ins Leben gerufen, deren Zweck die Schaffung und Unterhaltung von Erholungs- und Geselligkeitsheimen des Sicherheitsdienstes sowie für deren Familienangehörigen ist. Die Stiftung beabsichtigt, ein Grundstück »Am Großen Wannsee« bei Berlin zur Durchführung des Stiftungszwecks zu erwerben. Mit anliegendem Kaufangebot hat der Kaufmann Friedrich Minoux der Stiftung den Erwerb seines Grundstücks Am Großen Wannsee 56 – 58... angeboten... Bei den Verhandlungen wird die Stiftung durch die Vorstandsmitglieder Reg. Direktor Dr. Hans Nockemann und Reg.Rat. Dr. Rudolf Bergmann vertreten. Als Legitimation wird eine Bescheinigung darüber, daß die Genannten für die Stiftung vertretungsberechtigt sind, vom Notar gefordert. Ich bitte, mir auf Grund der anliegenden Unterlagen diese Bescheinigung auszustellen. Wie der Notar weiter mitteilt, bedarf die Stiftung ... zum Erwerb der Grundstücke einer Genehmigung der staatlichen Aufsichtsbehörde. Ich darf bitten, gleichzeitig diese Genehmigung auszusprechen.»
Unter seine Unterschrift setzte Bergmann noch die Worte »Vorstandsmitglied der Stiftung Nordhav« und fügte als Anlage eine beglaubigte Abschrift der Stiftungsurkunde vom 30. Juli 1939 sowie die Bestellung der Vorstandsmitglieder bei[2].

Der Stadtpräsident teilte am 8. November 1940 mit, daß er die entsprechende Genehmigung des Kaufes nach Art. 7, Par. 1, Abs. 1 des Preußischen Ausführungsgesetzes zum BGB nicht erteilen könne, da der Kaufpreis die Stiftungsmittel in Höhe von 150.000 Reichsmark weit überschreite[3]:
»Aus den Vorgängen ist nicht ersichtlich, ob für die der Stiftung zugeflossenen Zuwendungen eine nach Artikel 6 Par. 1 des Ausführungsgesetzes zum BGB erforderliche staatsministerielle Genehmigung zu Annahme dieser Zuwendungen erfolgt ist... Sollte es sich in diesem Falle nicht um einen Grundstückskauf aus eigenen Mitteln der Stiftung handeln, sondern um eine Zuwendung bezw. Schenkung des Grundstücks an die Stiftung, dann müßte der Vorstand der Stiftung die staatsministerielle Genehmigung gemäß Artikel 6, Par. 1 zur Annahme dieser Zuwendung bezw. Schenkung beantragen.«
Bergmann handelte schnell. Bereits am 21. November 1940 übersandte er dem

Stadtpräsidenten ein vom 16. November 1940 datiertes Schreiben des Staatssekretärs im Reichs- und Preußischen Innenministerium, Hans Pfundtner, in dem[4] »der von dem Chef der Sicherheitspolizei und des Sicherheitshauptamtes in Berlin errichteten ... Stiftung Nordhav hierdurch die Genehmigung zur Annahme von Zuwendungen des Chefs der Sicherheitspolizei allgemein erteilt wird«.

Bergmann teilte zugleich mit, daß das Kaufangebot für das Haus am Wannsee am 20. November 1940 von der Stiftung angenommen worden war und beabsichtigt sei, »den Ankauf des Grundstücks Am Großen Wannsee 56/58 in Berlin aus Mitteln, die ihr vom Chef der Sicherheitspolizei über das Anfangskapital hinaus zugewendet werden, zu bestreiten«[5] und fügte zwei weitere Verträge über den Ankauf der Grundstücke auf Fehmarn mit der Bitte um nachträgliche Genehmigung bei.[6] Bereits einen Tag später, am 2. November 1940, genehmigte die Stiftungsaufsicht alle Kaufverträge[7].

Am 11. November hatte Bergmann auch an den Zehlendorfer Bezirksbürgermeister geschrieben und die dortige Genehmigung nach dem Wohnsiedlungsgesetz erbeten[8]:

»Auf dem Grundstück sind keine erheblichen Veränderungen baulicher oder sonstiger Art beabsichtigt. Es soll vielmehr nach Möglichkeit in dem jetzigen Zustand erhalten bleiben, wobei lediglich in geringfügigen Punkten eine Anpassung an den künftigen Verwendungszweck notwendig wird. Eine Beeinträchtigung des Landschaftsbildes würde diesem Verwendungszweck widersprechen und kommt daher keinsfalls in Betracht.«

Der Vertrag mit Minoux konnte jetzt endgültig abgewickelt werden. Die Stiftung überwies Ende November den Kaufvertrag in Höhe von 1.950.000.-- Reichsmark auf ein Sperrkonto bei der Dresdner Bank[9]. Im Vertrag war die Bank unwiderruflich angewiesen worden, 1.450.000,-- Reichsmark an Minoux auszuzahlen, von denen eine Grundschuld von 1.000.000.-- Reichsmark. Die anderen 495.000.-- RM sollten zur Bezahlung der von Minoux vertraglich übernommenen Wertzuwachssteuer benutzt werden, der Restbetrag des Kaufpreises sollte durch das am 31. Oktober 1940 geleistete Bietungsentgelt von 5.000 Reichsmark abgegolten sein.

Minoux hatte zwar einen angemessenen Preis erhalten, viel sollte ihm davon aber nicht bleiben. Lakonisch hielt die Rechtsabteilung der Berliner Gaswerke, die bemüht war, einen Überblick über die Vermögenswerte von Minoux zu erhalten, fest[10]:

»Der Restbetrag ist im wesentlichen ebenfalls zugunsten der Dresdner Bank disponiert worden, da diese noch weitere Forderungen hatte. Es kann sein, daß ein kleiner Betrag von einigen 10.000 RM für Minoux verfügbar geblieben ist.«

Am 27. November erteilte auch der Bezirksbürgermeister von Zehlendorf die Zustimmung zum Verkauf, bestimmte aber[11]:

»Weitere selbständige Baulichkeiten, bezw. Erweiterungsbauten des vorhandenen Gebäudes müssen sich dem letzteren hinsichtlich Bauform, Material und Farbgebung anpassen und dürfen das Landschaftsbild nicht stören... Der parkartige weiträumige Charakter des Grundstücks muss erhalten bleiben, Parkbäume dürfen gegebenenfalls nur mit Zustimmung des Bezirksbürgermeisters (Gartenamt) entfernt werden. Veränderungen des Ufergeländes durch Aufschüttungen, Abschachtungen oder dergl. dürfen nicht vorgenommen werden.«
Daraufhin trafen sich Nockemann, Bergmann und Kuhnke erneut am 5. Dezember 1940 bei Notar Goldsche, akzeptierten die Zehlendorfer Auflagen und beantragten die Auflassung, die Umschreibung sowie die Grundbuchergänzungen. Einen Tag später reichte der Notar sämtliche Unterlagen dem Amtsgericht ein und bat, die Umschreibungen und Löschungen im Grundbuch vorzunehmen. Dies geschah kurz darauf[12].

Der Auszug des Haushaltes Minoux zog sich bis zum 1. Mai 1941 hin. Als die Berliner Gaswerke Anfang 1942 zur Erfassung und Überwachung der Minouxschen Vermögenswerte den Detektiv Arthur Müller aus Berlin-Lichterfelde-West engagierte, konnte dieser nur noch feststellen[13]:
»Meine sofort in der Angelegenheit Friedrich Minoux am 9. Februar 1942 aufgenommenen Ermittlungen ergaben bisher folgendes: Der Haushalt Friedrich Minoux in Berlin-Wannsee, Am Großen Wannsee 56 – 58 wurde am 1. Mai 1941 aufgelöst. Das kostbare Eßzimmer, in welchem sich auch ein großer wertvoller Gobelin befand, wurde von der SS käuflich übernommen. Bereits seit März 1941 wurden dann in dem Hause von einer Speditionsfirma Packer beschäftigt. Die betreffende Speditionsfirma konnte bisher noch nicht ermittelt werden. Ende April 1941 oder Anfang Mai 1941 sollen dann die übrigen Gegenstände auf einen Speicher in Lichtenberg geschafft worden sein.«
Über die Bauarbeiten im Haus im Sommer 1941 ist wenig bekannt. Sicher ist nur, daß die SS Teile der Einrichtung – vor allem das repräsentative Eßzimmer – übernahm, daß umfangreiche Bauarbeiten im ersten und zweiten Obergeschoß stattfanden und daß hinter der Küche zwei Kühlzellen für 5785,10 Reichsmark eingebaut wurden[14]. Daß es sich um Umbauten zu einem Gästehaus handelte, geht aus dem Befehlsblatt des Chefs der Sicherheitspolizei und des SD vom 18. Oktober 1941 hervor[15]:
»Das Gästehaus in Berlin-Wannsee, Am Großen Wannsee 56/58, steht den Leitern der auswärtigen Dienststellen von Sicherheitspolizei u. SD sowie deren Vertretern bei Übernachtungen in Berlin zur Verfügung. Darüber hinaus werden auch andere SS-Führer der Sich.-Pol. u. des SD zur Übernachtung aufgenommen. Der Übernachtungspreis beträgt 5.-- RM einschließlich Bedienung und Frühstück. Abholung kann am Bahnhof Wannsee erfolgen. Anmeldungen sind fernmündlich unter 80 57 60 oder schriftlich an das Gästehaus zu richten.«

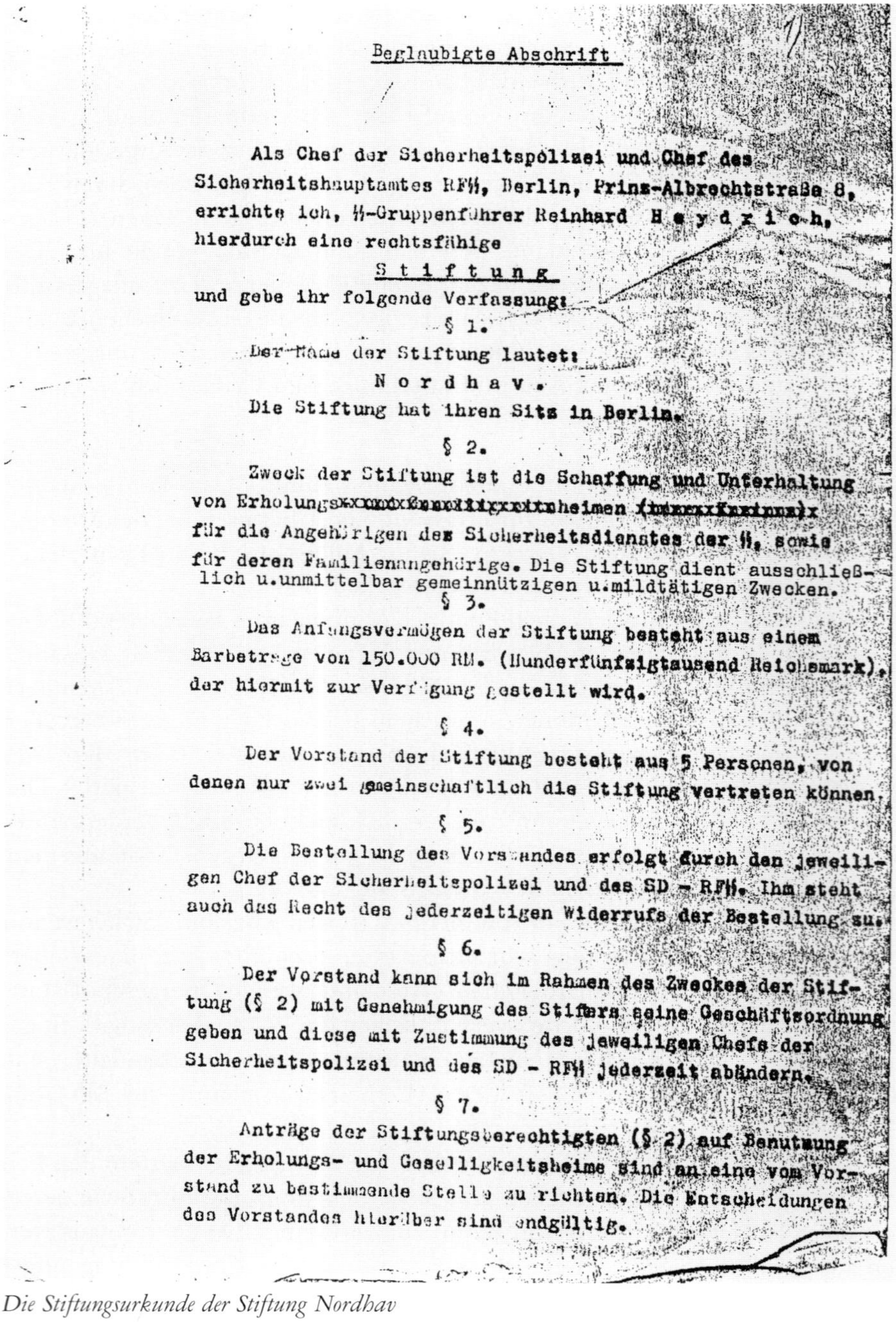

Beglaubigte Abschrift

Als Chef der Sicherheitspolizei und Chef des Sicherheitshauptamtes RF⚡⚡, Berlin, Prinz-Albrechtstraße 8, errichte ich, ⚡⚡-Gruppenführer Reinhard H e y d r i c h, hierdurch eine rechtsfähige

S t i f t u n g

und gebe ihr folgende Verfassung:

§ 1.

Der Name der Stiftung lautet:

N o r d h a v.

Die Stiftung hat ihren Sitz in Berlin.

§ 2.

Zweck der Stiftung ist die Schaffung und Unterhaltung von Erholungsxxxndxxxxxxxxxxxxheimen (xxxxxxxxxxxx)x für die Angehörigen des Sicherheitsdienstes der ⚡⚡, sowie für deren Familienangehörige. Die Stiftung dient ausschließlich u.unmittelbar gemeinnützigen u.mildtätigen Zwecken.

§ 3.

Das Anfangsvermögen der Stiftung besteht aus einem Barbetrage von 150.000 RM. (Hunderfünfzigtausend Reichsmark), der hiermit zur Verfügung gestellt wird.

§ 4.

Der Vorstand der Stiftung besteht aus 5 Personen, von denen nur zwei gemeinschaftlich die Stiftung vertreten können.

§ 5.

Die Bestellung des Vorstandes erfolgt durch den jeweiligen Chef der Sicherheitspolizei und des SD - RF⚡⚡. Ihm steht auch das Recht des jederzeitigen Widerrufs der Bestellung zu.

§ 6.

Der Vorstand kann sich im Rahmen des Zweckes der Stiftung (§ 2) mit Genehmigung des Stifters seine Geschäftsordnung geben und diese mit Zustimmung des jeweiligen Chefs der Sicherheitspolizei und des SD - RF⚡⚡ jederzeit abändern.

§ 7.

Anträge der Stiftungsberechtigten (§ 2) auf Benutzung der Erholungs- und Geselligkeitsheime sind an eine vom Vorstand zu bestimmende Stelle zu richten. Die Entscheidungen des Vorstandes hierüber sind endgültig.

Die Stiftungsurkunde der Stiftung Nordhav

- 2 -

§ 8.

Bei Auflösung der Stiftung fällt ihr Vermögen an den SD - RFSS oder seinen Rechtsnachfolger, die sie wiederum für die Angehörigen des Sicherheitsdienstes der SS bezw. deren Angehörige verwenden werden.

§ 9.

Als Chef der Sicherheitspolizei und des SD - RFSS bestelle ich zum ersten Vorstand der Stiftung:

SS-Brigadeführer Dr. B e s t

SS-Brigadeführer A l b e r t

SS-Oberführer Dr. M e h l h o r n

SS-Sturmbannführer S c h e l l e n b e r g

Hauptmann d. Schutzpol. P o m m e

Berlin, den 30.7.1939.

gez. Reinhard Heydrich
SS-Gruppenführer.

-.-.-.-.-.-.-.-.-.-.-.-

Genehmigung
(Gebührenfrei)
VI c 8385/39
7105 Berlin.

Die Stiftung "Nordhav" mit dem Sitz in Berlin wird auf der Grundlage der vorstehenden Stiftungsurkunde und Satzung gemäß § 80 BGB und Art. 4 der Verordnung zur Ausführung des BGB vom 16.November 1899 (GS.S. 562) mit der Maßgabe genehmigt, daß § 8 der Satzung folgenden Zusatz erhält:

"Beschlüsse des Vorstandes, die Satzungsänderungen oder die Auflösung der Stiftung zum Gegenstand haben, bedürfen der staatlichen Genehmigung nach Maßgabe der Gesetze."

Berlin, den 3.August 1939.
Das Preußische Staatsministerium
Der Reichs- und Preußische Minister des Innern
In Vertretung
(Stempel!) gez. Stuckart

- - - - - - - - - - Für die Richtigkeit:
Kanzleiangestellte.

Ein von Bergmann entworfener Erlaß vom 15. November 1941 über »Hotelzimmer in Berlin« las sich wie ein Werbeprospekt[16]:

»Die Hotels in Berlin sind meist überfüllt und außerdem teuer. Um die auswärtigen Dienststellenleiter und andere SS-Führer der Sich.Pol des SD bei ihrem dienstlichen Aufenthalt in Berlin der schwierigen Hotelsuche zu entheben, um ihnen eine anständige und angemessene Unterkunftsmöglichkeit zu schaffen und Gelegenheit zu kameradschaftlichem Zusammensein und Gedankenaustausch zu geben, wurde das Gästehaus am Großen Wannsee eingerichtet.

Was bietet das Gästehaus?

Vollkommen neu eingerichtete Besucherzimmer, Geselligkeitsräume, wie Musikzimmer, Spielzimmer [Billard], große Halle und Wintergarten, Terrasse zum Wannsee, Zentralheizung, fl. Wasser und allen Komfort.
Im Haus befindet sich ein gute Küche, die auch für Mittag- und Abendmahlzeiten sorgt; Wein, Bier und Rauchwaren sind vorrätig.
Die Tatsache, daß das Gästehaus außerhalb des Stadtkerns liegt, bedeutet für den Besuch keine Erschwerung, da ein Kraftwagen für Fahrten vom und zum Bahnhof Wannsee zur Verfügung steht. Abholung erfolgt jederzeit auf Bestellung; Anruf: 80 57 60...
Der Übernachtungspreis beträgt einschl. Bedienung und Frühstück 5.-- RM. Es wird gebeten, von der Einrichtung des Gästehauses möglichst weitgehend Gebrauch zu machen, damit das Haus zum Mittelpunkt des kameradschaftlichen Verkehrs der auswärtigen SS-Führer von Sicherheitspolizei und SD in Berlin wird.«

Acht Wochen später sollte der »Mittelpunkt des kameradschaftlichen Verkehrs der auswärtigen SS-Führer von Sicherheitspolizei und SD« zum Ort der Wannsee-Konferenz werden.

Nur für Behördengebrauch! 91

Befehlsblatt

Ausgabe A

des Chefs der Sicherheitspolizei und des SD

Herausgegeben vom Reichssicherheitshauptamt Berlin

Erscheint im allgemeinen jeden Sonnabend. Schriftleitung im Reichssicherheitshauptamt, Amt II, Berlin SW 11, Prinz-Albrecht-Straße 8. Ausgabe A (zweiseitiger Druck), Ausgabe B (einseitiger Druck). Einzelnummern durch die Schriftleitung. Druck: Preußische Verlags- und Druckerei GmbH., Berlin.

Nummer 14	Berlin, den 4. April 1942	3. Jahrgang

Verschiedenes

Gästehaus des Chefs der Sicherheitspolizei u. des SD in Berlin-Wannsee.

(1) Die auswärtigen Dienststellenleiter und ϟϟ-Führer der Sicherheitspolizei u. des SD werden erneut auf die bei dienstlichem Aufenthalt in Berlin gebotene Unterkunftsmöglichkeit im Gästehaus des Chefs der Sich.Pol. u. des SD in Berlin-Wannsee, Am Großen Wannsee 50/58 (Fernruf 80 57 60), hingewiesen.

(2) Der Übernachtungspreis beträgt einschl. Frühstück und Bedienung 5,— RM. Von allen Berliner Fernbahnhöfen und von Potsdam aus ist der S-Bahnhof Wannsee durch direkte Verbindung schnell zu erreichen; von dort aus erfolgt auf Anruf Abholung. Die Gesamtfahrzeit beträgt von der Stadtmitte aus etwa 30 Minuten, ist also für Berliner Verhältnisse durchaus tragbar, zumal diese günstige Fahrverbindung auch bei Ausdehnung der Dienstgeschäfte bis in die späten Abendstunden besteht.

(3) Das Gästehaus bietet durch seine Einrichtung und Lage die Möglichkeit zur Unterhaltung und Entspannung nach dem Dienst. (Näheres siehe Befehlsbl. 1941 S. 253.)

(II C 3 Nr. 4075/42) — Befehlsblatt 1942 S. 93.

Befehlsblatt des Chefs d. SichPol. u. d. SD. Nr. 45/41 253

Verschiedenes.

Verlust von Personalakten.

RdErl. des RSHA. vom 6. 11. 1941 — I A 2 b Nr. 2240/41 —

Die Personalakten (UO. A-D) des Krim.Komm. Helmuth Rozumek sind auf dem Wege vom RSHA. zur Stapoleitst. in Prag verlorengegangen. Sämtliche Dienststellen der Sich.Pol. u. des SD werden daher ersucht, Nachforschungen über den Verbleib der Akten anzustellen und sie im Erfolgsfalle unmittelbar zu dem angegebenen Aktenzeichen zu übersenden.

An Sicherheitspolizei u. SD. — Befehlsblatt S. 253.

Hotelzimmer in Berlin.

Die Hotels in Berlin sind meist überfüllt und außerdem teuer. Um die auswärtigen Dienststellenleiter und andere ϟϟ-Führer der Sich.Pol. des SD bei ihrem dienstlichen Aufenthalt in Berlin der schwierigen Hotelsuche zu entheben, um ihnen eine anständige und angemessene Unterkunftsmöglichkeit zu schaffen und Gelegenheit zu kameradschaftlichem Zusammensein und Gedankenaustausch zu geben, wurde das Gästehaus am Großen Wannsee eingerichtet.

Was bietet das Gästehaus?

Vollkommen neu hergerichtete Besucherzimmer, Geselligkeitsräume, wie Musikzimmer, Spielzimmer (Billard), große Halle und Wintergarten, Terrasse zum Wannsee, Zentralheizung, fl. Wasser und allen Komfort.

Im Hause befindet sich eine gute Küche, die auch für Mittag- und Abendmahlzeiten sorgt; Wein, Bier und Rauchwaren sind vorrätig.

Die Tatsache, daß das Gästehaus außerhalb des Stadtkerns liegt, bedeutet für den Besuch keine Erschwerung, da ein Kraftwagen für Fahrten vom und zum Bahnhof Wannsee zur Verfügung steht. Abholung erfolgt jederzeit auf Bestellung; Anruf: 80 57 60.

Der Bahnhof Wannsee ist von allen Berliner Fernbahnhöfen aus mit der S-Bahn in kürzester Zeit (Bhf. Friedrichstr. etwa 20 Minuten, Potsdamer und Anhalter Bhf. etwa 25 Minuten) zu erreichen.

Der Übernachtungspreis beträgt einschl. Bedienung und Frühstück 5,— RM. Es wird gebeten, von der Einrichtung des Gästehauses möglichst weitgehend Gebrauch zu machen, damit das Haus zum Mittelpunkt des kameradschaftlichen Verkehrs der auswärtigen ϟϟ-Führer von Sicherheitspolizei und SD in Berlin wird.

(II C 3) — Befehlsblatt 1941 S. 523.

Hotelzimmer in Berlin

13. Zur Wannsee-Konferenz

Die Unterlagen zum tatsächlichen Ablauf der Wannsee-Konferenz am 20. Januar 1942 sind mager und nur wenige Belege sind überliefert. Dennoch soll versucht werden, einige äußere Daten zu dieser Konferenz zusammenzutragen und die Quellenlage zu erläutern.[1]

Am 29. November 1941 erging vom Chef der Sicherheitspolizei und des SD, Reinhard Heydrich, die erste Einladung an mehr als ein Dutzend Spitzenbeamte der nationalsozialistischen Verwaltungsbürokratie zu einer »gemeinsamen Aussprache« über »alle erforderlichen Vorbereitungen in organisatorischer, sachlicher und materieller Hinsicht für eine Gesamtlösung der Judenfrage in Europa«.[2] Er lud darin »zu einer solchen Besprechung mit anschließendem Frühstück zum 9. Dezember 1941, 12.00 Uhr, in die Dienststelle der Internationalen Kriminalpolizeilichen Kommission, Am kleinen Wannsee Nr. 16, ein.[3]«

Die Einladungen tragen das RSHA-Geschäftszeichen IV B 4 und wurden von Adolf Eichmann persönlich im Dienstgebäude in der Kurfürstenstraße 116 gefertigt[4].

Der Dienstsitz des Referates IV B 4 in der Kurfürstenstraße 116 (Aufnahme nach 1945)

Sie erfolgten auf eine mündliche Weisung Heydrichs, »die Besprechung mit anschließendem Frühstück« – am Wannsee – gemeint war die ehemalige Villa Minoux – anzusetzen. Daß die Einladung »in die Dienststelle der Internationalen Kriminalpolizeilichen Kommission« erfolgte, kann nur auf einem Irrtum des Schreibers beruhen, und entstand wohl dadurch, daß auch dieses Haus zum Machtbereich Heydrichs gehörte.[5]
Heydrich war seit Ende August 1940 Präsident der hier erwähnten Kommission (IKPK). Über seine Ernennung schrieb die Deutsche Allgemeine Zeitung[6]:
»Die Mitglieder der Kommission waren sich darüber im klaren, daß der Nachfolger [des verstorbenen Kommissionspräsidenten, des Wiener Polizeipräsidenten SS-Oberführer Otto Steinhäusl, d.V.] aus einem Staat kommen müsse, der über die am besten organisierten polizeilichen Einrichtungen verfüge. Dieser Staat ist ohne Zweifel Deutschland. Die Bitte, die Präsidentschaft der Kommission zu übernehmen, erfolgte einstimmig. Der neue Präsident, SS-Gruppenführer Heydrich, hat sein Organisationstalent und seine Tatkraft in der Leitung der deutschen Kriminalpolizei bewiesen. Er wird auch der nunmehr unter seiner Leitung stehenden internationalen Zusammenarbeit der Kriminalpolizeibehörden neue Wege erschließen, um eine machtvolle Organisation zur Bekämpfung der Verbrecher und zur Verhinderung des Verbrechens zu schaffen.«

Im selben Artikel wurde auch die Verlegung des Dienstsitzes der IKPK von Wien nach Berlin angekündigt. Dieser Umzug nahm jedoch mehr als ein Jahr in Anspruch und sollte erst im Spätherbst 1941 abgeschlossen sein. In einem Erlaß vom 8. Dezember 1941 hieß es[7]:
»Die seit einem Jahr unter der Präsidentschaft des Chefs der deutschen Sicherheitspol. stehende 'Internationale Kriminalpolizeiliche Kommission' (IKPK) hat mit ihrem ständigen zentralen Verwaltungsapparat und dem 'Internationalen' Büro (IB) ihren Sitz von Wien nach Berlin in ein ihr vom Deutschen Reich zur Verfügung gestelltes Gebäude verlegt. Die Anschrift lautet: 'Internationale Kriminalpolizeiliche Kommission, Berlin Wannsee. Am Kleinen Wannsee 16.«
Die Führung des Reichssicherheitshauptamtes verfügte jetzt über zwei große Objekte am Wannsee.

Die falsche Anschrift in der Einladung fiel Eichmann oder einem seiner Mitarbeiter jedoch erst später auf. In einer Randnotiz auf der Einladung an SS-Gruppenführer Hofmann heißt es – nicht in Hofmanns Schrift –: »Lt. tel. Rücksprache mit Stubaf. Günther am 4.12.41 Straße geändert«: Das Wort »Kleinen« ist ausgestrichen, handschriftlich am Rand durch »Großen« und die Zahl »16« durch »56/58« ersetzt.[8]

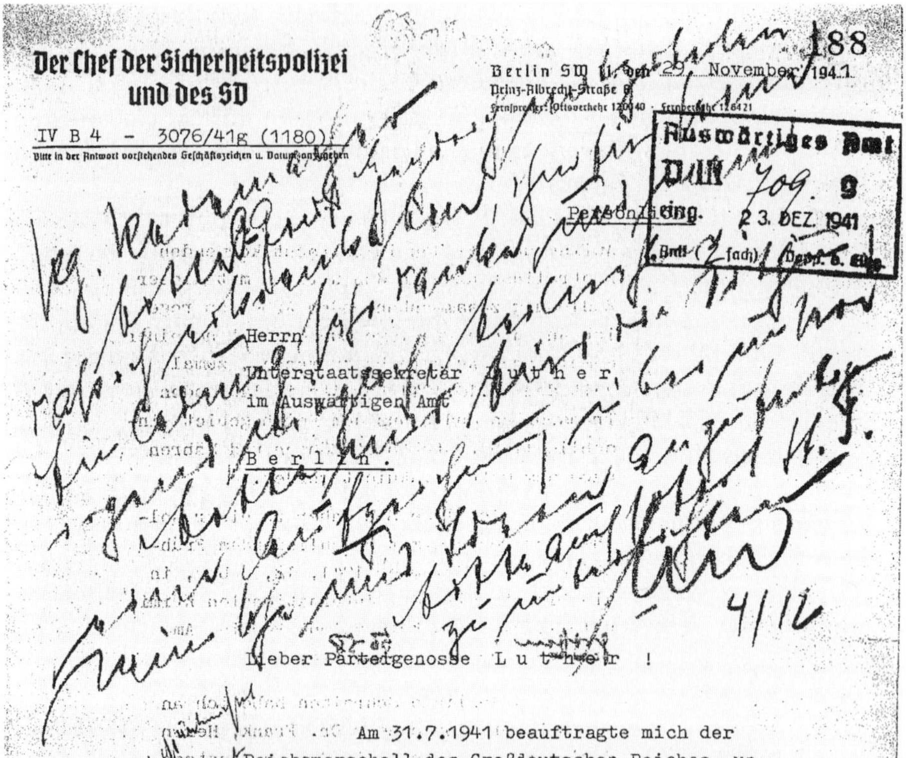

188

Der Chef der Sicherheitspolizei und des SD

Berlin SW 11, den 29. November 1941
Prinz-Albrecht-Straße 8

IV B 4 - 3076/41g (1180)
Bitte in der Antwort vorstehendes Geschäftszeichen u. Datum anzugeben

Auswärtiges Amt
D III 709. g
Eing. 23. DEZ. 1941

Persönlich!

Herrn
Unterstaatssekretär Luther
im Auswärtigen Amt
Berlin.

Lieber Parteigenosse Luther !

Am 31.7.1941 beauftragte mich der Reichsmarschall des Großdeutschen Reiches, unter Beteiligung der in Frage kommenden anderen Zentralinstanzen alle erforderlichen Vorbereitungen in organisatorischer, sachlicher und materieller Hinsicht für eine Gesamtlösung der Judenfrage in Europa zu treffen und ihm in Bälde einen Gesamtentwurf hierüber vorzulegen. Eine Fotokopie dieser Bestellung lege ich meinem Schreiben bei.

In Anbetracht der außerordentlichen Bedeutung, die diesen Fragen zuzumessen ist und im Interesse der Erreichung einer gleichen

K210419

./.

372043

4/12

Die Einladung zur Wannsee-Konferenz an Staatssekretär Luther

Auffassung bei den in Betracht kommenden Zentralinstanzen an den übrigen mit dieser Endlösung zusammenhängenden Arbeiten rege ich an, diese Probleme zum Gegenstand einer gemeinsamen Aussprache zu machen, zumal seit dem 15.10.1941 bereits in laufenden Transporten Juden aus dem Reichsgebiet einschließlich Protektorat Böhmen und Mähren nach dem Osten evakuiert werden.

Ich lade Sie daher zu einer solchen Besprechung mit anschließendem Frühstück zum 9. Dezember 1941, 12,00 Uhr, in die Dienststelle der Internationalen Kriminalpolizeilichen Kommission, Berlin, Am ~~Kleinen~~ Großen Wannsee Nr. ~~16~~ 56-58, ein.

Ähnliche Schreiben habe ich an Herrn Generalgouverneur Dr. Frank, Herrn Gauleiter Dr. Meyer, die Herren Staatssekretäre Stuckart, Dr. Schlegelberger, Gutterer und Neumann, sowie an Herrn Reichsamtsleiter Dr. Leibbrandt, ϟϟ-Obergruppenführer Krüger, ϟϟ-Gruppenführer Hoffmann, ϟϟ-Gruppenführer Greifelt, ϟϟ-Oberführer Klopfer und an Herrn Ministerialdirektor Kritzinger gerichtet.

Heil Hitler!

Ihr Heydrich

K210420

1 Anlage.

372044

In der Einladung an Staatssekretär Martin Luther sind – ebenfalls erst beim Empfänger – mit Tintenstift die selben Änderungen vorgenommen worden.[9]

Die falsche Straßenangabe auf der Einladung und ihre handschriftliche Korrektur führte dazu, daß das Haus Am Großen Wannsee 56 – 58 in vielen, auch neuesten Publikationen als »Interpol-Villa«[10], Dienststelle oder Sitz der IKPK[11], »Amtssitz des RSHA«[12] »Haus der Interpol«[13] oder ähnlich bezeichnet wurde. Eichmann unterliefen noch andere Fehler in der Einladung. Wilhelm Stuckart wurde der 1928 in Frankfurt erworbene Dr. iur ebenso vorenthalten wie Gerhard Klopfer der Dr. iur von der Universität Jena aus dem selben Jahr; SS-Gruppenführer Otto Hofmann wurde in beiden überlieferten Einladungen permanent mit »ff« geschrieben.

Die Konferenz wurde – aller Wahrscheinlichkeit nach wegen der militärischen Ereignisse an der Ostfront und des japanischen Überfalls auf Pearl Habour und der damit in Zusammenhang stehenden deutschen Kriegserklärung an die USA – kurzfristig verschoben. Am 8. Dezember 1941 notierte Legationsrat Franz Rademacher im Auswärtigen Amt, der von Luther gebeten worden war, an der Sitzung teilzunehmen[14]: »Staatssekretär [von Weizsäcker, d.V.] ist unterrichtet. Sitzung ist auf unbestimmte Zeit verschoben.«

Die Datierung der Absage auf den 8. Dezember ist auch darum möglich, weil Rademacher noch am selben Tag Luther »als Vorbereitung für die morgige Sitzung bei SS-Obergruppenführer Heydrich« die »Wünsche und Ideen des Auswärtigen Amtes zu der vorgesehenen Gesamtlösung der Judenfrage in Europa« vorgelegt hatte[15].

In einem Besprechungsprotokoll vom Dezember 1941 aus dem Reichsministerium für die besetzten Ostgebiete notierte Oberregierungsrat Walter Labs über die Aussagen von Werner Feldscher, Regierungsrat im RMdI [16]:
»SS-Obergruppenführer Heyderich [sic!] habe mit Genehmigung des Führers vom Reichsmarschall den Auftrag erhalten, Vorbereitungen zu treffen, um nach Abschluß des Krieges eine sofortige und einheitliche Lösung der Judenfrage in Europa durchzuführen. In Durchführung dieses Auftrages habe Heyderich [sic!] für Anfang Dezember eine Staatssekretärbesprechung der beteiligten Ressorts einberufen, die dann aber wegen der Reichstagssitzung auf den Monat Januar verschoben werden musste.«

Am 8. Januar 1942 erging die neue Einladung zur »Besprechung mit anschließendem Frühstück zum 20. Januar 1942 um 12.00 Uhr Berlin, Am Grossen Wannsee 56-58«[17].

Geheim

181

Der Chef der Sicherheitspolizei und des SD

Prag, den 8. Januar 1942

C.d.S. B.Nr. /42

Auswärtiges Amt
D III 21. g
eing. 12. JAN. 1942
Anl. (fach) Doppl. d. Ang.

Herrn
Unterstaatssekretär L u t h e r
- Auswärtiges Amt -
B E R L I N

Lieber Parteigenosse L u t h e r !

Die für den 9.12.1941 anberaumt gewesene Besprechung über mit der Endlösung der Judenfrage zusammenhängende Fragen mußte ich s.Zt. aufgrund plötzlich bekannt gegebener Ereignisse und der damit verbundenen Inanspruchnahme eines Teiles der geladenen Herren in letzter Minute leider absagen.

Da die zur Erörterung stehenden Fragen keinen längeren Aufschub zulassen, lade ich Sie daher neuerlich zu einer

Besprechung mit anschließendem Frühstück
zum 20. Januar 1942 um 12,00 Uhr
Berlin, Am Grossen Wannsee 56-58

ein.

Der in meinem letzten Einladungsschreiben angeführte Kreis der geladenen Herren bleibt unverändert.

x D III 709.g.

Sitzungsprotokoll soll noch eingehen.

z.d.A.

Heil Hitler !

Ihr

Heydrich

K210415

372039

PAAA, Inland IIg 177

Die zweite Einladung an Staatssekretär Luther

Blick in den Wintergarten

Nicht alle der zur ursprünglichen Sitzung am 9. Dezember 1941 Eingeladenen erschienen. Generalgouverneur Hans Frank ließ sich durch seinen Staatssekretär Josef Bühler vertreten, der mit der Führung der Geschäfte des Reichsjustizministers beauftragte Staatssekretär Franz Schlegelberger schickte Staatssekretär Roland Freisler, der Höhere SS- und Polizeiführer im Generalgouvernement Friedrich-Wilhelm Krüger schickte den Befehlshaber der Sicherheitspolizei (BdS) im Generalgouvernement Eberhard Schöngarth, Staatssekretär Leopold Gutterer aus dem Propagandaministerium und der Chef des Stabshauptamtes des Reichskommissars für die Festigung deutschen Volkstums, SS-Gruppenführer Ulrich Greifelt erschienen überhaupt nicht. Neben den eben erwähnten Vertretern kamen zu Heydrich die Eingeladenen, Gauleiter Alfred Meyer und Reichsamtsleiter Georg Leibbrandt, aus dem Reichsministerium für die besetzten Ostgebiete, Staatssekretär Wilhelm Stuckart aus dem Reichsinnenministerium, Unterstaatssekretär Martin Luther aus dem Auswärtigen Amt, SS-Oberführer Gerhard Klopfer aus der Partei-Kanzlei der NSDAP, Ministerialdirektor Wilhelm Kritzinger aus der Reichskanzlei, SS-Gruppenführer Otto Hofmann, Rudolf Lange (zur ersten Sitzung nicht eingeladen) als Vertreter des BdS für das Reichskommsissariat Ostland sowie Adolf Eichmann und Heinrich Müller aus dem Reichssicherheitshauptamt.

Die Konferenz fand aller Wahrscheinlichkeit nach im Eßzimmer der Villa Minoux statt, dessen repräsentative Einrichtung vom vorigen Eigentümer übernommen war. Dieser Raum war durch einen Salon von der Halle in der Mitte des Hauses getrennt; die andere Seite öffnete sich zum Wintergarten. Ein direkter Zugang zur Anrichte – und damit zur Küche – bestand. Im Hintergrund hing immer noch der Gobelin, den Ernst Marlier hier 1915 aufgehängt hatte.

Heydrich teilte[18] seine »Bestallung zum Beauftragten für die Vorbereitung der Endlösung der europäischen Judenfrage« durch Hermann Göring mit und referierte die vorangegangene Politik der Entrechtung und der Mordaktionen an den Juden im deutschen Einflußbereich: »Anstelle der Auswanderung ist nunmehr als weitere Lösungsmöglichkeit nach entsprechender vorheriger Genehmigung durch den Führer die Evakuierung der Juden nach dem Osten getreten.« Für die »Endlösung der europäischen Judenfrage« kamen nach den Ausführungen Heydrichs über 11 Millionen Menschen in Betracht.

Dabei rechnete er unter anderem auch schon die Juden Englands, Irlands, Portugals, Schwedens und der Schweiz mit ein – der ganze imperiale und menschenverachtende Anspruch des Nationalsozialismus wird in diesen Ausführungen deutlich:

»Unter entsprechender Leitung sollen nun im Zuge der Endlösung die Juden in geeigneter Weise im Osten zum Arbeitseinsatz kommen. In großen Arbeitskolonnen, unter Trennung der Geschlechter, werden die arbeitsfähigen Juden straßenbauend in diese Gebiete geführt, wobei zweifellos ein Großteil durch natürliche Verminderung ausfallen wird.
Der allfällig endlich verbleibende Restbestand wird, das es sich bei diesem zweifellos um den widerstandsfähigsten Teil handelt, entsprechend behandelt werden müssen, da dieser, eine natürliche Auslese darstellend, bei Freilassung als Keimzelle eines neuen jüdischen Aufbaues anzusprechen ist. (Siehe die Erfahrung der Geschichte)
Im Zuge der praktischen Durchführung der Endlösung wird Europa von Westen nach Osten durchkämmt. Das Reichsgebiet einschließlich Protektorat Böhmen und Mähren wird, allein schon aus Gründen der Wohnungsfrage und sonstigen sozial-politischen Notwendigkeiten, vorweggenommen werden müssen.«

Heydrich hielt die Fortsetzung der Mordaktionen für »weitgehend von der militärischen Entwicklung abhängig«. Bei der Diskussion der einzelnen Länder wies Martin Luther vom Auswärtigen Amt auf »Probleme in einigen Ländern« hin, sah aber »für den Südosten und Westen Europas keine großen Schwierigkeiten«.
Während man sich in dieser Frage rasch einig war, wurde ausführlich über den Personenkreis diskutiert, der in die Mordaktionen mit einbezogen werden sollte. Hier gab es durchaus noch Aufassungsunterschiede, die auch in den »Nachfolgekonferenzen« weiterbestanden.

Zuletzt wurde die Technik des Massenmordes erörtert:
»Abschließend wurden die verschiedenen Arten der Lösungsmöglichkeiten besprochen, wobei sowohl seitens des Gauleiters Dr. Meyer als auch seitens des Staatssekretärs Dr. Bühler der Standpunkt vertreten wurde, gewisse vorbereitende Arbeiten im Zuge der Endlösung gleich in den betreffenden Gebieten selbst durchzuführen, wobei jedoch eine Beunruhigung der Bevölkerung vermieden werden müsse.
Mit der Bitte des Chefs der Sicherheitspolizei und des SD an die Besprechungsteilnehmer, ihm bei der Durchführung der Lösungsarbeiten entsprechende Unterstützung zu gewähren, wurde die Besprechung geschlossen.«

Die Besprechung selbst hatte eine bis eineinhalb Stunden gedauert. Neben den Eingeladenen war noch eine Stenotypistin anwesend, die bei Eichmann saß; mehrfach wurden alkoholische Getränke gereicht. Über den äußeren Verlauf der Konferenz sind wir von Adolf Eichmann selbst (allerdings erst aufgrund seiner Aussagen 1960/61) und durch die Befragungen von Robert M.W. Kempner informiert, die dieser nach der Entdeckung des Protokolls vom 20. Januar 1942 mit allen noch erreichbaren Teilnehmern 1946/47 unternahm. [19]

Eichmann erklärte vor Gericht in Jerusalem[20]:
».. ich weiß, daß die Herren beisammen gespannt und beisammen gesessen sind und da haben sie eben in sehr unverblümten Worten – nicht in den Worten, wie ich sie dann ins Protokoll geben mußte, sondern in sehr unverblümten Worten die Sache genannt – ohne sie zu kleiden. Ich könnte mich dessen auch bestimmt nicht mehr erinnern, wenn ich nicht wüßte, daß ich damals gesagt hatte: schau, schau der Stuckart, den man immer als einen sehr genauen und sehr heiklen Gesetzesonkel betrachtete und da hier wars eben der Ton und die ganzen Formulierungen waren hier sehr unparagraphenmäßig gewesen. ... Es wurde von Töten und Eliminieren und Vernichten gesprochen. Ich selber hatte ja meine Vorbereitungen zu machen für die Protokollangelegenheit – ich konnte nicht dastehen und einfach zuhorchen – aber die Worte drangen eben zu mir herein – zu mir ran, denn das Zimmer war ja nicht zu groß gewesen, als daß man in dem Wortschwall nicht einzelne Worte hätte aufgeschnappt...

... der offizielle Teil, wenn man so will, der setzte sich wieder aus zwei Teilen zusammen – nämlich der Anfang - wo alles ruhig gewesen ist und zu gehorchen hat und dann gegen das Ende zu, wo die Sache durcheinandergesprochen wurde und wo die Ordonnanzen überreichten die ganze Zeit Cognac oder andere Getränke und es ist nicht, daß etwa eine alkoholische Wirkung zustandegekommen wäre – ich will damit nur sagen, es war eine offizielle Angelegenheit – aber doch wieder keine chefoffizielle Angelegenheit, wo jeder ruhig war und jeder jeden ruhig aussprechen ließ, sondern wo am Ende alles durcheinander gesprochen wurde.

Auf Befragen seines Verteidigers resümierte Eichmann die Stimmung in der Konferenz[21]:
»Heydrich war entspannt und zufrieden. Er hatte mit Schwierigkeiten von Seiten der verschiedenen an der Konferenz beteiligten Dienststellen gerechnet. Aber jedermann gab fröhlich seine Zustimmung. Jedermann war froh, sich an der Endlösung der Judenfrage zu beteiligen; vor allem Wilhelm Stuckart, Staatssekretär im Innenministerium, bekundete eine unerwartete Begeisterung.«

Nach der Konferenz blieben Heydrich, Eichmann und Müller noch eine Weile allein im Nachbarraum zurück – sie tranken zur Entspannung am Kamin einen Cognac, »nicht um zu fachsimpeln, sondern uns nach den langen, anstrengenden Stunden der Ruhe hinzugeben.«

Das von Eichmann gefertigte fünfzehnseitige Protokoll der Sitzung wurde am 26. Februar 1942 den Teilnehmern zugesandt. Dreißig Kopien gab es, lediglich die »16. Ausfertigung« für das Auswärtige Amt konnte bisher – von Robert M.W. Kempner – aufgefunden werden und liegt heute im Politischen Archiv des Auswärtigen Amtes[22]. Der Verteiler und das Schicksal der weiteren Ausfertigungen liegt bis heute im Dunkeln; lediglich von Joseph Goebbels ist aus dem März 1942 eine direkte Reaktion auf die Lektüre des Protokolls überliefert[23]:
»Ich lese eine ausführliche Denkschrift des SD und der Polizei über die Endlösung der Judenfrage. Daraus ergeben sich eine Unmenge von Gesichtspunkten. Die Judenfrage muß jetzt im gesamteuropäischen Rahmen gelöst werden.«

Heydrich lud gleichzeitig zur ersten Nachfolgebesprechung am 6. März 1942 in die Räume des Referates IV B 4 in der Kurfürstenstraße 116 ein und bat »sich dieserhalb mit meinem zuständigen Referenten, dem SS-Obersturmbannführer Eichmann, ins Benehmen zu setzen.«[24]

Dem Resümee Wolfgang Schefflers über die Bedeutung der Wannsee-Konferenz muß nichts hinzugefügt werden[25]: »Die Wannsee-Konferenz diente dazu, die tangierten Behörden durch den Chef der Sicherheitspolizei über die künftigen Maßnahmen zu unterrichten und die sich ergebenden organisatorischen Probleme zu besprechen, mehr nicht. Die 'Endlösung' war zu diesem Zeitpunkt bereits beschlossen und im Gange... Die Bedeutung der Wannsee-Konferenz liegt darin, daß zu diesem Zeitpunkt Heydrich mit einem fertigen Konzept über den künftigen Abtransport der europäischen Juden nach dem Osten vor die Vertreter derjenigen Behörden treten konnte, die an den künftigen Maßnahmen aus seiner Sicht zwingend zu beteiligen waren. Daß es bei diesen Behördenvertretern verschiedene Informationstufen und durchaus unterschiedliche Interessen gab, spielte dabei keine Rolle. Heydrich hatte bereits dafür gesorgt, daß sein Auftrag vom 31. Juli an die Einsatzgruppenführer verteilt war, damit eine Legitimation der Wehrmacht gegenüber vorhanden war. Alles andere war die Organisation bürokratischer Abläufe.«

Der Chef der Sicherheitspolizei und des SD

Auswärtiges Amt
D III 29. g. Rs.
Eing. 2. MRZ.1942
Anl. (fach) Dopp. d. Eing.

165

IV B 4 - 1456/41 gRs.(1344)

26. Februar 1942

Geheime Reichssache!

An den
Herrn Unterstaatssekretär L u t h e r
im Auswärtigen Amt

B e r l i n W 8
Wilhelmstr. 74/76

Lieber Parteigenosse Luther!

Als Anlage übersende ich das Protokoll über die am 20.1.1942 stattgefundene Absprache. Da nunmehr erfreulicherweise die Grundlinie hinsichtlich der praktischen Durchführung der Endlösung der Judenfrage festgelegt ist und seitens der hieran beteiligten Stellen völlige Übereinstimmung herrscht, darf ich Sie bitten, Ihren Sachbearbeiter zwecks Fertigstellung der vom Reichsmarschall gewünschten Vorlage, in der die organisatorischen, technischen und materiellen Voraussetzungen zur praktischen Inangriffnahme der Lösungsarbeiten aufgezeigt werden sollen, zu den hierfür notwendigen Detailbesprechungen abzustellen.

Die erste Besprechung dieser Art beabsichtige ich am 6.März 1942, 10.30 Uhr , in Berlin,Kurfürstenstrasse 116, abhalten zu lassen. Ich darf Sie bitten, Ihren Sachbearbeiter zu veranlassen, sich dieserhalb mit meinem zuständigen Referenten, dem SS-Obersturmbannführer E i c h m a n n , ins Benehmen zu setzen.

H e i l H i t l e r !

Ihr

K210399 372023

1 Anlage!

Die Einladung zur ersten Nachfolgekonferenz

Geheime Reichssache!

166

30 Ausfertigungen
16. Ausfertigung

Besprechungsprotokoll.

I. An der am 20.1.1942 in Berlin, Am Großen Wannsee Nr. 56/58, stattgefundenen Besprechung über die Endlösung der Judenfrage nahmen teil:

Gauleiter Dr. Meyer und Reichsamtsleiter Dr. Leibbrandt	Reichsministerium für die besetzten Ostgebiete
Staatssekretär Dr. Stuckart	Reichsministerium des Innern
Staatssekretär Neumann	Beauftragter für den Vierjahresplan
Staatssekretär Dr. Freisler	Reichsjustizministerium
Staatssekretär Dr. Bühler	Amt des Generalgouverneurs
Unterstaatssekretär Luther	Auswärtiges Amt
SS-Oberführer Klopfer	Partei-Kanzlei
Ministerialdirektor Kritzinger	Reichskanzlei

372024

K210400

D. III. 29. 4. Ro.

Das Protokoll vom 20. Januar 1942

SS-Gruppenführer Hofmann	Rasse- und Siedlungshauptamt
SS-Gruppenführer Müller SS-Obersturmbannführer Eichmann	Reichssicherheitshauptamt
SS-Oberführer Dr. Schöngarth Befehlshaber der Sicherheitspolizei und des SD im Generalgouvernement	Sicherheitspolizei und SD
SS-Sturmbannführer Dr. Lange Kommandeur der Sicherheitspolizei und des SD für den Generalbezirk Lettland, als Vertreter des Befehlshabers der Sicherheitspolizei und des SD für das Reichskommissariat Ostland.	Sicherheitspolizei und SD

II. Chef der Sicherheitspolizei und des SD, SS-Obergruppenführer H e y d r i c h , teilte eingangs seine Bestellung zum Beauftragten für die Vorbereitung der Endlösung der europäischen Judenfrage durch den Reichsmarschall mit und wies darauf hin, daß zu dieser Besprechung geladen wurde, um Klarheit in grundsätzlichen Fragen zu schaffen. Der Wunsch des Reichsmarschalls, ihm einen Entwurf über die organisatorischen, sachlichen und materiellen Belange im Hinblick auf die Endlösung der europäischen Judenfrage zu übersenden, erfordert die vorherige gemeinsame Behandlung aller an diesen Fragen unmittelbar beteiligten Zentralinstanzen im Hinblick auf die Parallelisierung der Linienführung.

K210401 372025

- 3 -

Die Federführung bei der Bearbeitung der Endlösung der Judenfrage liege ohne Rücksicht auf geographische Grenzen zentral beim Reichsführer-SS und Chef der Deutschen Polizei (Chef der Sicherheitspolizei und des SD).

Der Chef der Sicherheitspolizei und des SD gab sodann einen kurzen Rückblick über den bisher geführten Kampf gegen diesen Gegner. Die wesentlichsten Momente bilden

a/ die Zurückdrängung der Juden aus den einzelnen Lebensgebieten des deutschen Volkes,

b/ die Zurückdrängung der Juden aus dem Lebensraum des deutschen Volkes.

Im Vollzug dieser Bestrebungen wurde als einzige vorläufige Lösungsmöglichkeit die Beschleunigung der Auswanderung der Juden aus dem Reichsgebiet verstärkt und planmäßig in Angriff genommen.

Auf Anordnung des Reichsmarschalls wurde im Januar 1939 eine Reichszentrale für jüdische Auswanderung errichtet, mit deren Leitung der Chef der Sicherheitspolizei und des SD betraut wurde. Sie hatte insbesondere die Aufgabe

a/ alle Maßnahmen zur Vorbereitung einer verstärkten Auswanderung der Juden zu treffen,

b/ den Auswanderungsstrom zu lenken,

c/ die Durchführung der Auswanderung im Einzelfall zu beschleunigen.

Das Aufgabenziel war, auf legale Weise den deutschen Lebensraum von Juden zu säubern. !

K210402 372026

Über die Nachteile, die eine solche Auswanderungsforcierung mit sich brachte, waren sich alle Stellen im klaren. Sie mußten jedoch angesichts des Fehlens anderer Lösungsmöglichkeiten vorerst in Kauf genommen werden.

Die Auswanderungsarbeiten waren in der Folgezeit nicht nur ein deutsches Problem, sondern auch ein Problem, mit dem sich die Behörden der Ziel- bzw. Einwandererländer zu befassen hatten. Die finanziellen Schwierigkeiten, wie Erhöhung der Vorzeige- und Landungsgelder seitens der verschiedenen ausländischen Regierungen, fehlende Schiffsplätze, laufend verschärfte Einwanderungsbeschränkungen oder -sperren, erschwerten die Auswanderungsbestrebungen außerordentlich. Trotz dieser Schwierigkeiten wurden seit der Machtübernahme bis zum Stichtag 31.10.1941 insgesamt rund 537.000 Juden zur Auswanderung gebracht. Davon

vom 30.1.1933	aus dem Altreich	rd. 360.000
vom 15.3.1938	aus der Ostmark	rd. 147.000
vom 15.3.1939	aus dem Protektorat Böhmen und Mähren	rd. 30.000.

Die Finanzierung der Auswanderung erfolgte durch die Juden bzw. jüdisch-politischen Organisationen selbst. Um den Verbleib der verproletarisierten Juden zu vermeiden, wurde nach dem Grundsatz verfahren, daß die vermögenden Juden die Abwanderung der vermögenslosen Juden zu finanzieren haben; hier wurde, je nach Vermögen gestaffelt, eine entsprechende Umlage bzw. Auswandererabgabe vorgeschrieben, die zur Bestreitung der finanziellen Obliegenheiten im Zuge der Abwanderung vermögensloser Juden verwandt wurde.

K210403 372027

Neben dem Reichsmark-Aufkommen sind Devisen für Vorzeige- und Landungsgelder erforderlich gewesen. Um den deutschen Devisenschatz zu schonen, wurden die jüdischen Finanzinstitutionen des Auslandes durch die jüdischen Organisationen des Inlandes verhalten, für die Beitreibung entsprechender Devisenaufkommen Sorge zu tragen. Hier wurden durch diese ausländischen Juden im Schenkungswege bis zum 30.10.1941 insgesamt rund 9.500.000 Dollar zur Verfügung gestellt.

Inzwischen hat der Reichsführer-SS und Chef der Deutschen Polizei im Hinblick auf die Gefahren einer Auswanderung im Kriege und im Hinblick auf die Möglichkeiten des Ostens die Auswanderung von Juden verboten.

III. Anstelle der Auswanderung ist nunmehr als weitere Lösungsmöglichkeit nach entsprechender vorheriger Genehmigung durch den Führer die Evakuierung der Juden nach dem Osten getreten.

Diese Aktionen sind jedoch lediglich als Ausweichmöglichkeiten anzusprechen, doch werden hier bereits jene praktischen Erfahrungen gesammelt, die im Hinblick auf die kommende Endlösung der Judenfrage von wichtiger Bedeutung sind.

Im Zuge dieser Endlösung der europäischen Judenfrage kommen rund 11 Millionen Juden in Betracht, die sich wie folgt auf die einzelnen Länder verteilen:

K210404

372028

- 6 -

Land	Zahl
A. Altreich	131.800
Ostmark	43.700
Ostgebiete	420.000
Generalgouvernement	2.284.000
Bialystok	400.000
Protektorat Böhmen und Mähren	74.200
Estland - judenfrei -	
Lettland	3.500
Litauen	34.000
Belgien	43.000
Dänemark	5.600
Frankreich / Besetztes Gebiet	165.000
Unbesetztes Gebiet	700.000
Griechenland	69.600
Niederlande	160.800
Norwegen	1.300
B. Bulgarien	48.000
England	330.000
Finnland	2.300
Irland	4.000
Italien einschl. Sardinien	58.000
Albanien	200
Kroatien	40.000
Portugal	3.000
Rumänien einschl. Bessarabien	342.000
Schweden	8.000
Schweiz	18.000
Serbien	10.000
Slowakei	88.000
Spanien	6.000
Türkei (europ. Teil)	55.500
Ungarn	742.800
UdSSR	5.000.000
Ukraine 2.994.684	
Weißrußland ausschl. Bialystok 446.484	
Zusammen: über	11.000.000

K210405 372029

Bei den angegebenen Judenzahlen der verschiedenen ausländischen Staaten handelt es sich jedoch nur um Glaubensjuden, da die Begriffsbestimmungen der Juden nach rassischen Grundsätzen teilweise dort noch fehlen. Die Behandlung des Problems in den einzelnen Ländern wird im Hinblick auf die allgemeine Haltung und Auffassung auf gewisse Schwierigkeiten stoßen, besonders in Ungarn und Rumänien. So kann sich z.B. heute noch in Rumänien der Jude gegen Geld entsprechende Dokumente, die ihm eine fremde Staatsangehörigkeit amtlich bescheinigen, beschaffen.

Der Einfluß der Juden auf alle Gebiete in der UdSSR ist bekannt. Im europäischen Gebiet leben etwa 5 Millionen, im asiatischen Raum knapp 1/4 Million Juden.

Die berufsständische Aufgliederung der im europäischen Gebiet der UdSSR ansässigen Juden war etwa folgende:

In der Landwirtschaft	9,1 %
als städtische Arbeiter	14,8 %
im Handel	20,0 %
als Staatsarbeiter angestellt	23,4 %
in den privaten Berufen – Heilkunde, Presse, Theater, usw.	32,7 %.

Unter entsprechender Leitung sollen nun im Zuge der Endlösung die Juden in geeigneter Weise im Osten zum Arbeitseinsatz kommen. In großen Arbeitskolonnen, unter Trennung der Geschlechter, werden die arbeitsfähigen Juden straßenbauend in diese Gebiete geführt, wobei zweifellos ein Großteil durch natürliche Verminderung ausfallen wird.

K210406 372030

Der allfällig endlich verbleibende Restbestand wird, da es sich bei diesem zweifellos um den widerstandsfähigsten Teil handelt, entsprechend behandelt werden müssen, da dieser, eine natürliche Auslese darstellend, bei Freilassung als Keimzelle eines neuen jüdischen Aufbaues anzusprechen ist. (Siehe die Erfahrung der Geschichte.)

Im Zuge der praktischen Durchführung der Endlösung wird Europa vom Westen nach Osten durchgekämmt. Das Reichsgebiet einschließlich Protektorat Böhmen und Mähren wird, allein schon aus Gründen der Wohnungsfrage und sonstigen sozial-politischen Notwendigkeiten, vorweggenommen werden müssen.

Die evakuierten Juden werden zunächst Zug um Zug in sogenannte Durchgangsghettos verbracht, um von dort aus weiter nach dem Osten transportiert zu werden.

Wichtige Voraussetzung, so führte SS-Obergruppenführer H e y d r i c h weiter aus, für die Durchführung der Evakuierung überhaupt, ist die genaue Festlegung des in Betracht kommenden Personenkreises.

Es ist beabsichtigt, Juden im Alter von über 65 Jahren nicht zu evakuieren, sondern sie einem Altersghetto - vorgesehen ist Theresienstadt - zu überstellen.

Neben diesen Altersklassen - von den am 31.10.1941 sich im Altreich und der Ostmark befindlichen etwa 280.000 Juden sind etwa 30 % über 65 Jahre alt - finden in den jüdischen Altersghettos weiterhin die schwerkriegsbeschädigten Juden und Juden mit Kriegsauszeichnungen (EK I) Aufnahme. Mit dieser

K210407 372031

zweckmäßigen Lösung werden mit einem Schlag die vielen Interventionen ausgeschaltet.

Der Beginn der einzelnen größeren Evakuierungsaktionen wird weitgehend von der militärischen Entwicklung abhängig sein. Bezüglich der Behandlung der Endlösung in den von uns besetzten und beeinflußten europäischen Gebieten wurde vorgeschlagen, daß die in Betracht kommenden Sachbearbeiter des Auswärtigen Amtes sich mit dem zuständigen Referenten der Sicherheitspolizei und des SD besprechen.

In der Slowakei und Kroatien ist die Angelegenheit nicht mehr allzu schwer, da die wesentlichsten Kernfragen in dieser Hinsicht dort bereits einer Lösung zugeführt wurden. In Rumänien hat die Regierung inzwischen ebenfalls einen Judenbeauftragten eingesetzt. Zur Regelung der Frage in Ungarn ist es erforderlich, in Zeitkürze einen Berater für Judenfragen der Ungarischen Regierung aufzuoktroyieren.

Hinsichtlich der Aufnahme der Vorbereitungen zur Regelung des Problems in Italien hält SS-Obergruppenführer H e y d r i c h eine Verbindung z. Polizei-Chef in diesen Belangen für angebracht.

Im besetzten und unbesetzten Frankreich wird die Erfassung der Juden zur Evakuierung aller Wahrscheinlichkeit nach ohne große Schwierigkeiten vor sich gehen können.

Unterstaatssekretär L u t h e r teilte hierzu mit, daß bei tiefgehender Behandlung dieses Problems in einigen Ländern, so in den nordischen Staaten, Schwierigkeiten auftauchen werden, und es sich daher empfiehlt, diese Länder vorerst noch zu-

K210408

372032

rückzustellen. In Anbetracht der hier in Frage kommenden geringen Judenzahlen bildet diese Zurückstellung ohnedies keine wesentliche Einschränkung.

Dafür sieht das Auswärtige Amt für den Südosten und Westen Europas keine großen Schwierigkeiten.

SS-Gruppenführer H o f m a n n beabsichtigt, einen Sachbearbeiter des Rasse- und Siedlungshauptamtes zur allgemeinen Orientierung dann nach Ungarn mitsenden zu wollen, wenn seitens des Chefs der Sicherheitspolizei und des SD die Angelegenheit dort in Angriff genommen wird. Es wurde festgelegt, diesen Sachbearbeiter des Rasse- und Siedlungshauptamtes, der nicht aktiv werden soll, vorübergehend offiziell als Gehilfen zum Polizei-Attaché abzustellen.

IV. Im Zuge der Endlösungsvorhaben sollen die Nürnberger Gesetze gewissermaßen die Grundlage bilden, wobei Voraussetzung für die restlose Bereinigung des Problems auch die Lösung der Mischehen- und Mischlingsfragen ist.

Chef der Sicherheitspolizei und des SD erörtert im Hinblick auf ein Schreiben des Chefs der Reichskanzlei zunächst theoretisch die nachstehenden Punkte:

1) <u>Behandlung der Mischlinge 1. Grades.</u>

Mischlinge 1. Grades sind im Hinblick auf die Endlösung der Judenfrage den Juden gleichgestellt.

K210409

372033

Von dieser Behandlung werden ausgenommen:

⟨ a) Mischlinge 1. Grades verheiratet mit Deutschblütigen, aus deren Ehe Kinder (Mischlinge 2. Grades) hervorgegangen sind. Diese Mischlinge 2. Grades sind im wesentlichen den Deutschen gleichgestellt.

b) Mischlinge 1. Grades, für die von den höchsten Instanzen der Partei und des Staates bisher auf irgendwelchen Lebensgebieten Ausnahmegenehmigungen erteilt worden sind.⟩
Jeder Einzelfall muß überprüft werden, wobei nicht ausgeschlossen wird, daß die Entscheidung nochmals zu Ungunsten des Mischlings ausfällt.

Voraussetzungen einer Ausnahmebewilligung müssen stets grundsätzliche Verdienste des in Frage stehenden Mischlings <u>selbst</u> sein. (Nicht Verdienste des deutschblütigen Eltern- oder Eheteiles.)

Der von der Evakuierung auszunehmende Mischling 1. Grades wird - um jede Nachkommenschaft zu verhindern und das Mischlingsproblem endgültig zu bereinigen - sterilisiert. Die Sterilisierung erfolgt freiwillig. Sie ist aber Voraussetzung des Verbleibens im Reich. Der sterilisierte "Mischling" ist in der Folgezeit von allen einengenden Bestimmungen, denen er bislang unterworfen ist, befreit.

2) <u>Behandlung der Mischlinge 2. Grades.</u>

Die Mischlinge 2. Grades werden grundsätzlich den Deutschblütigen zugeschlagen, <u>mit Ausnahme folgender Fälle</u>, in denen die Mischlinge 2. Grades den Juden gleichgestellt werden:

K210410 372034

a) Herkunft des Mischlings 2. Grades aus einer Bastardehe (beide Teile Mischlinge).

b) Rassisch besonders ungünstiges Erscheinungsbild des Mischlings 2. Grades, das ihn schon äußerlich zu den Juden rechnet.

c) Besonders schlechte polizeiliche und politische Beurteilung des Mischlings 2. Grades, die erkennen läßt, daß er sich wie ein Jude fühlt und benimmt.

Auch in diesen Fällen sollen aber dann Ausnahmen nicht gemacht werden, wenn der Mischling 2. Grades deutschblütig verheiratet ist.

3) Ehen zwischen Volljuden und Deutschblütigen.

Von Einzelfall zu Einzelfall muß hier entschieden werden, ob der jüdische Teil evakuiert wird, oder ob er unter Berücksichtigung auf die Auswirkungen einer solchen Maßnahme auf die deutschen Verwandten dieser Mischehe einem Altersghetto überstellt wird.

4) Ehen zwischen Mischlingen 1. Grades und Deutschblütigen.

a) Ohne Kinder.

Sind aus der Ehe keine Kinder hervorgegangen, wird der Mischling 1. Grades evakuiert bzw. einem Altersghetto überstellt. (Gleiche Behandlung wie bei Ehen zwischen Volljuden und Deutschblütigen, Punkt 3.)

K210411

372030

b) Mit Kindern.

Sind Kinder aus der Ehe hervorgegangen (Mischlinge 2. Grades), werden sie, wenn sie den Juden gleichgestellt werden, zusammen mit dem Mischling 1. Grades evakuiert bzw. einem Ghetto überstellt. Soweit diese Kinder Deutschen gleichgestellt werden (Regelfälle), sind sie von der Evakuierung auszunehmen und damit auch der Mischling 1. Grades.

5) Ehen zwischen Mischlingen 1. Grades und Mischlingen 1. Grades oder Juden.

Bei diesen Ehen (einschließlich der Kinder) werden alle Teile wie Juden behandelt und daher evakuiert bzw. einem Altersghetto überstellt.

6) Ehen zwischen Mischlingen 1. Grades und Mischlingen 2. Grades.

Beide Eheteile werden ohne Rücksicht darauf, ob Kinder vorhanden sind oder nicht, evakuiert bzw. einem Altersghetto überstellt, da etwaige Kinder rassenmäßig in der Regel einen stärkeren jüdischen Bluteinschlag aufweisen, als die jüdischen Mischlinge 2. Grade)

SS-Gruppenführer H o f m a n n steht auf dem Standpunkt, daß von der Sterilisierung weitgehend Gebrauch gemacht werden muß; zumal der Misch-

K210412 372036

ling, vor die Wahl gestellt, ob er evakuiert oder sterilisiert werden soll, sich lieber der Sterilisierung unterziehen würde.

Staatssekretär Dr. S t u c k a r t stellt fest, daß die praktische Durchführung der eben mitgeteilten Lösungsmöglichkeiten zur Bereinigung der Mischehen- und Mischlingsfragen in dieser Form eine unendliche Verwaltungsarbeit mit sich bringen würde. Um zum anderen auf alle Fälle auch den biologischen Tatsachen Rechnung zu tragen, schlug Staatssekretär Dr. S t u c k a r t vor, zur Zwangssterilisierung zu schreiten.

Zur Vereinfachung des Mischehenproblems müßten ferner Möglichkeiten überlegt werden mit dem Ziel, daß der Gesetzgeber etwa sagt: "Diese Ehen sind geschieden".

Bezüglich der Frage der Auswirkung der Judenevakuierung auf das Wirtschaftsleben erklärte Staatssekretär N e u m a n n , daß die in kriegswichtigen Betrieben im Arbeitseinsatz stehenden Juden derzeit, solange noch kein Ersatz zur Verfügung steht, nicht evakuiert werden könnten.

ᛋᛋ-Obergruppenführer H e y d r i c h wies darauf hin, daß diese Juden nach den von ihm genehmigten Richtlinien zur Durchführung der derzeit laufenden Evakuierungsaktionen ohnedies nicht evakuiert würden.

Staatssekretär Dr. B ü h l e r stellte fest, daß das Generalgouvernement es begrüßen würde, wenn mit der Endlösung dieser Frage im Generalgouvernement begonnen würde, weil einmal hier das Transportproblem keine übergeordnete Rolle spielt

K210413 372037

und arbeitseinsatzmäßige Gründe den Lauf dieser Aktion nicht behindern würden. Juden müßten so schnell wie möglich aus dem Gebiet des Generalgouvernements entfernt werden, weil gerade hier der Jude als Seuchenträger eine eminente Gefahr bedeutet und er zum anderen durch fortgesetzten Schleichhandel die wirtschaftliche Struktur des Landes dauernd in Unordnung bringt. Von den in Frage kommenden etwa 2 1/2 Millionen Juden sei überdies die Mehrzahl der Fälle arbeitsunfähig.

Staatssekretär Dr. B ü h l e r stellt weiterhin fest, daß die Lösung der Judenfrage im Generalgouvernement federführend beim Chef der Sicherheitspolizei und des SD liegt und seine Arbeiten durch die Behörden des Generalgouvernements unterstützt würden. Er hätte nur eine Bitte, die Judenfrage in diesem Gebiet so schnell wie möglich zu lösen.

Abschließend wurden die verschiedenen Arten der Lösungsmöglichkeiten besprochen, wobei sowohl seitens des Gauleiters Dr. M e y e r als auch seitens des Staatssekretärs Dr. B ü h l e r der Standpunkt vertreten wurde, gewisse vorbereitende Arbeiten im Zuge der Endlösung gleich in den betreffenden Gebieten selbst durchzuführen, wobei jedoch eine Beunruhigung der Bevölkerung vermieden werden müsse.

Mit der Bitte des Chefs der Sicherheitspolizei und des SD an die Besprechungsteilnehmer, ihm bei der Durchführung der Lösungsarbeiten entsprechende Unterstützung zu gewähren, wurde die Besprechung geschlossen.

K210414 372038

14. Das Gästehaus des Chefs der Sicherheitspolizei und des SD 1941 bis 1945

Am 4. April 1942 ließ Bergmann »die auswärtigen Dienststellenleiter und SS-Führer der Sicherheitspolizei« erneut auf das Gästehaus in Berlin-Wannsee im Befehlsblatt des Chefs der Sicherheitspolizei hinweisen und betonte[1]: »Das Gästehaus bietet durch seine Einrichtung und Lage die Möglichkeit zur Unterhaltung und Entspannung nach dem Dienst«.

Bereits vorher hatte die Stiftung Nordhav Erweiterungspläne, die vor dem Hintergrund einer Verlagerung des Gästehauses gesehen werden sollten, falls Heydrich in absehbarer Zeit die Villa Minoux selbst nutzen wollte. Am 17. Juni 1941 hatte die Stiftung Nordhav dem Stadtpräsidenten von Berlin mitgeteilt[2], »daß die Stiftung beabsichtigt, das unbebaute Grundstück Zum Heckeshorn 16/18 in Berlin-Wannsee, ..., für Stiftungszwecke zu einem Kaufpreise von etwa 120.000 RM zu erwerben. Die Mittel hierfür stehen ihr auf Grund einer Zuwendung des Chefs der Sicherheitspolizei und des SD zur Verfügung. Das Grundstück soll zur Erweiterung des Heimbetriebes auf dem bereits erworbenen Grundstück Am Großen Wannsee 56/58 dienen.«

Bergmann erbat hierfür die Zustimmung und erklärte, daß der notarielle Kaufvertrag »demnächst vor Notar Goldsche in Berlin abgeschlossen werden« würde. Das Grundstück Zum Heckeshorn 16 – 18 schloß sich westlich an das Grundstück Am Großen Wannsee 43 – 45 an.[3] Eine Abgrenzung war nicht vorhanden, da es gemeinsame Eigentümer gab. Auf dem Grundstück Am Großen 43 – 45 befand sich die Villa Oppenheim, erbaut von Alfred Messel[4] für Franz Oppenheim, Mitglied des Verwaltungs- und Aufsichtsrats der IG Farben. Dessen Erben gehörte auch das benachbarte in zwei »ideelle Hälften« geteilte Seegrundstück Am Großen Wannsee 46; letzteres erwarb am 15. August 1940 SS-Standartenführer Walter Salpeter als Amtschef im SS-Hauptamt Verwaltung und Wirtschaft und namens der NSDAP im Rahmen einer Zwangs-»Arisierung«.
Auf diesem Seegrundstück befanden sich offensichtlich nur ein Pavillon und ein Bootshaus. Verkäufer waren zum einen die bereits seit langem in der Schweiz lebenden Kurt und Margarete Oppenheim, die gezwungen wurden, ihren Teil für 52.950 Reichsmark zu verkaufen. Das Geld wurde auf ein Sperrkonto überwiesen. »Verkäufer« der anderen ideellen Hälfte waren die in Oxford lebenden Staatssekretär a.D. Ernst von Simson und seine Frau Martha. Ihren Grundstücksteil hatte bereits die Gestapo beschlagnahmt; von ihrem »Verkaufserlös« in Höhe von 51.500 Reichsmark wurden für eine Hypothek 37.500 Reichsmark, als Maklerprovision 1.545 Reichsmark und als Anwaltsgebühren

71

V o l l m a c h t .

Als Generalbevollmächtigter des Führers in allen vermögensrechtlichen Angelegenheiten der Nationalsozialistischen Deutschen Arbeiterpartei (Gesetz zur Sicherung der Einheit von Partei und Staat vom 1.Dezember 1933 - RGBl.I S.1o16, Durchführungsverordnung des Führers vom 29.März 1935, RGBl.I S.5o2 -) ermächtige ich hiermit den Amtschef des Reichssicherheitshauptamtes

Dr. Walter S a l p e t e r , Berlin W 5o, Geisbergstr.21,

das Grundstück in Berlin-Wannsee "am Großen Wannsee 46", verzeichnet im Grundbuch des Amtsgerichts Berlin-Lichterfelde von Wannsee Bd.IX Bl.315, hypothekenfrei namens der NSDAP. zu erwerben und die Bedingungen des Kaufvertrages nach freiem Ermessen festzusetzen.

Gleichzeitig ermächtige ich Herrn Dr. Walter Salpeter, die Auflassung entgegenzunehmen, sowie alle erforderlichen Anträge an das Grundbuchamt zu stellen.

München, den 24.Juni 194o.

Für die Nationalsozialistische
Deutsche Arbeiterpartei
Der Reichsschatzmeister:

Reichsleiter.

Vollmacht für Walter Salpeter

228,48 Reichsmark abzogen. Eine weitere Hypothek von 37.500 Reichsmark übernahm Salpeter für die NSDAP. Die verbleibenden 12.226,52 Reichsmark wurden auf das »Sonderkonto der Geheimen Staatspolizei Nr. 180 bei der Depka F der Deutschen Bank, Bln C 2, Alexanderstr. 45« überwiesen. Die »Verkäufer« sahen davon keinen Pfennig.

Die Kosten für die Nutzung des Grundstücks Am Großen Wannsee 46 wurden, wie aus dem Vertrag vom 15. August 1940 hervorgeht, bereits seit 15. Dezember 1939 für Am Großen Wannsee 46 vom »SD-Hauptamt, Verwaltung, Berlin, Wilhelmstraße 102« getragen.

Die eigentliche Villa Oppenheim Am Großen Wannsee 43 – 45 war ebenfalls durch die Gestapo beschlagnahmt und durch das Amt VI (SD-Ausland) des Reichssicherheitshauptamtes genutzt. Im März 1942 wurde das Grundstück durch die Maklerfirma Hermann Brack in Berlin-Wilmersdorf der SD-Verwaltung zum Kauf angeboten. SS-Obersturmbannführer Carl Brocke, stellvertretender Gruppenleiter der Gruppe II C b (Haushalt und Wirtschaft des Sicherheitsdienstes) antwortete hierauf am 10 März 1942[5]:
»Die hiesige Dienststelle hat von Ihren Ausführungen Kenntnis genommen. Der Ordnung halber wird darauf hingewiesen, daß die Kaufverhandlungen zwar von hier aus eingeleitet werden, der Kauf selbst jedoch für die NSDAP oder ihre Gliederungen ausschließlich durch den Reichsschatzmeister der NSDAP erfolgt. Die endgültige Entscheidung über Kauf oder Nichtkauf liegt also beim Reichsschatzmeister... Von hier aus würde der Antrag auf käufliche Erwerbung der Liegenschaft dann umgehend dem Reichsschatzmeister zugestellt werden.«
Ob bis 1945 noch ein Besitzerwechsel erfolgte oder ob die Villa Oppenheim weiterhin als beschlagnahmtes Objekt vom Reichssicherheitshauptamt genutzt wurde, konnte nicht ermittelt werden[6].

Das an den westlichen Teil der Villa Oppenheim anschließende Grundstück Zum Heckeshorn 16 – 18 wurde von der Stiftung Nordhav dann am 28. Juni 1941 den Erben Franz Oppenheims ebenso zwangsweise abgekauft[7], nachdem am 21. Juni 1941 der Stadtpräsident den Kauf genehmigt hatte[8]. Auch hierbei handelte es um eine »Arisierung«, bei der die Verkäufer vom Kaufpreis keinen Pfennig sahen. Da es sich um einen Vertrag mit »Devisenausländern« handelte, hatte der Oberfinanzpräsident – Vermögensverwertung den Kaufvertrag zu genehmigen, nachdem die Kaufpreisanteile der Erben Oppenheim auf ein Sonderkonto mit dem Titel »dem Reich verfallene Vermögenswerte« überwiesen waren. Das Grundstück Zum Heckeshorn 16 – 18 blieb unbebaut. Es sollte als Baulandreserve der Stiftung dienen.

Der Reichsführer-SS
und
Chef der Deutschen Polizei
im Reichsministerium des Innern

S II C 3 Nr. 1754/43

Bitte in der Antwort vorstehendes Geschäftszeichen und Datum anzugeben

Berlin SW 11, den 29. Januar 1943.
Prinz-Albrecht-Straße 8
Fernsprecher: Ortsverkehr 120040 · Fernverkehr 126421

Vollmacht

SS-Standartenführer Ministerialrat Dr. Rudolf Siegert wird hierdurch bevollmächtigt, für das Deutsche Reich (Polizeiverwaltung) das Grundstück Am großen Wannsee 56/58 in Berlin-Wannsee, eingetragen im Grundbuch des Amtsgerichts Berlin-Lichterfelde von Wannsee Band 29, Blatt Nr. 831, anzukaufen, die Auflassungserklärung entgegenzunehmen und alle mit dem Grunderwerb zusammenhängenden Erklärungen vor Behörden und Gerichten abzugeben. Der Bevollmächtigte wird von den Beschränkungen des § 181 BGB. ausdrücklich befreit und ist berechtigt, Untervollmacht zu erteilen.

Im Auftrage

SS-Brigadeführer und
Generalmajor d. P.

Th-

Vollmacht vom 29. Januar 1943

Beglaubigte Abschrift.

Der Reichsminister der Finanzen

J 7051 - 83 I

Berlin W 8, den 6. Mai 1943.
Wilhelmplatz 1/2

Schreiben vom 31.3.1943. - S II C 3 Nr. 4115/42 -

- - - - -

Ich bin mit Rücksicht auf die vorliegenden besonderen Verhältnisse bereit, entsprechend Ihrem Vorschlag die Unterhaltung eines Polizeierholungsheims in Berlin durch unentgeltliche Bereitstellung des Grundstücks Am großen Wannsee Nr. 56/58 seitens des Reichs zu fördern. Ich bin mit der Anbringung eines entsprechenden Vermerks in der Zweckbestimmung bei Einnahmekap. V 10a Tit. 1 des Reichshaushalts einverstanden. Der Vermerk muß auf bestimmte Grundstücke beschränkt bleiben. Ich bitte deshalb, ihn wie folgt zu fassen:

"Die unentgeltliche Benutzung des Grundstücks Berlin, Am großen Wannsee Nr. 56/58, zu Erholungsfürsorgezwecken der Polizei kann widerruflich gestattet werden. Der Nutznießer hat für die Dauer der Benutzung Steuern, Lasten, Abgaben und den gesamten baulichen Unterhalt des überlassenen Grundstücks, soweit es sich nicht um einmalige auf den Stammwert der Liegenschaft zu verwendende Mittel handelt, zu tragen."

Ich setze voraus, dass das Erholungsheim grundsätzlich auch für Beamte der Ordnungspolizei zur Verfügung gehalten wird, und dass andere Personen als Polizeiangehörige nicht in das Heim aufgenommen werden.

Über den Ankauf des Grundstücks bitte ich entsprechend der Ihnen durch mein Schreiben vom 15. Oktober 1942 - J 7040 - 341 I - erteilten Ermächtigung in eigener Zuständigkeit zu entscheiden.

In Vertretung
gez. Reinhardt

- - - - -

Für die Richtigkeit:
Kanzleiangestellte

Bö.

Schreiben des Reichministeriums der Finanzen vom 6. Mai 1943

Etwaige weitere Pläne mit der Villa am Wannsee und dem Katharinenhof auf Fehmarn konnte Heydrich nicht mehr verwirklichen. Bei einem Attentat von in Großbritannien ausgebildeten tschechoslowakischen Widerstandskämpfern wurde er am Vormittag des 27. Mai 1942 schwer verletzt und starb am 4. Juni 1942. Für die Stiftung Nordhav bestand nun nicht mehr die Notwendigkeit, ein derartig großes und kostenträchtiges Objekt wie die Villa Minoux zur Verfügung zu halten.

Am 29. Januar 1943 erhielt SS-Standartenführer Ministerialrat Dr. Rudolf Siegert, Leiter der Gruppe II C a des Reichssicherheitshauptamtes (Haushalt und Wirtschaft der Sicherheitspolizei) Vollmacht, »für das Deutsche Reich (Polizeiverwaltung) das Grundstück Am Großen Wannsee 56 /58 ... anzukaufen.«[9] Aufgrund dieser Vollmacht traf sich Siegert – zum 30. Januar 1943 frisch zum SS-Oberführer befördert – am 4. Februar 1943 mit Walter Schellenberg und Rudolf Bergmann, den Vorständen der Stiftung Nordhav, vor dem Justitiar des Reichssicherheitshauptamtes, SS-Obersturmbannführer Heinz Kaufmann, im SD-Dienstgebäude Berkaer Straße 32 – 35 in Berlin-Wilmersdorf.

Die Stiftung verkaufte die Villa zum selben Preis, zu dem sie sie von Friedrich Minoux erworben hatte. Lediglich die Kosten für den Einbau von Kühlzellen in Höhe von 5.785,10 Reichsmark wurden der Verkäuferin »besonders erstattet[10]. Der entscheidende Absatz des Vertrages lautete[11]:
»Die Übergabe des Grundstücks gilt mit dem heutigen Tage als erfolgt. Der Käufer überläßt das Grundstück mit Gebäuden der Verkäuferin, jedoch gegen Übernahme sämtlicher Bewirtschaftungs- und Unterhaltskosten einschl. der Grundabgaben und sonstigen öffentlichen Abgaben zur Weiterführung als Kameradschafts- und Führerheim der Sicherheitspolizei.«
Obwohl der Vertrag unter dem Vorbehalt der Genehmigung durch das Reichsfinanzministerium geschlossen wurde, beantragte das Referat II C 3 des RSHA, also vermutlich Bergmann, erst am 31. März 1943 eine Genehmigung zum Kauf des Hauses auf Reichskosten beim Reichsfinanzministerium und zugleich die kostenfreie Bereitstellung des Grundstücks für das RSHA.[12] Am 6. Mai stimmte das Finanzministerium zu und erklärte sich »mit Rücksicht auf die vorliegenden besonderen Verhältnisse bereit, entsprechend Ihrem Vorschlag die Unterbringung eines Polizeierholungsheimes durch unentgeltliche Bereitstellung des Grundstücks Am Großen Wannsee Nr. 56/58 seitens des Reichs zu fördern... Ich setze voraus, dass das Erholungsheim grundsätzlich auch für Beamte der Ordnungspolizei zur Verfügung gehalten wird, und dass andere Personen als Polizeiangehörige nicht in das Heim aufgenommen werden.«
Bis zum Ende des Dritten Reiches wurde die Villa Minoux jetzt als Gästehaus der Sicherheitspolizei genutzt. Ende 1943 wurde das Gästehaus zwischen dem

19.12.1943 und dem 2.1.1944 vorsorglich »wegen Aufräumungsarbeiten und Beurlaubung des Personals« geschlossen[13]. Anmeldungen für diesen Zeitraum wurden nicht mehr angenommen.

Das Gästehaus diente aber nur für kurzfristige Aufenthalte. Hier wohnte etwa der am 2. Juli 1944 aus Nürnberg zum Reichssicherheitshauptamt nach Berlin abgeordnete SS-Oberführer und Oberst der Polizei Georg Klein, um eine Gruppe der »Sonderkommission 20. Juli 1944« zu leiten, deren Aufgabe die Vernehmung des Feldmarschalls Erwin von Witzleben und anderer höherer Offiziere war. Daß Klein hier wohnte, geht aus einem Schreiben von ihm an das SS-Personalhauptamt hervor.[14]

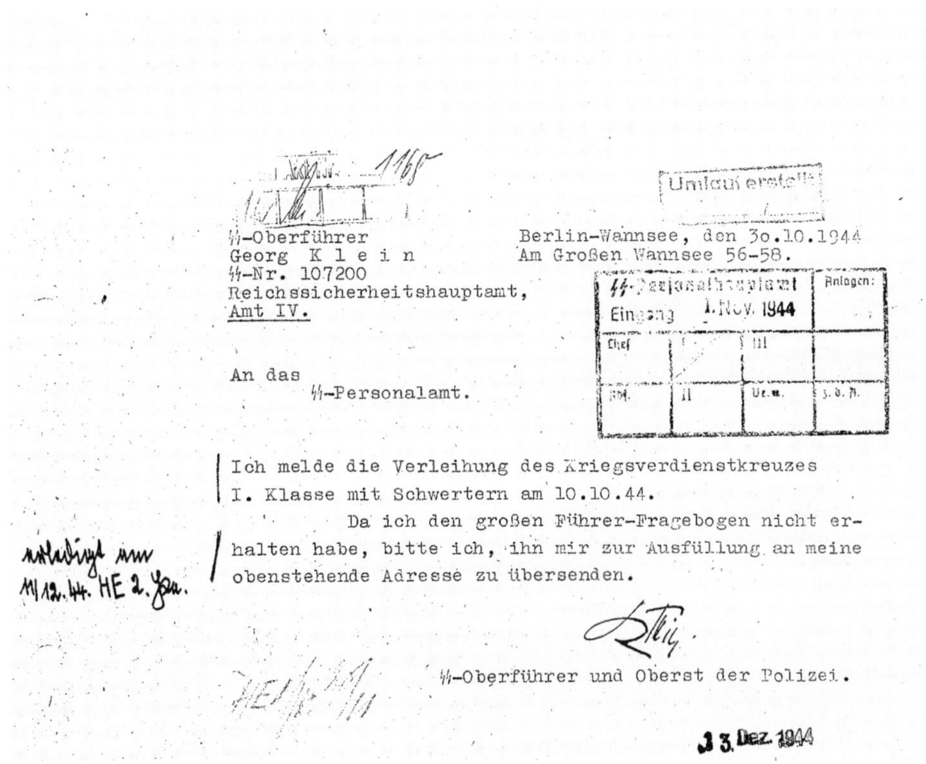
Umlauf erstellt

SS-Oberführer
Georg K l e i n
SS-Nr. 107200
Reichssicherheitshauptamt,
Amt IV.

Berlin-Wannsee, den 30.10.1944
Am Großen Wannsee 56-58.

SS-Personalhauptamt Eingang 1. Nov. 1944 | Anlagen:
Chef | I | III
| II | Ut. u. | J. d. A.

An das
SS-Personalamt.

Ich melde die Verleihung des Kriegsverdienstkreuzes I. Klasse mit Schwertern am 10.10.44.

Da ich den großen Führer-Fragebogen nicht erhalten habe, bitte ich, ihn mir zur Ausfüllung an meine obenstehende Adresse zu übersenden.

erledigt am 11.12.44. HE 2. Ga.

SS-Oberführer und Oberst der Polizei.

13. Dez. 1944

Schreiben von SS-Oberführer Georg Klein

Nach dem 20. Juli 1944 läßt sich im Gästehaus aber noch eine Besprechung nachweisen, die in merkwürdigem Kontrast zu der bisherigen Nutzung und vor allem zur Wannsee-Konferenz steht.

Gerhard Ritter schreibt in seiner Biographie über Carl Friedrich Goerdeler[15]: »Ende 1944 ist im sogenannten Gästeheim des Reichssicherheitshauptamtes in Wannsee vor einem größeren Kreise von Eingeladenen, darunter auch Angehörigen des Reichsinnenministeriums(Abt. I a) von einem leitenden Mann der Abteilung Ohlendorf ein Vortrag über 'die Pläne der Teilnehmer des 20. Juli auf dem Gebiet der Staats- und Verwaltungsreform' gehalten worden. Zugrunde lag in der Hauptsache jener große Plan des (am 10. August hingerichteten) Grafen Fritz Schulenburg für eine künftige Verwaltungsreform... Er war von der Gestapo beschlagnahmt und wurde von ihr in Abschrift auch dem Reichsinnenministerium zugeleitet. Dort hatte Staatssekretär Stuckart seine Referenten schon im Oktober auf diese 'hervorragende, richtungweisende und umfassende' Arbeit des Gehängten hingewiesen.«
Von den Plänen eines autoritären Reichsregime und den Vorbereitungen des Staatsstreiches 1923 über die Konferenz zur Koordination des millionenfachen Massenmordes an den europäischen Juden 1942 bis hin zur verzweifelten Analyse der Reformpläne des 20. Juli 1944 durch die Spitzen der Verwaltungsbürokratie in der Niedergangsphase des Dritten Reiches spiegelt sich das facettenreiche deutsche Desaster in der Geschichte der Villa am Wannsee.

15. Andere Aktivitäten der Stiftung Nordhav

Neben den beiden großen Objekten auf Fehmarn und am Wannsee unterhielt die Stiftung Nordhav seit 1941 eine Reihe »echter« Ferien- und Erholungsheime für SS- und Polizeiangehörige. Dazu gehörten die Skibaude am Lenzenberg, die Skihütte am Keilberg, das Erholungsheim in Bad Altheide und ein Grundstück am Attersee.

Im September 1941 erwarb die Stiftung für 30.000 Reichsmark von der Polizeiverwaltung des Deutschen Reiches das Grundstück der Skibaude am Lenzenberg bei Petzer im damaligen Sudetengau[1], »eingetragen im Grundbuch von Marschendorf G.Z. Zl. 36... Die Mittel hierfür stehen ihr auf Grund einer Zuwendung des Chefs der Sicherheitspolizei und des SD zur Verfügung. Die Skibaude soll als Erholungsheim weiter betrieben werden.«

Früherer Eigentümer dieses Grundstücks war der der Deutschen Sozialdemokratischen Arbeiterpartei (DSAP) in der Tschechoslowakei nahestehende Verein Die Naturfreunde in Aussig. Das Grundstück war nach dem deutschen Einmarsch in das Sudetengebiet wie alles andere Eigentum der DSAP und ihrer Organisationen beschlagnahmt worden.[2] Von diesem Kaufpreis waren eine Hypothek in Höhe von 18.554,70 Reichsmark, angeblich noch nicht bezahlte Baukosten von 9435,08 Reichsmark sowie andere Belastungen in Höhe von 1255,00 Reichsmark zu begleichen, so daß an die »Kasse des Chefs der Sicherheitspolizei und des SD«lediglich 755,22 Reichsmark fielen.[3] Seit Oktober 1941 konnten Angehörige der Sicherheitspolizei, die hier Urlaub machen wollten, bei SS-Hauptsturmführer Beuer beim SD-Leitabschnitt in Reichenberg anmelden. Insgesamt standen 24 Zimmer mit 40 Betten sowie ein Gemeinschaftslager für 24 Personen zur Verfügung; Vollverpflegung und Übernachtung kosteten 3,50 Mark [4]. 1941/42 fanden hier auch »Polizei-Skikurse« statt; seit Winter 1942/43 waren Anmeldungen direkt an die »SS-Schihütte in Petzer (Riesengebirge)/Sud.« zu richten.[5]

Im August 1942 kaufte die Stiftung Nordhav, diesmal wieder vertreten durch Schellenberg und Bergmann, ebenfalls von der Polizeiverwaltung des Deutschen Reiches und damit auch aus beschlagnahmtem Besitz für 29.800 Reichsmark »das Grundstück der SS-Skihütte am Keilberg, eingetragen im Grundbuch des Amtsgerichts St. Joachimsthal Katastralgebiet Stolzenhain...«[6]. Die oberhalb von Stolzenhain und Oberwiesenthal im Erzgebirge liegende Hütte stand ab 15. Dezember 1942 für Erholungssuchende bereit[7]:
»Es handelt sich um die im Jahre 1932/33 erbaute, frühere Hofbergbaude, die indessen eine durchgreifende Umgestaltung und neue Bewirtschaftung erfah-

Die August-Bebel-Schule

16. Die Stiftung Nordhav und die Villa Minoux nach 1945

Die letzte Nutzung der Villa Minoux durch das Reichssicherheitshauptamt läßt sich im Dezember 1944 nachweisen. Was in den folgenden Monaten im Haus passierte, läßt sich nicht mehr belegen.

Mit dem Ende des Dritten Reiches im Mai 1945 endete auch die Geschichte der Stiftung Nordhav. Die Akte über die Stiftung Nordhav schließt im Berliner Stadtarchiv mit einem Vermerk des Magistrats von Groß-Berlin, Abteilung Finanzen, Stiftungsaufsichtsamt, vom 30. Juni 1950[1]:
»Der Vorstand der Stiftung setzte sich aus höheren SS-Führern zusammen. Zum Stiftungsvermögen gehören Grundstücke, die ausserhalb des demokratischen Sektors Berlins und des Gebietes der DDR liegen. Welchen Zwecken das im Westsektor Berlins gelegene Grundstück dient, ist nicht bekannt. Vermögenswerte im demokratischen Sektor sind nicht festzustellen. Die Stiftung entspricht nicht den heutigen Anschauungen. Sie müßte aufgehoben werden; eine Aufhebung wäre z.Zt. jedoch wirkungslos... Die Aufsicht über die Stiftung wird baw. [bis auf weiteres, d.V.] eingestellt.«

Die Grundstücke der Stiftung auf Fehmarn fielen 1951 an das Land Schleswig-Holstein; das Grundstück Am Großen Wannsee 56/58 kam zur Verwaltung des ehemaligen Reichsvermögens; das Grundstück Zum Heckeshorn 16/18 wurde an seine rechtmäßigen Eigentümer zurückgegeben. Über das Nachkriegsschicksal der anderen Immobilien konnte nichts ermittelt werden.

Im Mai und Juni 1945 hielten sowjetische Marinesoldaten das Haus am Wannsee besetzt.[2] Ihnen folgten amerikanische Besatzungstruppen, die das Haus zur Unterbringung von Offizieren nutzten. Anfang August 1947 richtete das August-Bebel-Institut hier eine Heimvolkshochschule ein.[3] Unter anderem sprachen hier Ernst Reuter, Otto Suhr und Carlo Schmid. Die Kurse erstreckten sich oft über mehrere Tage und dienten vor allem zur Ausbildung von Funktionären der SPD[4]:
»Im Erdgeschoß befindet sich neben dem Unterrichtsraum und den Speisesälen eine große repräsentative Halle mit Leseecke. Die Schlafräume sowie die Bibliothek befinden sich im 1. Stock, während im 2. Stock noch einige Arbeitsräume sind.«

Im März 1952 gab das August-Bebel-Institut das Haus auf.[5] Walter Schützler gibt äußere Gründe dafür an[6]: »Die hohen Instandhaltungskosten, das Dach mußte dringend instandgesetzt werden, zwangen dann 1952 zur Einstellung des Internatsbetriebes und zur Aufgabe der August-Bebel-Schule in Wannsee«.

Seit April 1952 nutzte das Bezirksamt Neukölln die Villa Minoux als Schullandheim. In den folgenden dreieinhalb Jahrzehnten verbrachten hier Kinder des bevölkerungsreichsten Berliner Bezirks Neukölln vor allem in den Sommermonaten mehrwöchige Ferien. Auf dem parkähnlichen Grundstück entstanden mehrere Spielanlagen; das schönste Spielzeug aber war der riesige Garten mit dem Zugang zum Wannsee.

Es ist dem Historiker Joseph Wulf zu verdanken, daß die Villa Minoux als Ort der Wannsee-Konferenz ins öffentliche Bewußtsein rückte.[7] Die Bestrebungen, hier am Wannsee ein Internationales Dokumentationszentrum zu errichten, reichten bis Mitte 1965 zurück.[8] Peter Heilmann berichtet darüber[9]:
»Die Dokumente eines solchen Dokumentationszentrums sollten ohne Einschränkung jedem Interessierten zur Verfügung stehen. Eine Bibliothek erschien uns notwendig, insbesondere auch in Sprachen, die hierzulande kaum große Verbreitung haben, wie zum Beispiel hebräisch, jiddisch, polnisch, serbokroatisch und andere. Ebenso sollten Möglichkeiten zu wissenschaftlicher Arbeit, für Tagungen, Konferenzen und Seminare gegeben sein. Übereinstimmung bestand zwischen uns, daß am 8. Mai 1945 die Nazi-Zeit nicht zu Ende gegangen war, daß es Folgeerscheinungen gab und auch weiterhin geben würde...

Schüler vor dem Schullandheim Neukölln

Das erste vorbereitende Gespräch in einem größeren Kreis fand am 20. Januar 1966 bei Manfred Rexin statt. Unter anderem nahmen daran der bekannte Publizist Gerhard Schoenberner und Wolfgang Scheffler, der mit dem bedeutenden Buch über die Judenverfolgung hervorgetreten war. Zustimmende Erklärungen lagen von vielen anderen bekannten Persönlichkeiten, Politikern und Historikern vor; genannt seien stellvertretend für viele: Axel Eggebrecht und Wilhelm Weischedel.«

Am 29. August 1966 schließlich wurde der Verein Internationales Dokumentationszentrum zur Erforschung des Nationalsozialismus und seiner Folgeerscheinungen e.V. gegründet. Als Sitz des Dokumentationszentrums schlug der Verein, der einen Vorstand mit Joseph Wulf, Peter Heilmann und Friedrich Zipfel wählte, die ehemalige Villa Minoux vor.

Joseph Wulf, Peter Heilmann und Friedrich Zipfel im Garten der Villa Minoux

Ehrenvorsitzender des Kuratoriums des Vereins wurde Karl Jaspers, Vorsitzender der Hans-Joachim Lieber, Rektor der Freien Universität Berlin. Zu den Kuratoriumsmitgliedern gehörten Golo Mann, der Eichmann-Ankläger Gideon Hausner, der Moskauer Historiker Daniil Melnikow, Bischof Kurt Scharf, Wolf Graf Baudissin, Alfred Grosser, Roman Karst, Rabbiner Joachim Prinz, Erich Goldhagen und Prinz Louis Ferdinand von Preußen.[10]

Heftige Reaktionen folgten. Bundestagspräsident Eugen Gerstenmaier schlug während eines Israel-Besuches den Abriß des Hauses vor.[11] Für den Berliner Senat wies Bürgermeister Heinrich Albertz den Vorschlag zurück[12]:
»Der Senat ist jedoch der Ansicht, daß durch den Abriß eines Hauses im Werte von mehr als einer Million Mark, in dem sich jetzt ein Schullandheim befindet, die Vergangenheit nicht bewältigt wird... Man müßte viele Häuser abreißen, wenn man alle Gebäude beseitigen wollte, in denen Schreckliches geschah. Man sollte sich mehr um die Menschen kümmern, die das Schreckliche in diesen Häusern taten.«

Erste Gespräche über das Dokumentationszentrum mit dem Regierenden Bürgermeister Willy Brandt, für den Egon Bahr als Chef des Presse- und Informationsamtes des Berliner Senats die Verhandlungen führte, schienen positiv zu

Nahum Goldmann und Joseph Wulf vor dem Kamin in der Halle der Villa Minoux

verlaufen. Im Oktober 1966 kam der Präsident des Jüdischen Weltkongresses, Nahum Goldmann zu Gesprächen mit Willy Brandt nach Berlin. Wenige Wochen später, zum 1. Dezember 1966, ging Brandt als Vizekanzler und Außenminister der Großen Koalition nach Bonn. Innensenator und Bürgermeister Heinrich Albertz folgte ihm im Amt als Regierender Bürgermeister, trat aber bereits am 26. September 1967 zurück.
Während der Amtszeit von Heinrich Albertz kamen die Gespräche mit dem Senat um das Internationale Dokumentationszentrum nicht voran. Stattdessen entfachte sich eine öffentliche Diskussion um den Standort des Neuköllner Schullandheims [13]:
»Besonders von Seiten der Sozialdemokratischen Partei, speziell des Kreisverbandes Neukölln, wurden erhebliche Bedenken und Einsprüche laut. In Gesprächen sowohl mit dem Berliner Landesvorstand der SPD als auch mit dem Bezirksamt Neukölln gab es immer wieder Vorbehalte gegen die Verlagerung beziehungsweise die Auflösung des Landschulheims. Begründung: Man befürchte eine Zunahme rechtsradikaler Tendenzen im Bezirk Neukölln.«

Im Oktober 1967 erklärte der Bezirk Neukölln, »daß er auf derErhaltung seines Schullandheimes in diesem Haus« bestehe[14]; der neue Regierende Bürgermeister Klaus Schütz wollte »keine makabre Kultstätte«[15]. Am 9. November 1967 sprach Nahum Goldmann mit Klaus Schütz[16]:
»Es wurde ein Kompromiß-Vorschlag vorgetragen: Danach sollte auf dem großen Gelände die 'Wannsee-Villa' für das Dokumentationszentrum zur Verfügung stehen, während auf dem ausgedehnten Parkgelände – mit dem Geld des Jüdischen Weltkongresses und unter Mitarbeit von 'Aktion Sühnezeichen' neue Gebäude für das Landschulheim errichtet werden. Dieser Kompromiß wurde vom Berliner Senat nicht angenommen, und im Dezember 1967 teilte der Regierende Bürgermeister mit, daß das Haus 'Am Großen Wannsee 56 – 58' nicht zur Verfügung gestellt werden könne.«

Stattdessen bot das Land Berlin zwei Ersatzgrundstücke für das Dokumentationszentrum an. Das Kuratorium des Dokumentationszentrums lehnte es jedoch im Januar 1967 mit 57 zu 3 Stimmen ab, das Dokumentationszentrum an einem anderen Ort als in der Wannsee-Villa zu errichten. Erst später »stellte sich dann erst im Oktober 1968 heraus, daß von den angebotenen Objekten tatsächlich keines wirklich zur Verfügung stand.«[17] Damals bereits gab es Überlegungen, dafür das ehemalige Gestapo-Gelände an der Prinz-Albrecht-Straße zu nutzen.[18]

Alle Bemühungen um einen Ersatzstandort oder eine Anbindung an die Freie Universität scheiterten. Bereits vorher hatte Nahum Goldmann deutlich gemacht, daß für einen anderen Standort als dem historischen am Wannsee mit besonderer internationaler finanzieller Unterstützung nicht gerechnet werden könne.[19] Im Januar 1972 schließlich löste sich der Verein Internationales Dokumentationszentrum auf[20].

Peter Heilmann resümiert über das Dokumentationszentrums[21]: »Einerseits hielten die politischen Mandatsträger zum damaligen Zeitpunkt eine derartige Institution nicht für unbedingt notwendig und opportun, andererseits ist nicht zu verkennen, daß es im Hintergrund eine Diskussion um den wissenschaftlichen Charakter dieser Einrichtung gab, die sicher auch von Konkurrenzangst und von der Ablehnung eines Mannes wie Joseph Wulf geprägt war. Die 18 Bücher Wulfs zur Geschichte des Nationalsozialismus aber haben ihn als Publizisten und Historiker ausgewiesen, manchem 'Fachhistoriker' jedoch war er ein unbequemer Außenseiter.«
Joseph Wulf gab sich, wohl auch aus Verzweiflung über das Scheitern der Pläne für das Internationale Dokumentationszentrum im Herbst 1974 den Freitod.

Zwischen 1973 und 1982 gab es keinerlei Diskussionen über die Villa Minoux. Erst 1982 erlangte das Haus anläßlich des 40. Jahrestages der Wannsee-Konferenz erneut öffentliche Beachtung.[22] Zugleich wurden nach einer Tagung in der EvangelischenAkademie die Forderung nach der Nutzung als Dokumentationszentrum laut.

Am 1. September 1986 erklärte der Regierende Bürgermeister Eberhard Diepgen die Absicht des Senats, am Wannsee eine Gedenk- und Begegnungstätte zu errichten. Für den Umzug des Schullandheims auf das landeseigene Grundstück Am Sandwerder 37 und Um- sowie Neubauten dort stellte das Abgeordnetenhaus rund 19 Millionen Mark zur Verfügung. Zugleich erarbeitete eine vom Regierenden Bürgermeister eingesetzte Planungsgruppe eine Konzeption[23], die im November 1987 von einer internationalen Expertenkonferenz im Berliner Reichstag diskutiert wurde.

Nachdem 1989 das Schullandheim Neukölln das Haus am Großen Wannsee aufgegeben hatte, begannen dort umfangreiche Bauarbeiten unter denkmalpflegerischen Gesichtspunkten, um die Voraussetzungen für eine künftige Gedenkstätte zu schaffen. Diese Arbeiten wurden im Herbst 1991 abgeschlossen.

Dem Trägerverein »Erinnern für die Zukunft« der Gedenkstätte gehören neben der Bundesrepublik Deutschland und dem Land Berlin der Zentralrat der Juden in Deutschland, die Jüdische Gemeinde zu Berlin, das Bistum Berlin im Auftrag der katholischen Deutschen Bischofskonferenz, die Evangelische Kirche inBerlin-Brandenburg im Auftrag der Evangelischen Kirche in Deutschland, das Deutsche Historische Museum und der Bund der Verfolgten des Naziregimes im Auftrag der Berliner Arbeitsgemeinschaft politisch, rassisch und religiös Verfolgter an. Der Verein, unterstützt durch einen internationalen Beirat, finanziert sich je zur Hälfte aus Zuwendungen des Bundes und des Landes Berlin.

50 Jahre nach der Wannsee-Konferenz – am 20. Januar 1992 – ist die Gedenkstätte ihrer neuen Bestimmung übergeben. An diesem Ort dokumentiert eine ständige Ausstellung die Voraussetzung und die Durchführung des Massenmordes an den europäischen Juden. Zugleich ist eine Bildungsarbeit mit Tagungen, Seminaren und Multiplikatorenveranstaltungen aufgenommen, die ein »Erinnern für die Zukunft« ermöglichen soll.

Anmerkungen zu Kapitel 1, S. 9 – 15

1 StadtA Berlin, Rep. 259, Nr. 40, Bl. 216.
2 Dazu ausführlich Georg Brasch (Hrsg.), Das Wannsee-Buch. Berlin-Wannsee, 1926 sowie Tilmann Heinisch und Horst Schumacher, Colonie Alsen. Ein Platz zwischen Berlin und Potsdam, Berlin 1988.
3 Zur Baugeschichte des Hauses vgl. ausführlich Walter Schützler, Haus der Wannsee-Konferenz, Am Großen Wannsee 56/58, 1000 Berlin 39, Bauhistorische Dokumentation, Gutachten im Auftrag der Senatsverwaltung für Bau- und Wohnungswesen, Abt. H VII C, Berlin September 1989, 4 Bde. Schützler stellt auch ausführlich den Lebenslauf und die Werke von Paul O.A. Baumgarten vor.
4 Vgl. dazu den Artikel über Baumgarten in Bauwelt, Jg. 15 (1924), Heft 39, S. 942.
5 Adolf Zeller, Geleitwort zu den Arbeiten von Professor Paul Baumgarten, Berlin, in: Moderne Bauformen. Monatshefte für Architektur und Raumkunst, Hrsg. von Julius Hoffmann, Jg. 24 (1925), Heft VII, S. 217 ff.
6 Bauwelt, Jg. 15 (1924), S. 941.
7 Eine ausführliche und detailreiche Beschreibung bei: Bettina Bergande, Gartendenkmalpflegerische Untersuchung: Villengarten Marlier – Haus der Wannsee-Konferenz. Berlin-Zehlendorf, Am Großen Wannsee 56 – 58, Berlin 1989.
8 Grundstück 1, 26415 m^2, erworben am 30.4.1914, eingetragen in Amtsgericht Lichterfelde von Berlin, Grundbuch von Wannsee, Band 29, Bl. 831; Grundstück 2, 4163 m^2, erworben am 13.1.1914, eingetragen in Amtsgericht Lichterfelde von Berlin, Grundbuch von Wannsee, Band 30, Bl. 845. Insgesamt hatte Marlier für beide Grundstücke 507.337 Mark bezahlt.
9 StadtA Berlin, Rep. 259, Nr. 40, Bl. 215. Vertrag vom 6.9.1921 in Amtsgericht Lichterfelde von Berlin, Grundbuch von Wannsee, Band 29, Bl. 831, Band I der Akten, Blatt 88 ff.
10 Ebenda.
11 Ebenda, Bl. 62 und RS.
12 StadtA Berlin, Rep. 259, Nr. 40, Bl. 215.
13 Ebenda.

Anmerkungen zu Kapitel 2, S. 17 – 21

1 Geburtsurkunde Friedrich Minoux vom 23.3.1877; Schreiben der Gemeindeverwaltung Mutterstadt vom 18.7.1990. Lebenslauf in Reichshandbuch der Deutschen Gesellschaft. Das Handbuch der Persönlichkeiten in Wort und Bild, Berlin 1931, 2. Band, S. 1255. Wichtige Informationen gaben als Zeitzeugen Dr. Hans-Helmut Kuhnke, Hattingen, und Dipl.-Ing. Bernhard Schmidt, Garmisch-Partenkirchen, in Briefen an und in Gesprächen mit Dr. Ekkehard Klausa, Berlin.
2 Brief von Bernhard Schmidt an Dr. Ekkehard Klausa vom 2.12.1986.
3 Reichshandbuch der Deutschen Gesellschaft (wie Anm. 1).
4 Geburtsurkunde von Michael Minoux der Gemeinde Mundenheim, Canton Mutterstadt, Landcommissariat Speyer, Königlich Bayerischer Rheinkreis vom 27.8.1834; beurkundet im Geburtenbuch Nr. 34/1834 des Standesamtes Mundenheim, jetzt Ludwigshafen am Rhein; Schreiben des Standesamtes Ludwigshafen am Rhein vom 24.7.1990.
5 Alle Angaben zu Michael Minoux nach den Auskünften der Gemeindeverwaltung Mutterstadt im Schreiben vom 18.7.1990 mit Anlagen.
6 Geburtsurkunde für Katharina Reffert vom 7.5. 1824, Gemeinde Eppstein, Kanton Frankenthal, Landkommissariat Frankenthal, Königlich Bayerischer Rheinkreis; Schreiben des Standesamts Frankenthal vom 3.8.1990.
7 Eine wichtige Quelle zum Leben von Friedrich Minoux und besonders zu seinem Verhältnis zur Gasag in den zwanziger und dreißiger Jahren ist das Strafverfahren von 1941, aus dem das 753

Seiten starke Urteil Az. (507) 1.Ba.K.Ls.3.41 (21/41) vom 15.8.1941 im Archiv der EBAG überliefert ist. Für den Hinweis und die Überlassung des Urteils danke ich Frau Rimbach vom Archiv der BEWAG herzlich. Dieses Urteil ergänzt die im StadtA Berlin vorhandenen Unterlagen über die Zivilprozesse von Minoux in den Jahren 1942 bis 1945. Im folgenden wird das Urteil von 1941 als »Urteil Minoux« mit Seitenzahl zitiert werden.

8 Mitteilung des Stadtarchivs Speyer vom 31. 7. 1990, daß bei der Durchsicht der Jahresberichte der Kgl. Studieranstalt und des Humanistischen Gymnasiums in Speyer im Zeitraum 1884 - 1889 keine Eintragungen zu Friedrich Minoux festgestellt werden konnten.

9 Schreiben des Stadtarchivs Mannheim vom 24.7.1990.

10 Urteil Minoux, S. 41.

11 Stadtarchiv Mannheim, Bestand Karl-Friedrich-Gymnasium II, Zug. 4/1977, vorl. Nr. 151. Wo Barbara und Friedrich Minoux zu dieser Zeit in Mannheim gewohnt haben, bleibt unbekannt, da weder die Adreßbücher der Jahre 1892 bis 1894 noch die Familienbögen zwischen 1807 und 1900 Hinweise auf sie enthalten.

12 Stadtarchiv Mannheim, Bestand Karl-Friedrich-Gymnasium II, Zug.4/1977, vorl. Nr. 193.

13 StadtA Berlin, Rep. 259, Nr. 73, nicht foliiert. Urteil des Landgerichts Berlin 210 O. 209/40 vom 11.8.1943, S. 8.

14 Urteil Minoux, S. 41.

15 Schreiben des Stadtarchivs Essen vom 24.7.1990.

16 Frank Faßland (Felix Pinner), Die um Stinnes, in: Die Weltbühne, Jg. 20 (1924), S. 503 ff. Wortgleich in Felix Pinner, Deutsche Wirtschaftsführer, Berlin-Charlottenburg (Verlag der Weltbühne) 1925, S. 50 ff. Dr. iur Felix Pinner, geboren 1880, war einer der bedeutendsten Wirtschaftspublizisten der Weimarer Zeit und Chefredakteur der Handelszeitung des »Berliner Tageblatts«. Neben seiner Veröffentlichung über die »Deutschen Wirtschaftsführer« sind vor allem seine Publikationen über »Emil Rathenau und das Elektrische Zeitalter« (1918) sowie »Das neue Palästina« (1925) hervorzuheben. 1933 entlassen, emigrierte Pinner in die Schweiz, veröffentlichte dort seine Arbeit »Die großen Weltkrisen im Lichte des Strukturwandels der kapitalistischen Wirtschaft« (1937) und konnte noch in die USA ausreisen. Durch Freitod schied er vermutlich zusammen mit seiner Frau Gertrud geborene Grünspan, am 3.5.1942 aus dem Leben.

17 Reichshandbuch der deutschen Gesellschaft (wie Anm. 1). Dort heißt es zudem: »die Fertigstellung des Baues der Berliner 'Avus'... vorwiegend ein Werk von M.« Einschlägige Darstellungen der Avus-Geschichte enthalten jedoch nur knappe Hinweise auf eine Beteiligung der Stinnes GmbH an der Finanzierung der Avus ab 1920, denen hier nicht nachgegangen werden kann.

18 Ausführlich zu Hugo Stinnes Peter Wulf, Hugo Stinnes. Wirtschaft und Politik. 1918 - 1924. Stuttgart 1979. Aufschlußreich aus zeitgenössischer Sicht Paul Ufermann, Könige der Inflation, Berlin 1924, S. 20 ff.

19 Fritz Wolter, Reichspressepolitik, in: Die Weltbühne, Jg. 20 (1924), S. 6 ff, Zitat S. 11.

20 Urteil Minoux, S. 42 f.

21 Vgl. StadtA Berlin, Rep. 259, Nr. 44, Bericht vom 14.2.1942, Bl. 2.

22 Amtsgericht Lichterfelde von Berlin, Grundbuch von Wannsee, Band 29, Bl. 813, Band I der Akten, Schreiben von Minoux vom 4.1.1938.

1 Vgl. dazu: George W. F. Hallgarten, Hitler, Reichswehr und Industrie. Zur Geschichte der Jahre 1918 - 1933, Frankfurt am Main 1955, S. 30.
2 Frankfurter Zeitung, 23.6.1923. Vgl. dazu auch Paul Ufermann (wie Kap. 2, Anm. 18), S. 50 f.
3 Akten der Reichskanzlei, Die Kabinette Stresemann I und II, bearb. von Karl Dietrich Erdmann und Martin Vogt, Boppard 1976, S. 23 ff.
4 Zum folgenden: Paul Beusch, Währungszerfall und Währungsstabilisierung. Hrsg. von G. Briefs und C.A. Fischer, Berlin 1928, S. 38 ff; Hjalmar Schacht, Die Stabilisierung der Mark, Berlin und Leipzig 1927, S. 56 f; K. Elster, Von der Mark zur Reichsmark. Geschichte der deutschen Währung in den Jahren 1914 - 1924, Jena 1928, S. 221. Johannes Rehn, Die Pläne zur Stabilisierung der deutschen Wirtschaft 1923. Eine Analyse des ökonomischen Wesens der Stabilisierungspläne der ausschlaggebenden Gruppen der Bourgeoisie und der Junker, Diss. Leipzig 1957, S. 73 ff; Martin Vogt, Seeckt und die Vorbereitung zur Stabilisierung der Mark, in: Historische Prozesse der deutschen Inflation 1914 - 1924. Ein Tagungsbericht. Bearb. und hrsg. von Otto Büsch und Gerald D. Feldmann, Berlin 1978, S. 309 ff.
5 Deutsche Allgemeine Zeitung, 23.8.1923. Die DAZ kommentierte: »Der Verfasser zeichnet mit einem Decknamen. Er ist kein Wissenschaftler und kein 'Fachmann' im Zunftsinne des Wortes, sondern ein Kaufmann und Praktiker, der in den größten Werkstätten der deutschen Wirtschaft zu Hause ist, dem die Not der Zeit und das Grübeln über den Ausweg die Feder in die Hand gedrückt hat.«
6 Ebenda.
7 Ebenda.
8 Paul Beusch, Währungszerfall und Währungsstabilisierung (wie Anm. 4.), S. 40.
9 Währungsausschuß, W 19, S. 30, zitiert nach Johannes Rehn, Die Pläne zur Stabilisierung der deutschen Währung 1923 (wie Anm.4), S. 78.
10 Berliner Tageblatt, Nr. 410 vom 1.9.1923.
11 BA, R 43 I/ 2436, Bl. 78, hier zit. nach Akten der Reichskanzlei, Die Kabinette Stresemann I und II (wie Anm.3), S. 63.
12 Ebenda, S. 166.
13 Ebenda, S. 179.
14 Protokoll dieser Sitzung in BA R 2/ 2438.
15 Ebenda.
16 Ebenda.
17 Text der Entschließung des Arbeitsausschusses des Vorläufigen Reichswirtschaftsrates für die Währungsfrage vom 7.9.1923, in: Paul Beusch, Währungszerfall und Währungsstabilisierung (wie Anm. 4), S. 138 f.
18 Akten der Reichskanzlei, Die Kabinette Stresemann I und II (wie Anm. 3), S. 208.
19 Karl-Bernhard Netzband, Währungs- und Finanzpolitik der Ära Luther 1923 - 1925, Basel 1964, S. 17 ff.
20 Deutsche Allgemeine Zeitung, Nr. 415/416 vom 9.9.1923.
21 Dazu unten, S. .
22 Peter Wulf, Hugo Stinnes (wie Kap. 2, Anm. 18), S. 461.
23 Original im Besitz von Dr. Hans Helmut Kuhnke, der freundlicherweise eine Fotokopie zur Verfügung stellte. Teilerstdruck bei Peter Wulf, Hugo Stinnes (wie Kap 2, Anm. 19), S. 461 f.
24 Ebenda, S. 461; Wulf schreibt an dieser Stelle aus einem Lesefehler heraus irrtümlich »Zusammenarbeit«.
25 Ebenda, S. 461; Wulf schreibt an dieser Stelle irrtümlich »damit«.
26 B. Thoss, Der Ludendorff-Kreis 1919 - 1923, München 1978, S. 280.
27 Nach Akten der Reichskanzlei, Das Kabinett Cuno, bearb. von Karl-Heinz Harbeck, Boppard 1976, S. 522 gibt es in den Akten der Reichskanzlei keinerlei Hinweise auf das Gespräch zwischen Ludendorff und Seeckt oder eine Teilnahme Cunos.

28 Erich Ludendorff, Meine Lebenserinnerungen, Berlin o.J., S. 220 f.

29 Otto Geßler, Reichswehrpolitik in der Weimarer Zeit, Stuttgart 1958, S. 359 f. Die Besprechung vom 21. 1. 1923 sollte noch einmal bei einer nichtöffentlichen Verhandlung vor dem Staatsgerichtshof in Leipzig am 29.5.1923 gegen den Führer des Freikorps Roßbach von Bedeutung sein. Gerhard Roßbachs Versuche, Seeckt als Zeugen für die angebliche Zustimmung der Regierung zum Vorgehen der Wehrverbände zu laden, scheiterten. Vgl. Akten der Reichskanzlei, Das Kabinett Cuno (wie Anm. 27), S. 520 ff.

30 Vgl. dazu Hans Meier-Welcker, Seeckt, Frankfurt am Main 1967, S. 375.

31 Am 24.9.1923 war es zu einer Besprechung zwischen Seeckt und Justizrat Heinrich Claß, dem Vorsitzenden des Alldeutschen Verbandes, gekommen, die mit einer scharfen Auseinandersetzung endete. Seeckt erklärte dazu später: »Unsere Unterredung schloß damit, daß ich ihn nicht im Zweifel ließ, daß ich jedem Umsturz, ob von rechts oder links, mit allen Mitteln begegne« (zitiert nach Hans Meier-Welcker, Seeckt, (wie Anm. 30), S.374). Claß schrieb später, daß Seeckt »durch das Festhalten an der Legalität in eine verhängnisvolle Rolle geraten« sei (ebenda) und wurde – so Meier-Welcker – »zu seinem erbitterten Gegner (ebenda, S. 375). Reinhold Lörring, Der Alldeutsche Verband, in: Die Weltbühne, 1924, S. 402 f, geht von der Beschreibung dieses Treffens im Hitler-Prozeß (Februar – April 1924) aus und hält es für gegeben, daß bereits bei diesem Treffen die Namen Minoux, Paul Bang und Georg vonKnebel-Döberitz für ein Direktorium genannt wurden. Lörring folgert daraus: »Alle drei wären sichere Werkzeuge des ersten Konsuls Heinrich Claß gewesen und würden es wieder sein« (ebenda). Weitere Belege für diese zeitgenössische Vermutung gibt es nicht; Kontakte zwischen Minoux und Claß lassen sich ebensowenig nachweisen wie eine etwaige Mitgliedschaft von Minoux im Alldeutschen Verband.

32 Materialsammlung des Generalleutnants z.V. Lieber über die Beziehungen der Heeresleitung zum Kabinett Stresemann und ihre Einstellung zur deutschen Innenpolitik, abgedruckt in Akten der Reichskanzlei, Die Kabinette Stresemann I und II, (wie Anm. 3), S. 1176 ff.

33 Brief Bernhard Schmidts vom 29.1.1989.

34 BA-MA, NL von Seeckt 139, Druck in Akten der Reichskanzlei, Die Kabinette Stresemann I und II, (wie Anm. 3), S. 1203 ff.

35 »Minoux hat abgelehnt.« Notiz in den Lieber-Aufzeichnungen unter dem Datum des 4.10.1923, (wie Anm. 32), S.1184.

36 Vgl. dazu: Akten der Reichskanzlei, Die Kabinette Stresemann I und II (wie Anm. 3), S. 967; Harold J. Gordon jr., Hitlerputsch 1923, Frankfurt am Main 1971, S. 222 ff; George W.F. Hallgarten (wie Anm. 1), S. 29 ff; aus marxistischer Sicht: Kurt Gossweiler, Kapital, Reichswehr und NSDAP 1919-1924, Köln 1982, S. 469 ff; apologetisch: Georg Franz-Willing, Krisenjahr der Hitlerbewegung, Preußisch Oldendorf 1975, S. 304 ff.

37 Vgl. Akten der Reichskanzlei, Die Kabinette Stresemann I und II (wie Anm. 3), S. 1190, Anm. 65.

38 Vgl. Hans Meier-Welcker (wie Anm. 30), S. 390.

39 Darauf weist Bernd Weisbrod, Schwerindustrie in der Weimarer Republik. Interessenpolitik zwischen Stabilisierung und Krise, Wuppertal 1978, S. 150, Anm.14 hin, hält dies zugleich aber für wenig wahrscheinlich.

40 Akten der Reichkanzlei, Die Kabinette Stresemann I und II (wie Anm. 3), S. 1191. Nach den Hrsg. (ebenda) soll sich auf diese Besprechung auch eine Mitteilung in den Erinnerungen des Seeckt-Adjutanten von Selchow beziehen, der Chef der Heeresleitung habe »einen Generaldirektor von Stinnes nach zweistündiger Aussprache, 'weil er nur schäumenden Wein, und nicht einen Tropfen Wasser untermischt hat'«, entlassen.

41 Kurt Gossweiler (wie Anm. 36), S. 471.

42 Niederschrift der Ministerratssitzung vom 30.10.1923; Druck in: Ernst Deuerlein (Hrsg.), Der Hitler-Putsch. Bayerische Dokumente zum 8./9. November 1923, Stuttgart 1962, S.283 ff.

43 Ebenda, S. 285.

44 Eine erste farbige Schilderung dieses Gespräches findet sich bei Konrad Heiden, Geschichte des Nationalsozialismus. Die Karriere einer Idee, Berlin 1932, S. 141. Darauf stützen sich Kurt Gossweiler (wie Anm. 36), S. 475 sowie weitere Darstellungen zum Hitlerputsch. Im Hitler-Prozeß

wurde dieses Gespräch am 13. Prozeßtag, dem 12.3.1924, geschildert. Dazu Georg Franz-Willing, (wie Anm. 36), S. 371.

45 Protokoll der Vernehmung von General Ludendorff durch Staatsanwalt Ehard am 22.12.1923. Hoover-Institution, NSDAP-Hauptarchiv, Mikrofilm, Roll 5.

46 Ebenda, Sammelakt II, Band 11, Bl. 20 ff.

47 So die Zusammenfassung der Lossow-Aussage in Franz-Willing (wie Anm. 36), S. 371.

48 Konrad Heiden (wie Anm. 46), S. 141.

49 Oberst Seißer: Niederschrift über Besprechungen in Berlin am 3.11.1923. Abdruck in Ernst Deuerlein (wie Anm. 42), S. 301 ff. Original im BHSTA München, MA 104221.

50 NSDAP-Hauptarchiv (wie Anm.45), Urteil des Volksgerichts für den Landgerichtsbezirk München I vom 1. April 1924, S. 7 f.

51 BA, NS 26/ 1927, Bl. 1668 f, zitiert nach: Hitler. Sämtliche Aufzeichnungen 1905 - 1924. Hrsg. von Eberhard Jäckel und Axel Kuhn, Stuttgart 1980, S. 1151 f.

52 Zit. nach der dt. Übersetzung in George W. Hallgarten, (wie Anm. 1), S. 70.

53 Vermutlich ein Schreibfehler, kann nach dem Zusammenhang nur »Stinnes« heißen, d.V.

54 Akten der Reichskanzlei, Die Kabinette Stresemann I und II (wie Anm. 3), S. 1131.

55 Oskar Hergt, Reichstagsabgeordneter und Vorsitzender der DNVP.

56 George W. Hallgarten (wie Anm. 1), S. 35.

57 Fritz Thyssen, I paid Hitler, New York 1941, S. 80. Zur Entstehungsgeschichte des Buches vgl. H.A. Turner, Fritz Thyssen und »I paid Hitler«, in: Vierteljahrshefte für Zeitgeschichte, 19 (1971), S. 225 ff.

58 Fritz Thyssen (wie Anm. 57), S. 109 ff.

59 Eberhard Czichon, Wer verhalf Hitler zur Macht? Zum Anteil der deutschen Industrie an der Zerstörung der Weimarer Republik, Köln 1967, S. 15.

60 Kurt Gossweiler, Kapital, Reichswehr und NSDAP 1919 - 1924 (wie Anm. 36), S. 350.

61 Kurt Pätzold/ Manfred Weißbecker, Geschichte der NSDAP 1920 - 1945, Köln 1981, S. 69.

62 Vgl. Peter Wulf, Hugo Stinnes, (wie Kap. 2, Anm. 18).

63 Henry A. Turner jr., Die Großunternehmer und der Aufstieg Hitlers, Berlin 1985, S. 441.

64 Vgl. Ebenda, S. 441 mit Belegen.

65 Adolf Hitler, Mein Kampf, 323.-327. Auflage, München 1938, S. 257 f.

66 BA, R 22/4087, fol. 39 f.

67 Urteil Minoux, S. 49.

68 Reinhold Lörring, Der Alldeutsche Verband, in: Die Weltbühne, 20. Jg. 1924, 1. Halbband, S. 402 f.

69 Hans Meier-Welcker, Seeckt (wie Anm. 30), S. 374 f.

70 Ebenda.

71 So nennt weder Claß in seinen Memoiren (Wider den Strom, Leipzig 1932) noch A. Kruck, Geschichte des Alldeutschen Verbandes 1890 - 1939, Wiesbaden 1954, überhaupt den Namen Friedrich Minoux. Vgl. als Einführung auch: Edgar Hartwig, Alldeutscher Verband, in: Lexikon zur Parteiengeschichte. Die bürgerlichen und kleinbürgerlichen Parteien und Verbände in Deutschland (1789 - 1945), hrsg. von Dieter Fricke u.a., Band. 1, Leipzig/Köln 1983, S. 13 ff mit weiterführenden Literaturangaben.

Anmerkungen zu Kapitel 4, S. 40 - 45

1 Urteil Minoux, S. 43.

2 Vgl. zum folgenden Paul Ufermann, Könige der Inflation (wie Kap 2, Anm. 18), S. 53 ff; Reichshandbuch der Deutschen Gesellschaft (wie Kap. 2., Anm. 1). Zur Umwandlung in die Friedrich Minoux KG vgl. StadtA Berlin, Rep. 259, Nr. 40, Bl. 221 VS.

3 Urteil Minoux, S. 43.

4 Brief von Dr. Hans-Helmut Kuhnke vom 13.1.1989. Er beschreibt das Haus an der Stechbahn 3-4: »Es war aus roten Backsteinen gebaut und lag genau gegenüber dem Marstall mit Blick auf das Berliner Schloß und den Lustgarten, in dem die berühmt-berüchtigten politischen Massendemonstrationen stattfanden, die man also vom Fenster aus genau miterleben konnte.«

5 Für ihre Hinweise danke ich an dieser Stelle Herrn Dr. Klaus Dettmer vom Landesarchiv Berlin und Herrn Martin Müller M.A. vom Institut für Bankhistorische Forschung e.V. Frankfurt am Main.

6 Hugo Rachel/Paul Wallich, Berliner Großkaufleute und Kapitalisten, 3. Band, Übergangsphase zum Hochkapitalismus 1806 – 1856, neu hrsg. ergänzt und bibliographisch erweitert von Johannes Schultze, Henry C. Wallich und Gerd Heinrich, Berlin 1967, S.122 ff.

7 Deutsches Bankier-Buch, hrsg. von der Berliner Börsen-Zeitung, 9. Auflage Berlin 1909, 16. Auflage Berlin 1920, 26. Auflage Berlin 1930.

8 Urteil Minoux, S. 44.

9 Das Verkaufsdatum nennt ein Eintrag in StadtA Berlin, Rep. 259, Nr. 40, Bl. 221 VS. Was danach aus dieser Bank wurde und welches Schicksal die Inhaber traf, konnte noch nicht ermittelt werden. Nach Auskunft des Instituts für Bankhistorische Forschung tauchte Jacquier & Securius 1951 in einer Liste der »ruhenden« Berliner Kreditinstitute auf. Vgl.: Die Kreditinstitute West-Berlins und ihre Aufgaben im Dienste des Auslandskunden, hrsg. von der Berliner Zentralbank, 2. Aufl. Januar 1951, S. 13 ff. Zu einer Wiedereröffnung kam es offensichtlich nicht. Weitere Nachforschungen blieben bisher erfolglos. Das Urteil Minoux, S. 44, weist ausdrücklich daraufhin, daß »dessen übrige Mitinhaber Juden waren«.

10 Urteil Minoux, S. 44 f.

11 Paul Ufermann, Könige der Inflation (wie Kap. 2, Anm. 18), S. 53, nennt als Gründer der Printator AG neben Minoux: Rota, die Waggon- und Maschinenbau GmbH, die Rhein-Oder GmbH und die Bankfirma Schwarz-Goldschmidt.

12 Urteil Minoux, S. 47.

13 Ich danke Frau Rimbach vom Archiv der Bewag für ihre freundlichen Auskünfte und für den Hinweis auf die Geschäftsberichte der Bewag von 1924 bis 1928, in denen Minoux jeweils als Mitglied des Aufsichtsrates genannt wird.

14 Eintrag »Friedrich Minoux«, in: Politischer Almanach 1925, Jahrbuch des öffentlichen Lebens, der Wirtschaft und der Organisation, hrsg. von Maximilian Müller-Jabusch, Berlin und Leipzig 1925, S. 617.

15 Urteil Minoux, S. 48.

16 StadtA Berlin, Rep. 259, Nr. 44. Vermerk vom 7.11.1941, S. 1.

17 StadtA Berlin, Rep. 259, Nr. 73, Urteil des LG Berlin, Az. 210 O. 209/40 gegen Friedrich Minoux vom 11.8.1943, S. 9.

18 Die folgende Darstellung stützt sich auf die Anklageschrift aus dem Verfahren gegen Friedrich Minoux und Joseph Ludwig vom 29.7.1933 sowie auf die Schutzschrift von Friedrich Minoux vom 5.8.1933 mit einem Nachtrag vom 8.8.1933. Minoux ließ Anklage- und Schutzschrift 1933 nach der Verfahrenseinstellung drucken. Das in Fotokopie vorliegende Exemplar liegt im Original im Privatbesitz.

19 Ebenda, S. 3.

20 Ebenda, S. 4 ff.

21 Ebenda, S. 6.

22 Urteil Minoux, S. 9.

1 Umdruck, Fotokopie. Original in Privatbesitz.

2 Der folgende Abschnitt beruht auf einem Entwurf von Christian Tilitzki, Berlin. Zur Gesellschaft zum Studium des Faschismus siehe Klaus-Peter Hoepke, Die deutsche Rechte und der italienische Faschismus, Düsseldorf 1968, S. 295 ff sowie Reinhard Giersch, Walter Schmidtke, Gesellschaft zum Studium des Faschismus, in: Lexikon zur Parteiengeschichte (wie Kap. 3, Anm. 71), Band 3, S. 51 ff.

3 Dazu Gerhard Schulz, Der »Nationale Klub von 1919« zu Berlin. Zum politischen Zerfall einer Gesellschaft, in: Jahrbuch für die Geschichte Mittel- und Ostdeutschlands, Jg. 11, Berlin 1962, S. 207 ff.

4 Zur Biographie von Pabst: Der Spiegel, Jg. 16 (1962), Nr. 16, S. 38 ff sowie seine Kurzbiographie bei Ernst Rudolf Huber, Deutsche Verfassungsgeschichte seit 1789, Band V, S. 901.

5 Dazu L. Rape, Die österreichischen Heimwehren und die bayerische Rechte 1920 - 1923, Wien 1977, S. 57 ff, S. 245.

6 Ebenda, S. 294 f.

7 Ebenda, S. 301.

8 Ausführlich dazu: Klaus-Jürgen Siegfried, Universalismus und Faschismus. Das Gesellschaftsbild Othmar Spanns, Wien 1974; M. Schneller, Zwischen Romantik und Faschismus. Der Beitrag Othmar Spanns zum Konservatismus der Weimarer Republik, Stuttgart 1970, S. 105 - 110.

9 Auf die Geschichte des Spannkreises soll im folgenden nicht eingegangen werden. Dem Wirtschaftsmodell Othmar Spanns ging es vor allem darum, gesellschaftliche Organisationsformen zu entwickeln, mit deren Hilfe eine »revolutionäre Aufhebung« der kapitalistischen Produktionsverhältnisse durch die Arbeiterschaft verhindert werden sollte. Kartelle und Gewerkschaften sollten daher zu beruflichen Zwangsverbänden (»Ständen«) zusammengeschlossen werden, die staatliche Verwaltungsaufgaben (u.a. Fachgerichte, Facherziehung, Sozialfürsorge) übernehmen sollten. Der Staat hatte in diesem Gesellschaftsmodell nur noch die Aufgabe, die Interessengegensätze zwischen den Ständen zu schlichten. Die Beschäftigung des Spann-Kreises mit dem italienischen Faschismus ergab sich aus der Überzeugung, dort Ansätze zur Realisierung des projektierten Ständestaates gefunden zu haben. Die tatsächlich bestehenden beruflichen Zwangsverbände wurden in Italien jedoch in einem Umfang vom Staat kontrolliert, der weit über die ihm bei Spann zugedachte Schlichterfunktion hinausging. Vgl. Klaus-Jürgen Siegfried, ebenda, S. 107 f.

9 Als Manuskript gedruckt und vorhanden im Institut für Konzentrationsforschung der Freien Universität Berlin, Bibliothek, Sig. Bgd 96, mit einem Schreiben von Waldemar Pabst an Paul L. Rondholz, Weingroßhändler in Berlin. Ich danke Frau Annegret Ehmann für diesen Hinweis.

10 Ebenda, S. 9.

11 Ebenda, S. 11.

12 Ebenda, S. 16.

13 Ebenda, S. 18 f.

14 Ebenda, S. 22.

15 Ebenda, S.23.

16 Ebenda, S. 28.

17 Ebenda, S. 29.

18 Ebenda, S. 33

19 Ebenda, S. 34

20 Ebenda, S. 39

21 Urteil Minoux, S. 49.

22 RGBl. 1934, Teil I, S. 605. Zur Akademie für Deutsches Recht vgl. ausführlich: Hans-Rainer Pichinot, Die Akademie für Deutsches Recht - Aufbau und Entwicklung einer öffentlich-rechtlichen Körperschaft des Dritten Reichs, Diss. jur., Kiel 1981.

23 BA, R 61/ 1, fol. 14 RS.

24 BA, R 61/ 29, fol. 23.
25 Ich folge hier Hans-Rainer Pichinot (wie Anm. 22).
26 Vgl. auch die Erwähnung seiner Mitgliedschaft in Degeners Wer ist's, X. Ausgabe, Berlin 1935, Eintrag Friedrich Minoux.
27 Laut Auskunft des Berlin Document Center (BDC) gibt es dort keinerlei Unterlagen über Friedrich Minoux.

Anmerkungen zu Kapitel 6, S. 55 – 58

1 Die folgende Darstellung stützt sich auf die Unterlagen im StadtA Berlin, Rep. 256, Nrn. 76, 44, 55 u.a.m. Sie sind Teil der Unterlagen über die Prozesse, die zwischen Friedrich Minoux und der Gasag geführt worden sind.
2 Ebenda, Bl. 1 der Anlage I zur Anmeldung des Anspruchs auf Rückerstattung der Firma Cellulose Fabrik Okriftel als Anlage zum Beschluß des Amtes für Vermögenskontrolle und Wiedergutmachung Frankfurt am Main vom 18.5.1949.
3 Ebenda, Bl. 2.
4 Prof. Dr.rer.pol. Carl Lüer, geb. 14.8.1897 in Bockenem/ Hann. Seit 1937 Vorstandsmitglied der Dresdner Bank. Nach Erich Stockhorst, 5000 Köpfe, Wer war was im Dritten Reich, Wiesbaden o.J., S. 279, besaß Lüer zudem folgende Funktionen: »Leiter der Wirtschaftskammer Hessen, Präsident der Industrie- und Handelskammer für das Rhein-Mainische Wirtschaftsgebiet in Frankfurt/Main, 1933 MdR, Wahlkreis Hessen-Nassau, Treuhänder der Arbeit für das Wirtschaftsgebiet Hessen, Gauinspektor der NSDAP des Gaues Hessen, Wehrwirtschaftsführer, Mitglied der Akademie für Deutsches Recht, Ehrenpräsident der Deutsch-Italienischen Handelskammer in Frankfurt/Main, Mitglied des engeren Beirates der Reichswirtschaftskammer in Berlin.« Außerdem Vorstandsmitglied der Metallgesellschaft AG Frankfurt/Main, Aufsichtsratsvorsitzender der Degussa, seit 1941 Vorstandsvorsitzender und seit 1943 Feindvermögensverwalter der Adam Opel AG. Dazu OMGUS, Ermittlungen gegen die Dresdner Bank 1946, bearbeitet von der Hamburger Stiftung für Sozialgeschichte des 20. Jahrhunderts, Nördlingen 1986, S. 315.
5 StadtA Berlin (wie Anm. 2), Bl. 2.
6 Ebenda.
7 Urkundenrolle Nr. 259/38. Eine schwer lesbare Schwarzkopie des Vertrages ist in StadtA Berlin, Rep. Nr. 259, Nr.76 überliefert.
8 Erst 1949 konnte ein Antrag auf Entschädigung und Rückgabe des Betriebes gestellt werden. Wie dieser Antrag entschieden wurde, konnte nicht festgestellt werden.
9 StadtA Berlin, Rep. 259, Nr. 44. Aktenvermerk vom 29.1.1942, Bl. 1 RS, Bl. 2.
10 BDC, Kiehn. Fritz Kiehn, geb. 15. 10. 1885 in Burgsteinfurth. NSDAP-Eintritt zum 1.4.1930 mit der NSDAP-Nr. 233075, SS-Eintritt zum 15.3.1933 mit der SS-Nr. 239095. 9.11.1936 Unter-, 20.4.1937 Ober-, 20.4.1938 Hauptsturmführer. Nach Erich Stockhorst, 5000 Köpfe. Wer war was im 3. Reich, Wiesbaden o.J., S. 231 u.a.MdR seit Juli 1932, Wahlkreis Stuttgart, Präsident der Industrie- und Handelskammer Stuttgart, Wehrwirtschaftsführer, Leiter des Wehrwirtschaftsrates für den Gau Württemberg, Präsident der Landesgruppe Württemberg des Reichsstandes der Deutschen Industrie, Beirat der Reichswirtschaftskammer Berlin, Mitglied des Aufsichtsrates der Flughafen Württemberg AG in Stuttgart und der NSU-Werke. In einer undatierten, offensichtlich vor 1940 entstanden Geheim-Notiz der Schriftgutverwaltung des Persönlichen Stabes Himmlers heißt es: »SS-Obersturmführer Fritz Kiehn, MdR, Besitzer einer Zigarettenpapierfabrik in Trossingen im Schwarzwald. Außerdem ist er bei Magirus-Werk, Ulm, beteiligt. Nach Aussagen des Altparteigenossen Trefz, jetziger Direktor bei Stoewer, hat Kiehn sehr unanständige Sache bei Magirus gemacht. In der Hauptsache ist Kiehn daran schuld, daß heute Magirus vollkommen im Schlepptau von Klöckner-Konzern (Humbold [sic!], Deutz) ist. Klöckner ist

vollkommen schwarz. Außerdem war Kiehn sehr intim mit Straßer befreundet. Straßer hat sehr häufig bei ihm gewohnt. Die Gelder für das aus Privatbesitz angekaufte Bild Adolf Menzels [sic!] als Geburtstagsgeschenk der Württembergischen Wirtschaft für den Führer – siehe anliegende Notiz – wurde aus der Württembergischen Wirtschaft unter Mißbrauch des Namens des Reichsführers herausgebettelt, um nicht zu sagen gepreßt. Der kleine Mann sagt heute: Der Reichsführer hat es leicht, Geschenke zu machen, die unsere Wirtschaft bezahlt.« Nach 1945 war er Gesellschafter und Geschäftsführer der Efka-Werke Fritz Kiehn GmbH in Trossingen/Württemberg.

11 Ein früherer Vertragsabschluß hätte für Minoux zu erheblichen finanziellen Einbußen geführt, denn in dem Vermerk vom 29.1.1942 (wie Anm. 9), Bl. 3, heißt es: »Bei einem etwaigen späteren Verkauf hat der Reichswirtschaftsminister ein weitgehendes Mitwirkungsrecht. Minoux hat den Betrieb aus jüdischer Hand erworben und der Reichswirtschaftsminister hat sich seinerzeit für den Fall, daß vor Ablauf von 5 Jahren das Unternehmen etwa wieder verkauft werden sollte, die Zustimmung vorbehalten.« Der Reichswirtschaftsminister hätte dann nur einen »Kaufpreis in Höhe des Einstandspreises von Minoux abzüglich Abschreibungen und zuzüglich Investierungen« genehmigt.

12 Ein Abkommen zwischen der Gasag und Kiehn vom 15.2.1945 nennt allein als Summe für die Ablösung der Sicherungen, die die Gasag auf Okriftel im Grundbuch hatte eintragen lassen, eine Summe von 3,5 Millionen Reichsmark. StadtA Berlin, Rep. 259, Nr. 55.

13 StadtA Berlin, Rep. 259, Nr. 40, Bl. 239 RS. »Übersicht über den Stand der Prozesse- und Vergleichsangelegenheiten der Reichshauptstadt Berlin, Berliner Gaswerke gegen Minoux und andere«, undatiert, vermutlich Ende 1947.

14 StadtA Berlin Rep. 259, Nr. 76 (wie Anm. 2).

Anmerkungen zu Kapitel 7, S. 59 – 70

1 Vgl. dazu die Berliner Telefon- und Adreßbücher der Jahre 1929 – 1943.

2 Im folgenden kann nur ein kurzer Abriß von Minouxs Beteiligung am Betrug gegenüber der Gasag gegeben werden. Die Darstellung stützt sich auf das umfangreiche Urteil im Strafverfahren vom 15. August 1941 (wie Kap. 2, Anm.7), auf die »Übersicht über Entwicklung und Verlauf der Straf- und Regreßsache Kessler, Tiemessen, Minoux und Wirtschaftliche Vereinigung« (StadtA Berlin, Rep. 259, Nr. 42, Bl. 154 ff), auf eine nicht datierte, aber offensichtlich im Sommer 1945 vom Rechtsanwalt der Gasag, Leonhard Hartmann, erstellte »Übersicht über den Stand der Prozess-und Vergleichsangelegenheiten der Reichshauptstadt Berlin, Berliner Gaswerke gegen Minoux und andere« (StadtA Berlin, Rep. 259, Nr. 40, Bl. 232 ff.), auf die »Mündliche Urteilsbegründung durch den Vorsitzer der 7. Strafkammer, Landgerichtsdirektor Böhmert, am 15.8.1941« (Mitschrift durch Gasag-Beauftragte, StadtA Berlin, Rep. 259, Nr. 41, Bl. 180 – 189) und auf das 95 Seiten umfassende zivilrechtliche Urteil gegen Minoux vom 11.8.1943 (Landgericht Berlin, Az. 210 0.209./40 in StadtA Berlin, Rep. 259, Nr. 73).

3 Urteil Minoux, S. 52 ff mit der Satzung der WV. Ergänzend heißt es im Urteil über die Aufgaben der WV: »1924 bei Auflösung des auf Grund des Kohlengesetzes im Jahre 1919 als Zusammenfassung aller Gaswerke mit einer Produktion von mehr als 250 t Koks im Jahr geschaffenen Kokssyndikates wurden seine gesetzlichen Aufgaben der WV übertragen.«

4 Vgl. Urteil Minoux, S. 64 f.

5 Urteil Minoux, S. 70.

6 Urteil Minoux, S. 85.

7 Urteil Minoux, S. 86.

8 Abdruck des Schreibens der WV an die Gasag vom 11.3.1924 im Urteil Minoux, S. 96.

9 Urteil Minoux, S. 101 ff.

10 Urteil Minoux, S. 459 f.
11 »Sondergeschäfte« zwischen den Berliner Gaswerken und der GV, die 1925 und 1926 stattfanden; die dabei vorgenommenen Betrugs- und Untreuehandlungen waren zum Zeitpunkt des Strafverfahrens gegen Minoux bereits verjährt. Ausführlich dazu Urteil Minoux, S. 108 ff.
12 Urteil Minoux, S. 463.
13 Urteil Minoux, S. 195 ff.
14 Urteil Minoux, S. 200.
15 Ausführlich Urteil Minoux, S. 464 ff.
16 Zum folgenden ausführlich Urteil Minoux, S. 546 ff.
17 Vgl. Urteil Minoux, S. 584.
18 Vgl. Urteil Minoux, S. 579.
19 Urteil Minoux, S. 553.
20 Die Texte im Urteil Minoux, S. 551 ff.
21 Urteil Minoux, S. 554.
22 Urteil Minoux, S. 556.
23 Urteil Minoux, S. 610 f.
24 Urteil Minoux, S. 626.
25 Urteil Minoux, S. 666 ff.
26 Urteil Minoux, S. 674.
27 Urteil Minoux, S. 679.
28 Urteil Minoux, S. 679 f.
29 Urteil Minoux, S. 690.
30 StadtA Berlin, Rep. 259, Nr. 42, Blatt 158.

Anmerkungen zu Kapitel 8, S. 71 – 74

1 StadtA Berlin, Rep. 259, Nr. 42, Bl. 158.
2 Ebenda.
3 BA, R 22/4087, fol. 39 f. Undatierter Vermerk über »Wichtige Strafsachen im KG.-Bezirk«.
4 Urteil Minoux, S. 1 ff.
5 StadtA Berlin, Rep. 259, Nr. 70. Anlage zum Brief vom 21.9.1950, S. 2.
6 StadtA Berlin, Rep. 259, Nr. 40, Bl. 235.
7 Kessler beschrieb in seinem Antrag auf Rückerstattung eine Äußerung des »Leiters des Zuchthauses Luckau, Zuchthausoberinspektor Urban« vor dem Gespräch mit den Gasag-Vertretern ihm gegenüber so: »Sie werden von zwei Vertretern des Berliner Stadtpräsidenten erwartet, die von ihnen eine Unterschrift wollen. Unterschreiben Sie, wenn Ihnen Ihr Leben lieb ist, alles, was man von Ihnen verlangt. Tinte ist wohlfeiler als Blut, das Zuchthaus kann Sie nicht schützen. Sie wissen ja, daß schon manche trotz rechtskräftigen Urteils von der GESTAPO hier abgeholt und 'auf der Flucht' erschossen worden sind.« StadtA Berlin, Rep. 259, Nr. 70, Anlage zum Brief vom 21.9.1950. Dies zeigt, unter welchen Druck Kessler vor der Unterzeichnung des Vergleichs gesetzt wurde.
8 StadtA Berlin, Rep. 259, Nr. 54, Bl. 167.
9 Ebenda, Bl. 168.
10 StadtA Berlin, Rep. 259, Nr. 54, Bl. 166 und RS.
11 Vgl. StadtA Berlin, Rep. 259, Nr. 40, Bl. 235 RS.
12 StadtA Berlin, Rep. 259, Nr. 70.
13 StadtA Berlin, Rep. 259, Nr. 42, Bl. 158 RS.
14 StadtA Berlin, Rep. 259, Nr. 40, Bl. 233 ff.

Anmerkungen zu Kapitel 9, S. 75 – 83

1 Amtsgericht Lichterfelde von Berlin, Grundbuch von Wannsee, Band 29, Bl. 831, Band I der Akten, Schreiben Minouxs vom 4.1.1938.
2 Ebenda, Schreiben Minouxs vom 5.7.1940.
3 Dazu ausführlich unten, S. .
4 Mündliche Auskunft von Dr. Hans-Helmut Kuhnke an Dr. Ekkehard Klausa, 26.3.1987.
5 Zu den Vertretern der Stiftung Nordhav vgl. unten, S. .
6 Grundbuch von Wannsee (wie Anm. 1), Notarisches Vertragsangebot vom 31.10.1940 (Urkundenrolle Nr. 65/1940 des Notars Johannes Goldsche).
7 Vgl. dazu unten, S. .
8 Grundbuch von Wannsee (wie Anm. 1), Genehmigung vom 19.11.1940.
9 Ebenda, Vertrag vom 20.11.1940 (Urkundenrolle des Notars Johannes Goldsche Nr. 70/1940), in: Grundbuchakte, Bl. 165 ff.
10 StadtA Berlin, Rep. 259, Nr. 40, Bl. 217 VS. »Notizen über die Einsichtnahme in das Grundbuch von Wannsee, Band 29 Bl. 831 und Band 30 Bl. 845«.
11 StadtA Berlin, Rep. 259, Nr. 40, Bl. 217.
12 Ebenda.
13 StadtA Berlin, Rep. 259, Nr. 40, Bl. 219 und RS.
14 Ebenda.
15 StadtA Berlin, Rep. 259, Nr. 41, Bl. 58
16 StadtA Berlin, Rep. 259, Nr. 40, Bl. 221, Bl. 220.
17 StadtA Berlin, Rep. 259, Nr. 44, Bericht vom 14.2.1942, 3 Blatt.
18 StadtA Berlin, Rep. 259, Nr. 44. Bericht vom 20.2.1942, 2 Blatt.

Anmerkungen zu Kapitel 10, S. 85 – 90

1 StadtA Berlin, Rep. 259, Nr. 42, Bl. 158 RS.
2 Ebenda.
3 StadtA Berlin, Rep. 259, Nr. 42, Bl. 28 und RS.
4 Ebenda.
5 StadtA Berlin, Rep. 259, Nr. 41, Bl. 63 und RS.
6 Vgl. StadtA Berlin, Rep. 259, Nr. 40, Bl. 236 und RS.
7 StadtA Berlin, Rep. 259, Nr. 42, Bl. 157 RS.
8 Sigmar Baumbach, Senatspräsident am Kammergericht.
9 Wolfgang Siebert, geb. 11.4.1905 in Meseritz; Dr. iur. Halle 1927, 1932 Habilitation ebenda, 1934/35 Lehrstuhlvertreter in Heidelberg. Ab 1.4.1935 pl. ao. Prof. für Bürgerliches Recht und Arbeitsrecht in Kiel, 1.10.1938 Berufung nach Berlin, dort Direktor des von Kiel nach Berlin verlegten Instituts für Arbeitsrecht. NSDAP-Eintritt zum 1.5.1933, enge Zusammenarbeit mit den Organisationen der NSDAP. Christian Tilitzki faßt Sieberts Tätigkeit zusammen: »Der Kieler Dozentenbundsführer, der Staatsrechtler Prof. Dr. Paul Ritterbusch, befürwortet im August 1936 einen Antrag der Fakultät, Siebert ein Ordinariat zu übertragen, damit, daß Siebert eine seltene Einheit von Wissenschaft und Weltanschauung verkörpere und er unbedingt in der nationalsozialistischen Weltanschauuung verwurzelt sei. Ähnlich positiv gutachtet zur gleichen Zeit Reinhard Höhn, Sieberts Kollege aus dessen Heidelberger Zeit. Siebert, der über erstaunliche Fähigkeiten in der Gestaltung des neuen Rechts nach Gemeinschaftsprinzipien an den Tag lege, sei überhaupt der fähigste nationalsozialistische Theoretiker auf dem Gebiet des Zivilrechts. Karl Larenz schließlich, Dekan der juristischen Fakultät in Kiel, empfiehlt ihn Ende 1936 als einen der stärksten Exponenten einer kompromißlosen nationalsozialistischen Rechtsanschauung...

Während der Kriegszeit war Siebert Dekan der Berliner Juristischen Fakultät und nahm neben einem Lehrauftrag an der Handelshochschule und der Vertretung des handelsrechtlichen Lehrstuhl eine Lehrstuhlvertretung an der Universität Prag wahr. Die von Stuckart, Best und Höhn herausgegebene Zeitschrift »Reich – Volksordnung – Lebensraum« zählte Siebert zu ihren ständigen Mitarbeitern». (Unveröffentlichtes Manuskript, Berlin 1990) .

10 StadtA Berlin, Rep. 259, Nr. 42, Bl. 157 RS.

11 StadtA Berlin, Rep. 259, Nr. 42, Bl. 156.

12 Die folgende Darstellung beruht auf den Akten im StadtA Berlin, Rep. 259, Nr. 42, Bl. 154 bis 158 und Bl. 232 bis 242 sowie auf dem ausführlichen, 95 Seiten umfassenden Urteil im Verfahren 210 0. 209/40 vom 11.8.1943 in Ebenda, Nr. 73, nicht foliiert.

13 StadtA Berlin, Rep. 259, Nr. 42, S. Bl. 22.

14 Ebenda.

15 StadtA Berlin, Rep. 259, Nr. 42, Bl. 142.

16 StadtA Berlin, Rep. 259, Nr. 40, Bl. 236 VS. Weitere, für Minoux vom Postscheckamt Frankfurt am Main sowie von der Reichsbank in Frankfurt überwiesenen Beträge in Höhe von 67.496,68 Reichsmark wurden nach dem Vergleich vom 15.2. 1944 an Kiehn herausgezahlt. Ebenda, Bl. 237 VS.

17 StadtA Berlin, Rep. 259, Nr. 40, Bl. 242 VS.

18 StadtA Berlin, Rep. 259, Nr. 40, Bl. 239 RS.

19 StadtA Berlin, Rep. 259, Nr. 40, Bl. 241 VS.

20 Mündliche Auskunft Dr. Hans-Helmut Kuhnke an Dr. Ekkehard Klausa am 26.3.1987.

21 Nicht datiertes Schreiben Erich Honeckers an Dr. Ekkehard Klausa.

22 Abschrift des gemeinschaftlichen Erbscheins vom 4. Juli 1947, Anlage zum Brief von Bernhard Schmidt an Dr. Ekkehard Klausa vom 9.3.1989.

Anmerkungen zu Kapitel 11, S. 91 – 101

1 StadtA Berlin, Rep. 105, 4569, Blatt 1 f. Hierbei handelt es sich um eine zwischen 1940 und 1950 bei der Stiftungsaufsicht der Stadt Berlin geführte Akte. Erkennbar ist, daß der ursprüngliche Stiftungszweck etwas weiter gefaßt war: »Zweck der Stiftung ist die Schaffung von Erholungs- und Geselligkeitsheimen (ohne Kurtaxe [?]) für die Angehörigen des Sicherheitsdienstes der SS, sowie für deren Familienangehörige.« Bei der Senatsverwaltung für Justiz in Berlin befindet sich unter 3416- II/L. - 154 - Stiftung Nordhav eine weitere Restakte, die lediglich drei Blatt, darunter eine Abschrift der Stiftungsurkunde enthält.

2 Führer durch die Stadt Burg und die Dörfer auf der Insel Fehmarn. Ein heimatkundlicher Beitrag von Peter Wiepert, Ahnenerbe-Stiftung Verlag, Berlin-Dahlem 1941, S. 174, Anm. 148.

3 Dazu Shlomo Aronson, Reinhard Heydrich und die Frühgeschichte von Gestapo und SD, Stuttgart 1971, S. 34 ff sowie apologetisch Lina Heydrich, Leben mit einem Kriegsverbrecher, Pfaffenhofen 1976, S. 8 ff.

4 Lina Heydrich (wie Anm. 3), S. 28 f.

5 Lina Heydrich (wie Anm. 3), S. 50.

6 Willy Sachs, geboren 23.7.1896 in Schweinfurt, Industrieller, 1923 Vorstandsmitglied der Präzisionskugellagerwerke Fichtel und Sachs, seit 1930 königlich schwedischer Konsul. Am 19.11.1958 Selbstmord wegen Depressionen und schwerer Krankheit. Vgl. Internationales Biographisches Archiv (Munzinger-Archiv), Lieferung 2/59, S. 7364. Über die Höhe der Summe, die Sachs Heydrichs zur Verfügung stellte und über seine Beweggründe, sie zu unterstützen, konnte nichts ermittelt werden.

7 Gustav Rall, geboren am 2.9.1883 in Stuttgart. Eintritt in die NSDAP am 1.5.1932 mit der NSDAP-Nummer 1097127, zugleich Eintritt in die SA, bald darauf in die SS mit der Nr. 50499.

Abitur, Architekturstudium, erstes und zweites Staatsexamen, danach Regierungsbaumeister. Militärdienst 1903/04, danach Auslandsaufenthalte. Kriegsteilnehmer 1914 bis 1918, Eisernes Kreuz I. und II. Nach dem Krieg Direktor einer Aktiengesellschaft, später Inhaber und Geschäftsführer. Danach mehrere Jahre arbeitslos. Ab Frühjahr 1932 Partei- und SS-Karriere beim Stabe der SS-Gruppe Ost in Berlin. 1.6.1934 SS-Sturmführer. Zugleich dem SD zugeteilt, wobei unklar bleibt, ob es sich hierbei um eine hauptamtliche Tätigkeit handelt. 20.4.1935 Obersturmführer, 9.10.1936 Hauptsturmführer, 20.4.1937 Sturmbannführer, 9.11.1938 Obersturmbannführer, 1.8.1940 Standartenführer. Ab. 1.4.1942 Führer im SS-Wirtschaftsverwaltungshauptamt, ab 5.11.1942 als SS-Sturmbannführer Reserveführer der Waffen-SS. Später in der Amtsgruppe C (Bauwesen) Amtschef C I. Im April 1945 als SS-Obersturmbannführer im SS-WVHA in Berlin verschollen; per 31.7.1949 für tot erklärt. Zu Rall siehe Zentrale Stelle der Landesjustizverwaltungen, Verfahren 413 AR 178/65 sowie BDC, Rall.

8 Lina Heydrich (wie Anm. 3), S. 50. Der »namhafte Historiker« konnte nicht identifiziert werden.

9 Dazu DER STERN, 12. Mai 1956. Nach 1945 trug das Haus den Namen »Gästeheim Burg-Tiefe«. Nachdem Lina Heydrich das Haus vergrößert und 1965 den finnischen Theaterdirektor und Maler Mauno Maninen geheiratet hatte, erhielt es den Namen »Imbria Parva«. 1969 brannte das Haus vollständig aus. Öffentlich meldete sich Lina Heydrich zuletzt mit einem kritischen Leserbrief zur amerikanischen Serie »Holocaust« in DER SPIEGEL, Nr. 5/1979, S.2, zu Wort.

10 BA, NL Heinrich Himmler 7, Taschenkalender mit Eintragungen 1935.

11 Dazu: Nicolaus Detlefsen, Peter Wiepert vollendet das 80. Lebensjahr. Einiges aus dem Leben eines ungewöhnlichen Bauern, in: Die Heimat. Monatsschrift des Vereins zur Pflege der Natur- und Landeskunde in Schleswig-Holstein und Hamburg, Jg. 77(1970), Nr. 7, S. 193 ff sowie Peter Wiepert (wie Anm. 2), S. 124. Detlefsen verlegt den Fehmarn-Besuch Himmlers in das Jahr 1936.

12 Detlefsen (wie Anm. 11), S. 193 ff.

13 Peter Wiepert (wie Anm. 2), S. 124.

14 F. Sprockhoff, Atlas Megalithgräber Deutschlands, Bd. 1, Schlewig-Holstein, 1966, S. 68.

15 Dazu Michael H. Kater, Das »Ahnenerbe« der SS 1935 – 1945. Ein Beitrag zur Kulturpolitik des Dritten Reiches, Stuttgart 1974.

16 BDC, Ahnenerbe, Wiepert. Schreiben vom 16.7.1937.

17 BDC, Ahnenerbe, Wiepert. Schreiben vom 3.9.1937.

18 Dazu – ausführlich und mit Belegen – Johannes Tuchel, Reinhard Heydrich und die Stiftung Nordhav, in: Zeitschrift für Schleswig-Holsteinische Geschichte, Bd. 118, 1992 (im Erscheinen).

19 BDC, Ahnenerbe, Wiepert. Aktenvermerk Sievers vom 11.8.1939.

20 Amtsgericht Oldenburg in Holstein [früher: Amtsgericht Burg auf Fehmarn], Grundbuch von Katharinenhof, Kreis Oldenburg in Holstein, Band II, Blatt 2,4,6 und 18, Grundakten, Kaufvertrag vom 25.8.1939.

21 1939 stellvertretender Leiter des Geheimen Staatspolizeiamtes, Leiter der Abteilungen I und III des Geheimen Staatspolizeiamtes, Leiter des Amtes Verwaltung und Recht im Hauptamt Sicherheitspolizei. Zur Biographie von Best vgl. Aronson (wie Anm. 3), S. 144 ff sowie eine in Vorbereitung befindliche Studie von Ulrich Herbert.

22 1939 Leiter der Zentralabteilung I/1 [Personal, Verwaltung, Organisation] im Sicherheitshauptamt. Zur Biographie Alberts Aronson (wie Anm. 3), S. 59, S. 163 mit einigen Flüchtigkeitsfehlern sowie BDC, Albert. Wilhelm Albert, geboren am 8.9.1898 in Hessenthal. Eintritt in die NSDAP am 1.5.1932 mit der NSDAP-Nr. 1122215, Eintritt in die SS am 1.8.1932 mit der SS-Nr. 36026. Humanistisches Gymnasium, Heeresdienst, Freikorps Epp, Ingenieurstudium, danach Betriebsingenieur bei den Städtischen Elektrizitätswerken in Frankfurt am Main. Ab 24.5.1933 als Truppführer Nachrichtenführer beim Stab des SS-Abschnitts XI, ab 1.9.1933 als Untersturmführer hauptamtlich beim SD-Oberabschnitt West (Frankfurt am Main), später [nicht zum 1.9.1933, wie bei Aronson (wie Anm. 3), S. 163] angegeben, Führer des SD-Oberabschnitts Rhein. (Vgl. dazu George C. Browder, Die Anfänge des SD. Dokumente aus der Organisationsgeschichte des Sicherheitsdienstes des Reichsführers SS, in: VfZ 27 (1979), S. 299 ff.) 15.3. 1934

Obersturmführer, 20.4.1934 Hauptsturmführer, 4.7. 1934 Sturmbannführer, 20.4.1935 Obersturmbannführer. Ab 19.7.1935 Leiter der Zentralabteilung I/1 im SD-Hauptamt, nach Aronson (wie Anm. 3), S. 202, sogar 1935/36 Leiter des SD-Amtes I (Verwaltung und Recht/Verwaltung und Organisation). 20.4.1936 SS-Standartenführer, 20.4.1937 SS-Oberführer, 20.4.1939 SS-Brigadeführer. Nach eigenen Angaben in einer eidesstattlichen Erklärung vom 29.9.1947 im August 1939 aus dem SD-Hauptamt ausgeschieden. Im Geschäftsverteilungsplan des RSHA vom 1.2.1940 nicht mehr enthalten. Später (vermutlich ab Mitte 1940) Polizeipräsident von Litzmannstadt (Lodz). Am 16.7.1941 Teilnehmer einer Besprechung in der Reichsstatthalterei in Posen, wo die Errichtung eines Lagers für 300.000 Juden im Warthegau und deren weiteres Schicksal gesprochen wird: »Es ist ernsthaft zu erwägen, ob es nicht die humanste Lösung ist, die Juden, soweit sie nicht arbeitseinsatzfähig sind, durch irgendein schnellwirkendes Mittel zu erledigen. Auf jeden Fall wäre dies angenehmer, als sie verhungern zu lassen. (BA, R 58/954). Im Oktober/November 1941 Augenzeuge bei der Ankunft eines Teils der deportierten 20.000 Juden und 5.000 Sinti auf dem Bahnhof in Radisch und Besichtigung des überfüllten Ghettos in Lodz (Tatiana Berenstein u.a. (Hrsg.), Faschismus-Getto-Massenmord, Berlin [Ost] 1960, S. 254) und mitbeteiligt an der Tarnung der Mordaktionen im Vernichtungslager Chelmno Anfang 1942. Im Herbst 1942 Bewerbung beim Amtschef I des RSHA, Streckenbach, um eine Stelle als Höherer SS- und Polizeiführe (HSSPF). Streckenbach bescheinigte Albert in einem Schreiben an Himmler vom 11.9.1942 , daß er »während seiner Tätigkeit im Reichssicherheitshauptamt ... stark unter einem Mangel an Konzentrationsfähigkeit litt, so daß er selten einzelne Gedanken klar zu Ende dachte, infolgedessen auch sehr viele Maßnahmen nur halb durchgeführt wurden oder in den Anfängen steckenblieben.« (BDC, Albert). Himmler schrieb daraufhin einen wütenden Brief an Albert: »Wenn es noch einer Klärung für mich in ihrer Qualifikation bedurft hätte, so ist es diese erneute Selbstüberschätzung und Überheblichkeit, die Sie in den vergangenen Jahren gerade auch in Ihrer Tätigkeit im Reichssicherheitshauptamt in schlimmster Form gekennzeichnet hat. Wieviel Sorgen Sie damit dem gefallenen SS-Obergruppenführer Heydrich bereitet haben, weiß ich und kann ich es heute anhand Ihrer überheblichen Stellungnahme erneut nachfühlen.« Albert war 1945 bis 1947 in allierter Internierungshaft. Er starb, ohne für seine Beteiligung an den NS-Massenverbrechen zur Verantwortung gezogen worden zu sein, 1960.

23 1939 Oberführer im Sicherheitshauptamt. Zur Biographie Mehlhorns vgl. Aronson (wie Anm. 3), S. 58 f, S. 160 f; auch Alwin Ramme, Der Sicherheitsdienst der SS. Zu seiner Funktion im faschistischen Machtapparat und im Besatzungsregime des sogenannten Generalgouvernements, Berlin (Ost) 1970, S. 267 sowie BDC, Mehlhorn. Herbert Mehlhorn, geb, 24.4.3.1903 in Chemnitz. NSDAP-Eintritt zum 1.7.1931 mit der NSDAP-Nr. 599865, SS-Eintritt zum 5.3.1933 mit der SS-Nr. 36054. Realgymnasium in Chemnitz, Jurastudium, 1927 1. jur. Staatsexamen, 1929 Dr. jur., seit 1919 Mitglied der Organisation Escherich und der Technischen Nothilfe, Rechtsanwalt in Chemnitz. Seit April 1932 V-Mann der Vorläuferorganisation des SD (PI-Dienst) in der Chemnitzer SA. 1.7.1933 Unter-, 9.11.1933, Ober-, 4.7.1934 Hauptsturmführer. 5.3.1933 ehrenamtlich im SD, ab 1.9.1933 stellvertretender Präsident des Gestapa Sachsen und hauptamtlich Leiter SD-Oberabschnitt Mitte. 20.4.1935 Sturm-, 20.4.1936 Obersturmbannführer. Seit 20.4.1935 auch Regierungsrat und angeblich zugleich in SD und Gestapa tätig. Nach eigenen Angaben gegenüber Aronson (S. 202) »wegen einer angeblichen Intrige gegen Heydrich entfernt und in die allgemeine preußische Verwaltung abgeschoben«. Diesen Angaben Mehlhorns widerspricht nicht nur die Tatsache, daß er 1939 zu den Gründern der Stiftung Nordhav gehörte. Walter Schellenberg, Memoiren, Köln 1956, berichtet, daß Mehlhorn »1936 ein Ehrengerichtsverfahren angehängt [wurde], das zu seiner Verabschiedung führte«. Nach BDC, Mehlhorn, wurde er lediglich »unter Enthebung von ihrer Dienststellung als Zentralabteilungsleiter im SD-Hauptamt auf ein Jahr unter Weitergewährung Ihrer Dienstbezüge, um die von mir erteilten Sonderaufträge im Ausland zu erledigen«, mit Wirkung vom 1.8.1937 »durch persönlichen Befehl des Reichsführers SS« beurlaubt. Mehlhorns Unterschrift als Zentralabteilungsleiter (vermutlich als Vorgänger von Albert als Zentralabteilungsleiter I/1 oder I/2) findet sich aber etwa

am 31.3.1937 in BDC, Schellenberg. Schellenberg übernahm nach Mehlhorns Ausscheiden den Teil seiner Aufgaben als Hauptabteilungsleiter I/11. Zum 20. April 1939 wurde Mehlhorn dann – weiterhin als Führer im SD-Hauptamt – zum SS-Oberführer befördert und erst mit Wirkung vom 1.9.1939 dieser Stellung enthoben. Zusammen mit Heinrich Müller und Alfred Naujocks war Mehlhorn an den Vorbereitungen der vorgetäuschten polnischen Provokationen gegen die deutsche Grenze Ende August 1939, zu denen auch der angebliche Überfall auf den Sender Gleiwitz gehörte, beteiligt. (Nürnberger Beweisdokument PS2751). Schellenberg (S. 69 ff) berichtet über ein angebliches Gespräch mit Mehlhorn am 26.8.1939. Danach gab Mehlhorn »Heydrich den Auftrag mit der Begründung zurück, er sei nervenmäßig nicht in der Lage, einen solchen Befehl auszuführen... Noch am selben Vormittag stellte ihn Heydrich zur Disposition des Innenministeriums mit dem Hinweis, ihm eine schwierige, aber untergeordnete Beamtenstelle im Osten zu übertragen.« Dem widerspricht nicht nur, daß Alfred Naujoks Mehlhorn wenige Tage später an der polnischen Grenze sah, sondern auch die Tatsache, daß Mehlhorn später wirklich keine untergeordneten Stellungen bekleidete. Nach seiner Zeit beim SD war Mehlhorn Abteilungsleiter beim Reichsstatthalter in Posen und wurde am 26. März 1941 als Oberregierungsrat zum Leitenden Regierungsdirektor ernannt, zugleich oder kurz darauf (zuerst kommissarischer) Regierungspräsident in Oppeln. Mehlhorn war auch Teilnehmer an der grundlegenden »Erörterung des Judenproblems« am 31.7. 1940 in Krakau mit Generalgouverneur Frank und Reichsstatthalter Greiser: »Regierungspräsident Mehlhorn betont, daß es im Laufe der Zeit doch immerhin gelungen sei, die Stadt Litzmannstadt im wesentlichen zu einer deutschen Stadt zu machen... Man habe das Ghetto gerade deswegen eingerichtet, weil man die Volksdeutschen und Reichsdeutschenvor Seuchen bewahren wollte... Sollte der Krieg noch länger dauern, dann halte er es für ausgeschlossen, daß die Juden in Litzmannstadt noch verbleiben; denn man könne unmöglich reichsdeutsche Männer und Frauen der Seuchengefahr aussetzen. Deshalb müsse die Judenfrage auf irgendeine Weise gelöst werden.« (Das Diensttagebuch des deutschen Generalgouverneurs in Polen 1939 – 1945, hrsg. von Werner Präg und Wolfgang Jacobmeyer, Stuttgart 1975, S. 263 f.) Nach 1945 lebte Mehlhorn in der Bundesrepublik. Die Darstellung seiner Biographie bei Aronson ist ein typisches Beispiel für die Problematik mündlicher Auskünfte Beteiligter. Aronson gibt – obwohl ihm anderslautende Unterlagen aus dem BDC durchaus vorlagen – nach den Mitteilungen Mehlhorns für diesen nicht nur eine niedrigere Stellung (Hauptabteilungsleiterstatt Zentralabteilungsleiter) sondern auch eine wesentlich kürzere Dienstzeit im SD (nur bis 1937, statt 1939) sowie eine falsche spätere Verwendung an. Allein diese Falschaussagen Mehlhorns lassen seine sämtlichen anderen Ausführungen über den SD quellenkritisch in einem sehr zweifelhaften Licht erscheinen.

24 1939 in der Zentralabteilung I/1 im Sicherheitshauptamt. Zur Biographie Schellenbergs vgl. neben seinen – quellenkritisch höchst bedenklichen – Memoiren (wie Anm. 23), Aronson (wie Anm. 3), S. 208 ff, der sich stark auf die Memoiren stützt und fehlerhaft ist, sowie BDC, Schellenberg. Walter Schellenberg, geboren 16.1.1910 in Saarbrüken. NSDAP-Eintritt 1.4.1933 mit der NSDAP-Nr. 3504508, SS-Eintritt zum 1.4.1933 mit der SS-Nr. 124817. Abitur 1929, Jurastudium in Marburg und Bonn. Dezember 1936 große juristische Staatsprüfung. 13.9.1936 Oberscharführer, 20.4.1937 Unter-, 30.1.1938 Ober-, 1.8.1938 Hauptsturmführer. Nach der jur. Staatsprüfung wieder im SD in der Zentralabteilung I/1, 1937 Abteilungsleiter, 1938 Hauptabteilungsleiter I/11, 30.1.1939 Sturmbannführer. Offiziell am 1.2. 1937 »zur probeweisen Beschäftigung« beim Gestapa »einberufen«, 1.2.1938 Regierungsassessor, m.W.v. 29.9.1939 Regierungsrat im Hauptamt Sicherheitspolizei, ab 14.10. 1939 Leiter der Staatspolizeistelle Dortmund. (BA, R 2/12150, fol. 197 ff.) Seit 27.11.1939 (zuerst stellvertretender) Gruppenleiter VI E (Abwehrpolizei), 1.9.1941 Obersturmbannführer, 21.6.1942 Standartenführer, 24.2. 1943 Amtschef VI im RSHA, 21.6.1943 Oberführer, Oberst der Polizei, 21.6.1944 Brigadeführer, Juli 1944 zusätzlich Amtschef Mil. im RSHA, 1.12.1944 Generalmajor der Waffen-SS und Polizei. Anfang 1945 im Auftrag Himmlers Kapitulationsverhandlungen mit den Westallierten; 1945 – 1949 inhaftiert, 1949 zu sechs Jahren Haft verurteilt, aber bereits 1950 entlassen. Walter Schellenberg starb 1952 in Italien.

25 Zur Biographie Pommes vgl. BDC, Pomme. Kurt Pomme, geboren am 14.2.1899 in Witaschütz, Krs. Jarotschin. NSDAP-Eintritt zum 1.5.1937 mit der NSDAP-Nr. 4691080, SS-Eintritt zum 1.3.1938 mit der SS-Nr. 290 459. Volksschule, anschließend 1914-1916 Unteroffiziersschule Annaberg, 1916-1918 Unteroffiziersschule Treptow/Ragor, Mai 1918 Kriegseinsatz, 1.9.1918 - 6.10.1919 englische Gefangenschaft. Danach in den Polizeidienst übernommen, im Herbst 1927 Polizei-Abitur, Frühjahr 1928 - Frühjahr 1929 Offizierslehrgang an der Höheren Polizei-Schule in Eiche, 18.12.1929 Leutnant der Polizei (als 13. von 96 Prüflingen). Nach eigenen Angaben ab 1929 Verbindungsmann zwischen SA und Polizei, nach dem Preußenschlag 1932 Personalsachbearbeiter beim Polizei-Gruppenkommando Mitte in Berlin. 1933 im Preußischen Innenministerium (»Bereinigung der Polizei auf Grund des Berufsbeamtengesetzes«), 21.3.1933 Leutnant, 20.4.1936 Hauptmann der Polizei. November 1934 - 15.12.1941 Adjutant bei Heydrich. 1.3.1938 Aufnahme in die SS als Hauptsturmführer, 20.4.1940 Sturmbannführer, Major, später Oberstleutnant der Polizei, beauftragt als SS- und Polizeistandortführer Winniza, 1.8.1943 Obersturmbannführer. Weiteres Schicksal unbekannt.

26 Vgl. StadtA Berlin, Rep. 105, Nr. 4569, Bl. 2.

27 Schellenberg (wie Anm. 23), S. 33.

28 Amtsgericht Oldenburg in Holstein [früher: Amtsgericht Burg auf Fehmarn], Grundbuch von Katharinenhof, Kreis Oldenburg in Holstein, Band II, Bl. 2,4,6 und 18, Kaufvertrag vom 25.8.1939.

29 Ebenda, Kaufvertrag vom 25.8.1939, S. 4.

30 Ebenda.

31 Ebenda, Kaufvertrag vom 8.5.1940.

32 Ebenda, Vertrag vom 27.6.1941.

33 Hinweis auf diesen Vertrag in StadtA Berlin, Rep. 105, Nr. 4569, Bl. 37. Angaben zur Deutschen Ansiedlungsgesellschaft nach Nürnberger Beweisdokument NO 1573 (Mindener Bericht), Bl.219 = S. 211 und Peter Ferdinand Koch (Hrsg.): Himmlers graue Eminenz - Oswald Pohl und das Wirtschaft-Verwaltungshauptamt der SS, Hamburg 1988, S.288 sowie nach verstreuten Unterlagen in BA, NS 3 und NS 31. Zu den Vorstandsmitgliedern sollen neben SS-Standartenführer Prof. Dr. Dr. Emil H. Meyer (Vorstandsmitglied der Dresdner Bank, Mitglied des »Freundskreises Reichsführer SS«) auch Ministerialdirigent Bayrhoffer vom Reichsfinanzministerium sowie geschäftsführend Dr. Hans Iversen und Dr. Heinz Aengenheister gehört haben. Nach nicht überprüfbaren Angaben von Koch sollen der Ansiedlungsgesellschaft »160.000 ha landwirtschaftlicher Besitz rund um Berlin, Güter im Sudetenland, Betriebe zur Wein- und Obsterzeugung in der Steiermark, die 'Böhmisch-Mährische Landgesellschaft mbH' mit 333 Siedlerhöfen, in Prag-Nord insgesamt 117 Höfen« gehört haben. Dieser Besitz soll vornehmlich im Rahmen von »Arisierungen« erworben worden sein. Akten der Deutschen Ansiedlungsgesellschaft sollen bei einem Bombenangriff 1944 vernichtet worden sein.

34 Nürnberger Beweisdokument NO 1573, Bl. 219 = S. 211.

35 Vertrag mit Lageskizze in StadtA Berlin, Rep. 105, Nr. 4569, Bl. 37 - 42 R.

36 Amtsgericht Oldenburg in Holstein [früher: Amtsgericht Burg auf Fehmarn], Grundbuch von Katharinenhof, Kreis Oldenburg in Holstein, Band II, Bl. 2,4,6 und 18, Kaufvertrag vom 11. März 1943.

37 Ebenda.

38 Vgl. Nicolaus Detlefsen (wie Anm. 11), S. 197.

39 Wiepert (wie Anm. 2), S. 124.

40 Ebenda, S. 174, Anm. 149.

41 Schreiben Werner Bests an den Verfasser vom 4.5.1988.

42 Zur Biographie von Müller vgl. Aronson (wie Anm. 3), S. 95 ff, BDC, Müller, BA, R 2/ 12150, fol. 135 ff. Heinrich Müller, geboren 28.4.1900. NSDAP-Eintritt zum 1.5.1937 (?) mit der NSDAP-Nr. 4583199; SS-Eintritt zum 1.4.1934 mit der SS-Nr. 107043. Volksschule, Flugzeugmonteurslehrling, im Ersten Weltkrieg bei der Fliegertruppe. Im November 1919 als Unteroffizier entlassen und ab 1.12.1919 Polizeianwärter in München. 1.5.1921 Kanzleigehilfe, 1.8.1922 Kanzleiassi-

stent. 1923 Realschulabschluß, 1.4. 1923 Polizei-Assistent, vermutlich bereits zu dieser Zeit Sachbearbeiter für kommunistische Delikte. April 1929 Prüfung für den mittleren Dienst bei der Polizeidirektion München mit der Note I. 1.7.1929 Polizei-Sekretär, 1.5. 1933 Polizei-Obersekretär. Ab 1.9.1933 bei der Bayerischen Politischen Polizei, 16.11.1933 Kriminal-Inspektor. Ab 1.4.1934 im Preußischen Gestapa, zugleich Untersturmführer. 4.7.1934 Obersturmführer, 1.11.1934 Kriminal-Oberinspektor, 30.1.1935 Hauptsturmführer. 1.7. 1936 Leiter der Abt. II (Innerpolitische Angelegenheiten) des Gestapa, zugleich Leiter II im Hauptamt Sicherheitspolizei, 9.11.1936 Obersturmbannführer, 30.1.1937 Standartenführer. 3.6.1937 Oberregierungs- und Kriminalrat. 20.4.1939 SS-Oberführer, Reichskriminaldirektor, September 1939 Chef des Amtes IV (Gestapo) im RSHA, 14.12.1940 Brigadeführer, 16.12.1940 Generalmajor der Polizei, 9.oder 29.11.1941 SS-Gruppenführer und Generalmajor der Polizei. Vermutlich im Mai 1945 in Berlin umgekommen.

43 Zur Biographie von Nebe vgl. Christoph Graf, Politische Polizei zwischen Demokratie und Diktatur. Die Entwicklung der Preußischen Politischen Polizei vom Staatsschutzorgan der Weimarer Republik zum Geheimen Staatspolizeiamt des Dritten Reiches, Berlin 1983, S. 369 f; Hans-Bernd Gisevius, Wo ist Nebe ? Zürich 1966 sowie BDC, Nebe und BA, R 2/12150, fol. 137 ff. Arthur Nebe, geb. 13.11.1894 in Berlin. NSDAP-Eintritt zum 1.7.1931 mit der NSDAP-Nr. 574 307, zugleich Eintritt in die SA. SS-Eintritt zum 20.12. 1936 mit der Nr. 280 152. Abitur 1914, danach Freiwilliger im Ersten Weltkrieg. Oberleutnant, später Freikorpskämpfer. Ab 1.4.1920 Kriminalkommissaranwärter bei der Berliner Polizei, 12.4.1922 Kriminalkommisarsprüfung, 1.7.1923 Kriminalkommissar, später bei der Abteilung für Kapitalverbrechen. Februar 1933 in der Polizeiabteilung des Preußischen Innenministeriums, 1.4.1933 Kriminalpolizeirat im neugegründeten Gestapa, ab 15.5.1933 Leiter der Abt. III im Gestapa. 29.8.1933 Regierungs-, 1.12.1933 Oberregierungsrat. 1.5.1934 stellvertretender, 1.1.1935 Leiter des Landeskriminalpolizeiamtes in Berlin. 4.11. 1936 stellvertretender Chef im Amt Kriminalpolizei im Hauptamt Sicherheitspolizei, 30.6.1937 Reichskriminaldirektor, Chef des Reichskriminalpolizeiamtes, 20.12.1936 SS-Sturmbannführer, Oktober 1939 bis Ende 1944 Chef des Amtes V (Reichskriminalpolizeiamt) im RSHA. 14.12.1940 Generalmajor der Polizei und SS-Brigadeführer, 9.11.1941 Generalleutnant der Polizei und SS-Gruppenführer. 1941 Führer einer Einsatzgruppe, maßgeblich an der Erprobung neuer Massenmordtechniken beteiligt. Am 20.Juli 1944 am Staatsstreichversuch in Berlin teilnehmend, ab 24.Juli flüchtig und versteckt in Motzenmühle / Kreis Teltow lebend. Am 16.1.1945 festgenommen, am 2.3.1945 zum Tode verurteilt und in Berlin-Plötzensee hingerichtet.

44 Zur Biographie Pruchtnows vgl. BDC, Pruchtnow. Richard Pruchtnow, geb. 8.4.1892 in Berlin. NSDAP-Eintritt zum 1.5.1931 mit der NSDAP-Nr. 531 273. SS-Eintritt November 1931 mit der SS-Nr. 27487. Realschule, kaufmännische Lehre, Buchhalter, August 1914 – November 1918 Kriegsdienst, Unteroffizier, EK II, 1919 – 1923 Buchhalter und Kassierer. 1923 – 1930 Prokurist beim Bankgeschäft Salomon Oppenheim. April 1930 – März 1931 Versicherungsvertreter, April bis August 1931 arbeitslos. August 1931 – September 1933 bei der Devisenbewirtschaftungsstelle des Berliner Finanzamtes, September – Oktober 1933 Bezirksfinanzwart bei der Deutschen Arbeitsfront, Berlin. 1.9.1933 SS-Scharführer, 15.10.1933 Truppfüher, 1.11.1933 Adjutant beim SD-OA Ost, Berlin-Westend, 1.1.1934 Unter-, 1.5.1934 Ober-, 4.7.1934 Hauptsturmführer, ab 17.10.1934 beim Stab RFSS, Chef-Adjutantur, Verbindungsführer zum Reichspropagandaministerium, 20.4.1935 Sturmbann-, 20.4.1936 Obersturmbannführer, ab 15.1.1938 Verbindungsführer zum Reichswirtschaftsminister Funk, 30.1.1939 SS-Standartenführer, im März 1940 vorgesehen als Kommandant der Festung Lichtenau (für Ehrenhäftlinge), 1.3.1941 »Hauskommandant im Geheimen Staatspolizeiamt«. Ende 1942 als Polizeipräsident vorgesehen, aber schwer erkrankt. Zum 30.1.1943 SS-Oberführer, am 22.6.1943 verstorben.

45 StadtA Berlin, Rep. 105,Nr. 4569, Bl. 3 f.

46 Zur Biographie von Hans Nockemann vgl. BDC, Nockemann. Hans Nockemann, geboren am 16.11.1903 in Aachen, NSDAP-Eintritt 1.4.1932 mit der NSDAP-Nr. 1107551, SS-Eintritt 1.6.1933 mit der SS-Nr. 264225. Humanistisches Gymnasium, Jurastudium in Bonn und Mün-

chen, Juli 1927 erste juristische Staatsprüfung, Juli 1929 Promotion, 3.9.1931 große juristische Staatsprüfung. 10.5.1933 Justitiar im Regierungspräsidium Aachen, zugleich Leiter der Stapostelle Aachen, 1.7.1934 Regierungsrat. 1.4.1935 Leiter der Stapostelle Köln, 1.8.1935 Untersturmführer, 1.11.1935 Leiter der Stapoleitstelle Koblenz, 13.9.1936 Obersturmführer, 1937 Oberregierungsrat, 1.8.1938 Obersturmbannführer, 1.8.1939 SS-Standartenführer; Oberst der Polizei, 1.3.1941 Amtschef II (Organisation, Verwaltung und Recht) im RSHA, zum 17.6.1941 Fronteinsatz als SS-Untersturmführer d.R. der Waffen-SS bei der SS-Division »Reich«, nachdem an seiner Stelle SS-Brigadeführer Walther Stahlecker »den sicherheitspolizeilichen Einsatz« [die Leitung der Einsatzgruppe A, d.V.] übernommen hatte. Ursache für den »Bewährungseinsatz« von Nockemann war ein von ihm schuldhaft verursachter Verkehrsunfall, bei dem seine Frau ums Leben kam; das SS- und polizeigerichtliche Verfahren wurde auf Weisung Heydrichs vom 3.9.1941 »bis Kriegsende« ausgesetzt. Zum 9.11.1941 SS-Oberführer, am 18.12.1941 schwer verwundet, am 19.12.1941 verstorben.

47 Zur Biographie von Rudolf Bergmann vgl. BDC, Bergmann. Rudolf Bergmann, geboren 2.6.1909 in Wuppertal-Barmen. NSDAP-Eintritt zum 1.5.1937 mit der NSDAP-Nr. 4583091; SS-Eintritt zum 10.9.1935 mit der SS-Nr. 272 246. Humanistisches Gymnasium, Jurastudium in Halle, Zürich und Bonn. März 1935 erste jur. Staatsprüfung, Gerichtsassessor, 3.6.1935 zum Gestapa, März 1936 Leiter der Stapostelle Harburg-Wilhelmsburg, Juli 1936 Übernahme als Regierungsassessor in die innere Verwaltung, 13.9. 1936 Unter-, 1.11.1938 Hauptsturmführer, 9.11.1938 Sturmbannführer, 1.2.1940 als Regierungsrat Referatsleiter I E (a) a 1 (Haushalt und Wirtschaft der Sicherheitspolizei) im RSHA, 1.3.1941 Referatsleiter II C 3 (Unterkunft und Gefangenenwesen) im RSHA, dort verantwortlich für die neu errichteten »Arbeitserziehungslager« bei den Stapostellen, 9.11.1942 Obersturmbannführer, 1.10.1943 als Oberregierungsrat komm. Gruppenleiter der Gruppe II B (Wirtschaftsangelegenheiten, Gefangenenwesen, Justitiarangelegenheiten usw.). Autor von »Über den verwaltungsmäßigen Aufbau eines Arbeitserziehungslagers«, in: Die deutschePolizei, Nr. 9, 1.5.1944. Schicksal nach 1945 unbekannt.

48 StadtA Berlin, Rep. 105, Nr. 4569, Bl. 43.

49 Zur Biographie von Herbert Quarg vgl. BDC, Quarg. Herbert Quarg, geboren 9.5.1912 in Breslau, NSDAP-Eintritt zum 1.9.1932 mit der NSDAP-Nr. 1313864, SS-Eintritt zum 13.1.1942 (!) mit der SS-Nr. 451906. Volksschule, Berufsschule, 6 Semester Verwaltungsakademie, seit 20.6.1933 im Gestapa, 1.7.1938 Polizeiinspektor, ab 1940 Lehrer an der SD-Schule Bernau für Polizei-Inspektorenanwärter-Lehrgänge, nach dem SS-Eintritt am 18.7.1942 zum Polizei-Oberinspektor befördert. Am 30.9.1943 Beförderungsvorschlag m.W.v. 20.4.1943 Unter-, 21.6.1943 Ober-, und 9.11.1943 Hauptsturmführer: »Er versteht es, auch verwickelte Angelegenheiten mit größter Umsicht und außerordentlichem Geschick zu lösen und auf eine klare Linie zu bringen. Seine Fähigkeit zur Ausarbeitung allgemeiner Erlasse und ministerieller Anordnungen hat er wiederholt unter Beweis gestellt.« Schicksal nach 1945 unbekannt.

50 Geschäftsverteilungsplan des Amtes II des RSHA vom 29.9.1943. IfZ, MA 432.

Anmerkungen zu Kapitel 12, S. 103 – 109

1 StadtA Berlin, Rep. 105, Nr. 4569, Bl. 29 und RS.

2 Ebenda, Bl. 1 – 4.

3 Ebenda, Bl. 30 und RS.

4 Ebenda, Bl. 5.

5 Ebenda, Bl. 31 und RS.

6 Ebenda.

7 Ebenda, Bl. 6.

8 Tiefbauamt des Bezirkes Zehlendorf von Berlin, Grundstücksakte Am Großen Wannsee 56 – 58, Blatt 66.

9 Hierzu und zum folgenden: StadtA Berlin, Rep. 259, Nr. 40, Bl. 212 – 214.

10 Ebenda, Bl. 213.

11 Amtsgericht Lichterfelde von Berlin, Grundbuch von Wannsee, Band 29, Blatt 813, Band I der Akten, Schreiben vom 27.11.1940.

12 Unterlagen in Amtsgericht Lichterfelde von Berlin, Grundbuch von Wannsee, Bd. 29, Bl. 831, Band I der Akten.

13 StadtA Berlin, Rep. 259, Nr. 44. Bericht vom 14.2.1942, Blatte 1 – 3.

14 Amtsgericht Lichterfelde von Berlin, Grundbuch von Wannsee, Bd. 29, Bl. 831, Band I der Akten; Hinweis im Vertrag vom 4.2.1943.

15 Befehlsblatt des Chefs der Sicherheitspolizei und des SD, Ausgabe B, 2. Jg. Nr. 40 vom 18.10. 1941, S. 213 ff.

16 Befehlsblatt des Chefs der Sicherheitspolizei und des SD, Ausgabe B, 2. Jg. Nr. 45 vom 15.11. 1941, S. 253.

Anmerkungen zu Kapitel 13, S. 110 – 136

1 Auf die historische Bedeutung der Wannsee-Konferenz im Gesamtzusammenhang des Massenmordes an den Juden Europas soll hier nicht eingegangen werden. Dazu Wolfgang Scheffler, Die Bedeutung der Wannsee-Konferenz im Rahmen der nationalsozialistischen Ausrottungspolitik, in: Die Organisation des Judenmordes auf der Wannseekonferenz 1942, hrsg. von der Evangelischen Akademie Mülheim/Ruhr 1987 (= Begegnungen 2/87) sowie ders., Wege zur »Endlösung«, in : Herbert A. Strauss/ Norbert Kampe, Antisemitismus. Von der Judenfeindschaft zum Holocaust, Bonn 1984 (= Schriftenreihe der Bundeszentrale für politische Bildung, Band 213), S. 186 ff. Einen anderen Interpretationsversuch unternehmen Götz Aly/Susanne Heim, Vordenker der Vernichtung. Auschwitz und die deutschen Pläne für eine neue europäische Ordnung, Hamburg 1991, S. 453 ff.

2 Überliefert zu diesem ersten Termin sind die Einladungen an den Chef des SS-Rasse- und Siedlungshauptamtes, SS-Gruppenführer Otto Hofmann (Nürnberger Beweisdokument PS 709) und an den Unterstaatssekretär Martin Luther im Auswärtigen Amt (PAAA, Inland II g, Band 177, Bl. 188 und RS, zugleich Nürnberger Beweisdokument NG 2586 – C.)

3 Ebenda, Einladung an Luther.

4 »IV B 4 erhielt Befehl diese Einladungsbriefe im Entwurf zu schreiben, die dann über den Postauslauf normal befördert wurden, abgezeichnet alle von Heydrich natürlich, weil es sich in Form von persönlichen Einladungsschreiben, die Heydrich jeweils an die Staatssekretäre persönlich richtete, mit persönlicher Anschrift und persönlichem Briefende.« Tonbandtranskription der Aussagen Adolf Eichmanns vor der israelischen Polizei, IfZ G 01, S. 237 und an anderer Stelle: »Ich habe sogar die Einladungen an die Staatssekretäre selbst schreiben müssen; daß heißt Heydrich hat mir kurz gesagt, wie er's haben will«. Ebenda, hier zitiert nach Jochen von Lang, Das Eichmann-Protokoll. Tonbandaufzeichnungen der israelischen Verhöre, TB-Ausgabe, Berlin 1985, S. 81.

5 Im Haus Am Kleinen Wannsee 16 bestand zudem keine Möglichkeit, das »anschließende Frühstück« für die anwesenden Staatssekretäre und Verwaltungsbeamten zu reichen. Vgl. dazu: Fernsprechverzeichnis des Reichskriminalpolizeiamtes von 1942, das auch eine Liste aller Mitarbeiter und Anschlüsse Am Kleinen Wannsee 16 – einschließlich der Telefonistin und der Hausmeisterin enthält (BA, R 58/1085, fol. 90.). Das Haus Am Großen Wannsee 56 – 58 war jedoch erst im Herbst 1941 für einen Bewirtungs- und Hotelbetrieb umgebaut worden

6 Deutsche Allgemeine Zeitung, Nr. 415 vom 29.8.1940.

7 Runderlaß des RfSSuChdDtPol. im RMdI vom 8.12.1941, abgedruckt in RMBLiV S. 2259; ebenso in Befehlsblatt des Chefs der Sicherheitspolizei und des SD, Jg. 1942, S. 1.; ebenso im Mitteilungsblatt des RKPA, Juni 1942, Sp. 558 ff.

8 Nürnberger Beweisdokument PS 769. »Günther« ist Eichmanns Mitarbeiter im Referat IV B 4, Sturmbannführer Rolf Günther.

9 Eine Untersuchung der Einladung durch einen Schriftenexperten des Bundeskriminalamtes ergab im März 1991, daß die handschriftlichen Änderungen »mit an Sicherheit grenzender Wahrscheinlichkeit« nicht von Luther selbst durchgeführt worden sind. Robert M.W. Kempner, Eichmann und Komplizen, 2.Aufl., Zürich – Stuttgart – Wien 1961, S. 126 ff, irrt, wenn er die handschriftlichen Korrekturen in den Nürnberger Beweisdokumenten NG 2586 und PS 709 Eichmann zuschreibt.

10 Günther Deschner, Reinhard Heydrich. Statthalter der totalen Macht, Esslingen 1977, S. 201.

11 Robert M.W. Kempner (wie Anm. 9), S. 129 faßt zwei Irrtümer in einen Satz: »Es wirkt grotesk, daß die Tagung der maßgebenden Konferenz zur Vorbereitung der Vernichtung der europäischen Juden in dem einen anti-nationalsozialistischen Industriellen abgekauften Haus stattfand, in das die deutsche Sektion der Interpol einquartiert war.«; Gerald Reitlinger, Die Endlösung. Hitlers Versuch der Ausrottung der Juden Europas 1939 – 1945, 4. Aufl., Berlin 1961, S. 106; Hans-Jürgen Döscher, Das Auswärtige Amt im Dritten Reich. Diplomatie im Schatten der Endlösung, Berlin 1987, S. 221; Arno J. Mayer, Der Krieg als Kreuzzug. Das Deutsche Reich, Hitlers Wehrmacht und die »Endlösung«, Reinbek 1989, S. 456.

12 Raul Hilberg, Die Vernichtung der europäischen Juden. Die Gesamtgeschichte des Holocaust, Berlin 1982, S. 285.

13 Hans-Ulrich Thamer, Verführung und Gewalt. Deutschland 1933 – 1945, 2. Auflage, Berlin 1989, S. 705.

14 PAAA, Inland II g, Band 177, fol. 188. Hans-Jürgen Döscher (wie Anm. 12), S. 222, gibt diese Passage sinnentstellt wieder: »Staatssekretär [v. Weizsäcker] ist unterrichtet, ist auch einverstanden mit Verfahren«.

15 PAAA, Ebenda, Bl. 186 ff.

16 BA, R 6/74, fol. 54.

17 Nur die Ausfertigung an Unterstaatssekretär Luther ist überliefert in PAAA, Inland II g, Bd. 177, fol. 181.

18 Text des Besprechungsprotokolls in PAAA, Inland II g, Nr. 177, fol. 166 – 180. Zugleich Nürnberger Beweisdokument NG 2856. Alle folgenden Zitate ebenda.

19 Robert M.W. Kempner (wie Anm. 9), S. 151 ff mit Auszügen aus den Befragungen von Wilhelm Stuckart, Georg Leibbrandt, Friedrich W. Kritzinger und Erich Neumann. Die kompletten Befragungen liegen im Staatsarchiv Nürnberg, Bestand KV-Anklage, Interrogations.

20 IfZ, G. 01, Eichmann-Prozeß, Prozeßprotokoll, 107. Sitzung. In der Polizeibefragung hatte er ein etwas anderes Bild vermittelt: »Ich kann mich entsinnen, daß irgendwie der eine oder andere der Anwesenden dann das Wort ergriff und wie das schon so geht, ich habe zum erst Mal im Leben auf einer solchen Konferenz, wo derart hohe Funktionäre teilnahmen, teilgenommen, das geht eben sehr ruhig, sehr freundlich, sehr höflich und sehr artig und nett zu und es werden nicht viele Worte gemacht, es dauerte auch nicht lange, es wird ein Cognac gereicht durch die Ordonanzen und dann ist die Sache eben vorbei. So ungefähr spielte sich die Wannsee-Konferenz ab.« Ebenda, Tonbandtranskriptionen (wie Anm. 4), S. 242.

21 Neue Zürcher Zeitung, Nr. 175 vom 28.6.1961.

22 PAAA, Inland II g, Bd. 177, fol. 166 – 180. Die Echtheit des Protokolls ist verschiedentlich von rechtsextremer Seite in Zweifel gezogen worden, so u.a. mit dem Argument, daß der Name Heydrich in der Anwesenheitsliste nicht auftauche und daß Heydrich am 20.1.1942 abends um 19.00 Uhr die Mitglieder der Protektoratsregierung empfangen habe und daher gar nicht in Berlin gewesen sei. Diese »ernsten Zweifel« wurden – so Ernst Nolte, Der europäische Bürgerkrieg 1917 – 1945. Nationalsozialismus und Bolschewismus, S. 592, »meines Wissens nirgendwo in der Literatur gründlich erörtert.« Eine Diskussion dieser Zweifel ist auch nicht notwendig, da es sich hierbei um puren Unsinn handelt. Heydrich wird selbstverständlich (mehrfach) als Vortragender im Protokoll namentlich genannt; der Empfang für die Protektoratsregierung in Prag fand am Abend des 19. Januar 1942 statt, lediglich die Zeitungsmeldungen darüber datierten vom 20.

Januar 1942. Vgl. dazu Miroslav Kárny u.a. (Hrsg.), Protektorátní politika Reinharda Heydricha, Prag 1991, S. 205 ff. Nicht »audiatur et altera pars«, wie es Nolte (S. 593.) fordert, ist hier notwendig, sondern eine saubere Quellenrecherche und genaue Datierung der Ereignisse.

23 Louis P. Lochner, Goebbels Tagebücher aus den Jahren 1942 - 43, Zürich 1948, S. 114. Aly/Heim (wie Anm. 1), S. 460, unterliegen m.E. einem zeitlichen Fehlschluß, wenn sie diese Tagebucheintrag als Indiz für die Existenz eines zusammenfassenden »Entwurf über die organisatorischen, sachlichen und materiellen Belange in Hinblick auf die Endlösung der europäischen Judenfrage«, der im Protokoll erwähnt wird, deuten. Das Protokoll wurde erst am 26. Februar 1942 versandt; die Notiz von Goebbels stammt vom 7. März 1942. Wieso hätte Heydrich zudem Goebbels eine für Göring bestimmte Denkschrift vorlegen sollen und nicht das Protokoll jener Konferenz, an der auch ein Vertreter des Reichspropagandaministeriums hätte teilnehmen sollen?

24 Ebenda, fol. 165.

25 Wolfgang Scheffler (wie Anm. 1), S. 19.

Anmerkungen zu Kapitel 14, S. 137 - 144

1 Befehlsblatt des Chefs der Sicherheitspolizei und des SD, 3. Jg., Nr. 14 vom 4. April 1942, S. 93.

2 StadtA Berlin, Rep. 105, Nr. 4569, Bl. 43 und RS.

3 Das folgende nach: Amtsgericht Lichterfelde von Berlin, Grundbuch von Wannsee, Band. 30, Bl. 848, Band II der Akten sowie Ebenda, Bd. 9, Bl. 315, Band I der Akten.

4 Dazu mit ausführlichen Plänen: Alfred Messel, Zweiter Band, 9. Sonderheft der Berliner Architekturwelt, Berlin 1911, S. 78 ff.

5 Amtsgericht Lichterfelde von Berlin, Grundbuch von Wannsee, Band 30, Bl. 848, Bd. II der Akten.

6 Die Präsenz der SS und anderer Teile der NSDAP am Wannsee war beachtlich. Ihr soll im Rahmen einer eigenständigen Veröffentlichung an anderer Stelle nachgegangen werden.

7 Der Vertrag vom 28.6.1941, Urkundenrolle Nr. 41/1941 des Notars Johannes Goldsche in Berlin, konnte nicht mehr ermittelt werden. Aus einem Schreiben des Amtsgerichtes Lichterfelde vom 16.9.1941 im Grundbuch von Wannsee, Bd. 30, Bl. 848, Band II der Akten wird aber die Auflassung erkennbar.

8 Ebenda.

9 Amtsgericht Lichterfelde von Berlin, Grundbuch von Wannsee, Band 29, Blatt 831, Grundbuchakten, Band 1, Blatt 200.

10 Amtsgericht Lichterfelde von Berlin, Grundbuch von Wannsee, Band 29, Blatt 831, Grundbuchakten, Band 1, Blatt 198 R.

11 Amtsgericht Lichterfelde von Berlin, Grundbuch von Wannsee, Band 29, Blatt 831, Grundbuchakten, Band 1, Blatt 198 R.

12 Hinweis in Amtsgericht Lichterfelde von Berlin, Grundbuch von Wannsee, Band 29, Blatt 831, Band I der Akten. Zur grundsätzlichen Beziehung zwischen der SS und dem Reichsfinanzministerium vgl. Johannes Tuchel, Konzentrationslager. Organisationsgeschichte und Funktion der »Inspektion der Konzentrationslager« 1934 - 1938, Boppard 1991 (=Schriftenreihe des Bundesarchivs, Band 39), S. 330 ff.

13 Befehlsblatt des Chefs der Sicherheitspolizei und des SD, Jg. 4, Nr. 56 vom 27.11.1943, S. 376.

14 BDC, Georg Klein. Schreiben vom 30.10.1944.

15 Gerhard Ritter, Carl Goerdeler und die deutsche Widerstandsbewegung, 4. Auflage, Stuttgart 1984, S. 426. Albert Krebs, Fritz-Dietlof Graf von der Schulenburg. Zwischen Staatsraison und Hochverrat, Hamburg 1964, S. 317: »Dr. Erich Keßler berichtet in einem Brief an Heinrich von zur Mühlen vom 2. Dezember 1948, daß den Beamten von der Abt. I. des Innenministeriums im Herbst 1944 im Hause des SD am Wannsee über eine offensichtlich von Schulenburg stam-

mende Denkschrift über Verfassungs- und Verwaltungsaufbau berichtet wurde. Auch hat im Oktober 1944 Staatssekretär Stukart diese Denkschrift in einer Dienstbesprechung sehr lobend erwähnt.« Dazu mit geringer Zeitabweichung in den Angaben auch Ulrich Heinemann, Ein konservativer Rebell. Fritz-Dietlof Graf von der Schulenburg und der 20. Juli, S. 294, Anm. 39.

Anmerkungen zu Kapitel 15, S. 145 - 147

1 StadtA Berlin, Rep. 105, Nr. 4569, Bl. 11.
2 Dazu grundsätzlich Adolf Hasenöhrl, Kampf - Widerstand - Verfolgung der sudetendeutschen Sozialdemokraten. Dokumentation der deutschen Sozialdemokraten aus der Tschechoslowakei im Kampf gegen Henlein und Hitler, Stuttgart 1983, S. 350 f.
3 StadtA Berlin, Rep. 105, Nr. 4569, Bl. 12 RS.
4 Diese Angaben nach: Befehlsblatt des Chefs der Sicherheitspolizei und des SD, Nr. 40/1941, S. 213. Weiter heißt es dort: »Sämtliche Zimmer verfügen über fließendes Warm- und Kaltwasser; Wannenbad und Zentralheizung sind vorhanden; die Gasträume sind im bäuerlichen Riesengebirgsstil ausgeführt. Das Haus liegt auf einer Anhöhe, ringsum von Bergwiesen und Wäldern umgeben. Im Sommer können weite Wanderungen ins Riesengebirge (zur Schneekoppe: drei Stunden) unternommen werden; im Winter bietet das Gelände eine ausgezeichnete Gelegenheit zum Ski- und Rodelsport.«
5 Ebenda, Nr. 56/1942, S. 369.
6 StadtA Berlin, Rep. 105, Nr. 4569, Bl. 20 - 23.
7 Befehlsblatt des Chefs der Sicherheitspolizei und des SD, Jg. 3, Nr. 56 vom 19.12.1942, S. 369.
8 StadtA Berlin, Rep. 105, Nr. 4569, Bl. 19.
9 Ebenda, Bl. 45, 47 - 49.
10 Ebenda, Bl. 46.
11 Ebenda.
12 Peter Ferdinand Koch (wie Kap. 12, Anm. 33), S. 304.

Anmerkungen zu Kapitel 16, S. 149 - 155

1 StadtA Berlin, Rep. 105, Nr. 4569, Bl. 28.
2 Bericht der Polizeiinspektion Berlin-Wannsee, 2.3.1960.
3 Ebenda.
4 Dazu: Franz-Neumann-Archiv Berlin (ohne Signatur:) »Auch auf Dich wartet die August-Bebel-Schule,« Berlin 1948,
5 Bericht der Polizeiinspektion Berlin-Wannsee, 2.3.1960.
6 Walter Schützler (wie Kap. 1, Anm. 3), S. 25.
7 Dazu ausführlich: Sachor - Nicht vergessen. Erinnerung an Joseph Wulf. Redaktion: Ulla Gorges, hrsg. von der Aktion Sühnezeichen/ Friedensdienste, Berlin 1989.
8 Dazu Peter Heilmann, Ein gescheitertes Projekt. Das Internationale Dokumentationszentrum, in: Sachor (wie Anm. 7), S. 37.
9 Heilmann (wie Anm. 8), S. 38.
10 Der Tagesspiegel, 9.11.1967
11 Der Tagesspiegel, 8.9.1966, S. 8.
12 Der Tagesspiegel, 16.9.1966, S. 2.
13 Heilmann (wie Anm. 8), S. 40.

14 Der Tagesspiegel, 23.10.1967.
15 Welt am Sonntag, 29.10.1967.
16 Heilmann (wie Anm. 8), S. 41.
17 Heilmann (wie Anm. 8), S. 41.
18 Berliner Morgenpost, 24.11.1967.
19 Heilmann (wie Anm. 8), S. 41.
20 Dazu auch Henryk M. Broder, Es gibt Untaten, über die kein Gras wächst. Über das Haus Am Großen Wannsee 56 und seine Nachkriegsgeschichte, in: Die Tageszeitung, 20.1.1982.
21 Heilmann (wie Anm. 8), S. 42.
22 Dazu die Reden des Vorsitzenden der Jüdischen Gemeinde zu Berlin, Heinz Galinski und des Regierenden Bürgermeisters Richard von Weizsäcker am 20. Januar 1982 in der Halle der Villa Minoux, abgedruckt bei Wolfgang Wippermann, Steinerne Zeugen. Stätten der Judenverfolgung in Berlin, Berlin 1982, S. 7 ff.
23 Das Haus der Wannseekonferenz. Ort des Gedenkens und des Lernes. Konzeptvorschlag der Planungsgruppe. Im Auftrage der Planungsgruppe erstellt von Gerhard Schoenberner und Wolfgang Scheffler. MS, Berlin 1987.

Literatur

Akten der Reichskanzlei, Das Kabinett Cuno, bearb. von Karl-Heinz Harbeck. Boppard 1976

Akten der Reichskanzlei, Die Kabinette Stresemann I und II, bearb. von Karl Dietrich Erdmann und Martin Vogt. Boppard 1976

Anonymus (d. i. Stinnes), Wahrheit, in: Deutsche Allgemeine Zeitung, Nr. 415/416 vom 9. September 1923

Shlomo Aronson, Reinhard Heydrich und die Frühgeschichte der Gestapo und SD. Stuttgart 1971

August-Bebel-Institut: Auch auf Dich wartet die August-Bebel-Schule. Berlin 1948

Bettina Bergande, Gartendenkmalpflegerische Untersuchung: Villengarten Marlier – Haus der Wannsee-Konferenz. Berlin-Zehlendorf, Am Großen Wannsee 56–58. Berlin 1989

Paul Beusch, Währungszerfall und Währungsstabilisierung. Hrsg. von G. Briefs und C. A. Fischer. Berlin 1928

Georg Brasch (Hrsg.), Das Wannsee-Buch. Berlin-Wannsee 1926

George C. Browder, Die Anfänge des SD. Dokumente aus der Organisationsgeschichte des Sicherheitsdienstes des Reichsführers SS, in: Vierteljahrshefte für Zeitgeschichte, Jg. 27 (1979), S. 299 ff.

Ludwig Claß, Wider den Strom. Leipzig 1932

Eberhard Czichon, Wer verhalf Hitler zur Macht? Zum Anteil der deutschen Industrie an der Zerstörung der Weimarer Republik. Köln 1967

Das Haus der Wannseekonferenz. Ort des Gedenkens und des Lernens. Konzeptvorschlag der Planungsgruppe. Im Auftrage der Planungsgruppe erstellt von Gerhard Schoenberner und Prof. Dr. Wolfgang Scheffler. MS. Berlin 1987

Degener, Wer ist's? X. Ausgabe. Berlin 1935

Günther Deschner, Reinhard Heydrich. Statthalter der totalen Macht. Esslingen 1977

Nicolaus Detlefsen, Peter Wiepert vollendet das 80. Lebensjahr. Einiges aus dem Leben eines ungewöhnlichen Bauern, in: Die Heimat. Monatsschrift des Vereins zur Pflege der Natur- und Landeskunde in Schleswig-Holstein und Hamburg, Jg. 77 (1970), Nr. 7, S. 193 ff.

Ernst Deuerlein (Hrsg.), Der Hitler-Putsch. Bayerische Dokumente zum 8./9. November 1923. Stuttgart 1962

Deutsches Bankier-Buch, hrsg. von der Berliner Börsen-Zeitung, 9. Auflage 1909, 16. Auflage Berlin 1920, 26. Auflage Berlin 1930

Die Kreditinstitute West-Berlins und ihre Aufgaben im Dienste des Auslandskunden, hrsg. von der Berliner Zentralbank, 2. Aufl. Januar 1951

Hans-Jürgen Döscher, Das Auswärtige Amt im Dritten Reich. Diplomatie im Schatten der Endlösung. Berlin 1987

K. Elster, Von der Mark zur Reichsmark. Geschichte der deutschen Währung in den Jahren 1914–1924. Jena 1928

Georg Franz-Willing, Krisenjahr der Hitlerbewegung. Preußisch Oldendorf 1975

Otto Geßler, Reichswehrpolitik in der Weimarer Zeit. Stuttgart 1958

Reinhard Giersch/Walter Schmidtke, Gesellschaft zum Studium des Faschismus, in: Lexikon zur Parteiengeschichte. Die bürgerlichen und kleinbürgerlichen Parteien und Verbände in Deutschland (1789 - 1945), hrsg. von Dieter Fricke u. a., Bd. 3. Leipzig/Köln 1983

Hans-Bernd Gisevius, Wo ist Nebe? Zürich 1966

Harold J. Gordon jr., Hitlerputsch 1923. Frankfurt am Main 1971

Kurt Gossweiler, Kapital, Reichswehr und NSDAP 1919 - 1924. Köln 1982

Christoph Graf, Politische Polizei zwischen Demokratie und Diktatur. Die Entwicklung der preußischen Politischen Polizei vom Staatsschutzorgan der Weimarer Republik zum Geheimen Staatspolizeiamt des Dritten Reiches. Berlin 1983

George W. F. Hallgarten, Hitler, Reichswehr und Industrie. Zur Geschichte der Jahre 1918 - 1933. Frankfurt 1955

Edgar Hartwig, Alldeutscher Verband, in: Lexikon zur Parteiengeschichte. Die bürgerlichen und kleinbürgerlichen Parteien und Verbände in Deutschland (1789 - 1945), hrsg. von Dieter Fricke u. a., Bd. 1. Leipzig/Köln 1983

Adolf Hasenöhrl, Kampf - Widerstand - Verfolgung der sudetendeutschen Sozialdemokraten aus der Tschechoslowakei im Kampf gegen Henlein und Hitler. Stuttgart 1983

Konrad Heiden, Geschichte des Nationalsozialismus. Die Karriere einer Idee. Berlin 1932

Ulrich Heinemann, Ein konservativer Rebell. Fritz-Dietlof Graf von der Schulenburg und der 20. Juli 1944. Berlin 1990

Tilmann Heinisch/Horst Schumacher, Colonie Alsen. Ein Platz zwischen Berlin und Potsdam. Berlin 1988

Lina Heydrich, Leben mit einem Kriegsverbrecher. Pfaffenhofen 1976

Raul Hilberg, Die Vernichtung der europäischen Juden. Die Gesamtausgabe des Holocaust. Berlin 1982

Adolf Hitler, Mein Kampf, 323. - 327. Auflage. München 1938

Hitler. Sämtliche Aufzeichnungen 1905 - 1924. Hrsg. von Eberhard Jäckel und Axel Kuhn. Stuttgart 1980

Klaus-Peter Hoepke, Die deutschen Rechte und der italienische Faschismus. Düsseldorf 1968

Michael H. Kater, Das »Ahnenerbe« der SS 1935 - 1945. Ein Beitrag zur Kulturpolitik des Dritten Reiches. Stuttgart 1974

Robert M.W. Kempner, Eichmann und Komplizen. Zürich u. a. 1961

Peter Ferdinand Koch (Hrsg.), Himmlers graue Eminenz - Oswald Pohl und das Wirtschafts-Verwaltungshauptamt der SS, Hamburg 1988

Albert Krebs, Fritz-Dietlof Graf von der Schulenburg. Zwischen Staatsraison und Hochverrat. Hamburg 1964

A. Kruck, Geschichte des Alldeutschen Verbandes 1890 - 1939. Wiesbaden 1954

Jochen von Lang, Das Eichmann-Protokoll. Tonbandaufzeichnungen der israelischen Verhöre, TB-Ausgabe. Berlin 1985

Reinhold Lörring, Der Alldeutsche Verband, in: Die Weltbühne, 20. Jg. 1924, 1. Halbband

Erich Ludendorff, Meine Lebenserinnerungen. Berlin o.J.

Arno J. Mayer, Der Krieg als Kreuzzug. Das Deutsche Reich, Hitlers Wehrmacht und die »Endlösung«. Reinbek 1989

Hans Meier-Welcker, Seeckt. Freiburg 1967

Friedrich Minoux, Wirtschaftswende durch Soziale Individualwirtschaft (Manuskript, Vortrag vom 15. Dezember 1932). Berlin 1933

Karl-Bernhard Netzband, Währungs- und Finanzpolitik der Ära Luther 1923 - 1925. Basel 1964

OMGUS, Ermittlungen gegen die Dresdner Bank 1946, bearbeitet von der Hamburger Stiftung für Sozialgeschichte ds 20. Jahrhunderts. Nördlingen 1986

Kurt Pätzold/Manfred Weißbecker, Geschichte der NSDAP 1920 - 1945. Köln 1981

Hans-Rainer Pichinot, Die Akademie für Deutsches Recht - Aufbau und Entwicklung einer öffentlich-rechtlichen Körperschaft des Dritten Reiches, Diss. jur. Kiel 1981

Friedrich Pilot (d. i. Friedrich Minoux), Die Beseitigung der Geldinflation - Vermögensabgabe - Goldwährung - Finanzreform, in: Deutsche Allgemeine Zeitung, Berlin, 23. August 1923

Felix Pinner (Frank Faßland), Die um Stinnes, in: Die Weltbühne, Jg. 20 (1924), S. 503 ff.

Felix Pinner, Deutsche Wirtschaftsführer. Berlin-Charlottenburg 1925

Felix Pinner, Friedrich Pilots Sendung, in: Berliner Tageblatt, Nr. 410 vom 1. September 1923

Politischer Almanach 1925, Jahrbuch des öffentlichen Lebens, der Wirtschaft und der Organisation, hrsg. von Maximilian Müller-Jabusch. Berlin und Leipzig 1925

Werner Präg/Wolfgang Jacobmeyer (Hrsg.), Das Diensttagebuch des deutschen Generalgouvernements in Polen 1939 - 1945. Stuttgart 1975

Hugo Rachel/Paul Wallich, Berliner Großkaufleute und Kapitalisten, Dritter Band, Übergangsphase zum Hochkapitalismus 1906 - 1956, neu hrsg., ergänzt und bibliographisch erweitert von Johannes Schultze, Henry C. Wallich und Gerd Heinrich. Berlin 1967

L. Rape, Die österreichischen Heimwehren und die bayerischen Rechte 1920 - 1923. Wien 1977

Johannes Rehn, Die Pläne zur Stabilisierung der deutschen Wirtschaft 1923. Eine Analyse des ökonomischen Wesens der Stabilisierungspläne der ausschlaggebenden Gruppen der Bourgeoisie und der Junker. Diss. Leipzig 1957

Reichshandbuch der Deutschen Gesellschaft. Das Handbuch der Persönlichkeiten in Wort und Bild. Berlin 1931

Gerald Reitlinger, Die Endlösung. Hitlers Versuch der Ausrottung der Juden Europas 1939 - 1945. 4. Auflage, Berlin 1961

Gerhard Ritter, Carl Goerdeler und die deutsche Widerstandsbewegung. 4. Auflage, Stuttgart 1984

Sachor - Nicht vergessen. Erinnerungen an Joseph Wulf. Redaktion: Ulla Gorges, hrsg. von der Aktion Sühnezeichen/Friedensdienste. Berlin 1989

Hjalmar Schacht, Die Stabilisierung der Mark. Berlin und Leipzig 1927

Wolfgang Scheffler, Die Bedeutung der Wannsee-Konferenz im Rahmen der nationalsozialistischen Ausrottungspolitik, in: Die Organisation des Judenmordes auf der Wannseekonferenz 1942, hrsg. von der Evangelischen Akademie Mühlheim/Ruhr 1987 (= Begegnungen 2/87)

Wolfgang Scheffler, »Wege zur Endlösung«, in: Herbert A. Strauss/Norbert Kampe, Antisemitismus. Von der Judenfeindschaft zum Holocaust. Bonn 1984 (= Schriftenreihe der Bundeszentrale für politische Bildung, Band 213, S. 186 ff.)

Walter Schellenberg, Memoiren. Köln 1956

M. Schneller, Zwischen Romantik und Faschismus. Der Beitrag Othmar Spanns zum Konservatismus der Weimarer Republik. Stuttgart 1970

Walter Schützler, Haus der Wannsee-Konferenz. Am Großen Wannsee 56/58, 1000 Berlin 39. Bauhistorische Dokumentation. Gutachten im Auftrag der Senatsverwaltung für Bau- und Wohnungswesen, Abt. H VII C. Berlin September 1989, 4 Bde.

Gerhard Schulz, Der »Nationale Klub von 1919« zu Berlin. Zum politischen Zerfall einer Gesellschaft, in: Jahrbuch für die Geschichte Mittel- und Ostdeutschlands, Bd. 11. Berlin 1962

Klaus-Jürgen Siegfried, Universalismus und Faschismus. Das Gesellschaftsbild Othmar Spanns. Wien 1974

F. Sprockhoff, Atlas Megalithgräber Deutschlands, Bd. 1. Schleswig-Holstein 1966

Erich Stockhorst, 5000 Köpfe, Wer war was im Dritten Reich. Wiesbaden o. J.

B. Thoss, Der Ludendorff-Kreis 1919 - 1923. München 1978

Fritz Thyssen, I paid Hitler. New York 1941

Johannes Tuchel, Konzentrationslager. Organisationsgeschichte und Funktion der »Inspektion der Konzentrationslager« 1934 - 1938. Boppard 1991 (= Schriftenreihe des Bundesarchivs, Band 39)

Johannes Tuchel, Reinhard Heydrich und die Stiftung Nordhav, in: Zeitschrift für Schleswig-Holsteinische Geschichte, Bd. 118. Kiel 1992

Henry A. Turner, Fritz Thyssen und »I paid Hitler«, in: Vierteljahrshefte für Zeitgeschichte, Jg. 19 (1971), S. 225 ff.

Henry A. Turner, Die Großunternehmer und der Aufsteig Hitlers. Berlin 1985

Paul Ufermann, Könige der Inflation. Berlin 1924

Martin Vogt, Seeckt und die Vorbereitung zur Stabilisierung der Mark, in: Historische Prozesse der deutschen Inflation 1914 - 1924. Ein Tagungsbericht. Bearb. und hrsg. von Otto Büsch und Gerald D. Feldmann. Berlin 1978

Bernd Weisbrod, Schwerindustrie in der Weimarer Republik. Interessenpolitik zwischen Stabilisierung und Krise. Wuppertal 1978

Peter Wiepert, Führer durch die Stadt Burg und die Dörfer auf der Insel Fehmarn. Ein heimatkundlicher Beitrag von Peter Wiepert, Ahnenerbe-Stiftung Verlag. Berlin 1941

Wolfgang Wippermann, Steinerne Zeugen. Stätten der Judenverfolgung in Berlin. Berlin 1982

Fritz Wolter, Reichspressepolitik, in: Die Weltbühne, Jg. 20 (1924), S. 6 ff.

Peter Wulf, Hugo Stinnes. Wirtschaft und Politik. 1918 - 1924. Stuttgart 1979

Adolf Zeller, Geleitwort zu den Arbeiten von Professor Paul Baumgarten, Berlin, in: Moderne Bauformen. Monatshefte für Architektur und Raumkunst. Hrsg. von Julius Hoffmann, Jg. 24 (1925), Heft VII, S. 217 ff.

Quellen und Archive

Amtsgericht Lichterfelde von Berlin, Grundbuchakten

Amtsgericht Oldenburg in Holstein, Grundbuchakten

Anklageschrift aus dem Verfahren gegen Friedrich Minoux und Joseph Ludwig vom 29. Juli 1933 und Schutzschrift von Friedrich Minoux vom 5. August 1933 mit einem Nachtrag vom 8. August 1933

Bericht der Polizeiinspektion Berlin-Wannsee, 2. 3. 1960

Berlin Document Center (BDC), diverse SS-Personalakten

Bundesarchiv Koblenz, diverse Bestände

Institut für Zeitgeschichte (IfZ), diverse Bestände

Politisches Archiv des Auswärtigen Amtes, diverse Bestände

Senatsverwaltung für Justiz in Berlin

Staatsarchiv Nürnberg, Nürnberger Beweisdokumente

Stadtarchiv Berlin, diverse Bestände

Stadtarchiv Essen

Stadtarchiv Mannheim

Stadtarchiv Speyer

Standesamt Ludwigshafen

Tiefbauamt des Bezirkes Zehlendorf von Berlin

Abbildungsverzeichnis

Amtsgericht Oldenburg/Holstein: *S.98;* Berlin Document Center: *S. 97, 109, 143, 146;* Bezirksamt Zehlendorf von Berlin: *S. 77, 138, 140, 141;* Bundesarchiv Koblenz: *S. 53;* Bundesarchiv, Bildarchiv: *S. 30, 102;* Gedenkstätte Deutscher Widerstand: *S. 35;* Gedenkstätte Haus der Wannsee-Konferenz: *S. 11 oben, 11 unten, 13 oben, 13 unten, 14, 15, 20, 34, 116;* Institut für Zeitgeschichte München: *S. 84, 89;* Landesamt für Vor- und Frühgeschichte Schleswig-Holstein: *S. 93;* Landesbildstelle Berlin: *S. 110;* Moderne Bauformen, Jg. 1925: *S. 12;* Politisches Archiv des Auswärtigen Amtes, Bonn: *S. 112, 113, 115, 121 – 136;* Privatbesitz: *S. 10, 16, 22, 44, 46, 49, 65, 68, 75, 78, 92, 148, 150, 151, 152;* Stadtarchiv Berlin: *S. 70, 81, 106, 107*

Namensregister

Vorbemerkung: der durchgängig vorkommende Name Friedrich Minoux ist hier nicht erfaßt. Konnte ein Vorname nicht ermittelt werden, wurden als Anhaltspunkte Funktion, Rang oder andere nähere Angaben beigefügt.

Danksagung

Um diese Arbeit überhaupt fertigstellen zu können, war vielfältige Unterstützung erforderlich:

Dr. Hans Czihak vom Stadtarchiv Berlin ermöglichte die Einsicht in einen großen Aktenbestand, in dem der Strafprozeß, aber auch die Zivilprozesse gegen Friedrich Minoux dokumentiert sind. Das Stadtarchiv Berlin stellte auch die vorhandene Restakte der Stiftung Nordhav, die in den vierziger Jahren bei Stiftungsaufsicht des Stadtpräsidenten von Berlin geführt worden war, zur Verfügung.

Annegret Ehmann regte an, sich mit der politischen Aktivität von Friedrich Minoux im völkischen Umfeld 1923 zu beschäftigen und stellte Materialien über das politische Denken von Minoux um 1930 zur Verfügung.

Dr. Ekkehard Klausa stellte zu Beginn der Recherchen Kontakte zu Zeitzeugen her, die Friedrich Minoux noch gekannt hatten. In ausführlichen Gesprächen konnte er die subjektive Sicht enger Freunde und Mitarbeiter über Friedrich Minoux erfahren, die auch Bilder von Friedrich Minoux und zur Geschichte des Hauses zur Verfügung stellten.

Dr. Hans F. Rothert von der Landesbibliothek in Kiel half, den Spuren der Stiftung Nordhav in Schleswig-Holstein nachzugehen.

Christian Tilitzki, M. A., führte die Recherchen über die politische Betätigung von Friedrich Minoux in den zwanziger Jahren durch. Er sichtete auch die Grundbuchakten beim Amtsgericht Lichterfelde von Berlin.

Prof. Dr. Wolfgang Scheffler vom Institut für Antisemitismusforschung der TU Berlin und Gerhard Schoenberner, Gedenkstätte Haus der Wannsee-Konferenz, danke ich für die Aufnahme des Buches in diese Publikationsreihe.

Neben diesen danke ich für die Unterstützung des Buches durch mündliche und schriftliche Auskünfte oder durch andere Formen der Hilfe: Wolfgang Bauch M. A. (Landesamt für Vor- und Frühgeschichte des Landes Schleswig-Holstein); Bettina Bergande (Berlin); Dr. Klaus Dettmer (Landesarchiv Berlin); Dr. Klaus Drobisch (Institut für deutsche Geschichte, Berlin); Manfred Fromme (Senatsverwaltung für Stadtentwicklung und Umweltschutz, Berlin); Horst Günther (Gedenkstätte Haus der Wannsee-Konferenz, Berlin); Hermann Kiessling (Berlin); Dr. Maria Keipert (Politisches Archiv des Auswärtigen Amtes, Bonn); Dr. Hans-Helmut Kuhnke (Hattingen); Gudrun Laue (Berlin); Martin Müller (Institut für Bankhistorische Forschung e.V., Frankfurt am Main); Frau Rimbach (BEWAG-Archiv, Berlin); Dr. Werner Röder (Institut für Zeitgeschichte, Berlin); Dipl.-Ing. Bernhard Schmidt (Garmisch-Partenkirchen); Kurt Schilde (Gedenkstätte Haus der Wannsee-Konferenz, Berlin) und - für die sorgfältige und genaue Durchsicht des Manuskriptes - Ferdinand Schwenker (Gedenkstätte Deutscher Widerstand, Berlin).

Nachwort der Herausgeber

Mit dem Buch von Johannes Tuchel legt die Gedenkstätte Haus der Wannsee-Konferenz den ersten Band einer von Wolfgang Scheffler und Gerhard Schoenberner herausgegebenen Publikationsreihe vor, die der Erforschung des Holocaust, seiner Vorgeschichte und seiner Folgeerscheinungen gewidmet ist.
Sie wird in einem weiten Spektrum unter anderem wissenschaftliche Monographien, Quelleneditionen, Berichte Überlebender, Dokumente und Materialien zur Geschichte der Verfolgungszeit umfassen.
Als zweiter Band erscheint von Wolfgang Scheffler »›Abgewandert nach Osten.‹ Die Bevölkerungsstatistik der Reichsvereinigung der Juden in Deutschland 1941–45«.
Die Reihe wird in unregelmäßiger Folge fortgesetzt.

Über den Autor:

Johannes Tuchel, geboren 1957, Politikwissenschaftler, Dr. phil., 1983 - 1987 Mitarbeit bei der Ausstellung »Widerstand gegen den Nationalsozialismus«, 1988 - 1991 im Referat Gedenkstätten der Senatskanzlei, seit 1991 Leiter der Gedenkstätte Deutscher Widerstand. Veröffentlichungen u. a. »Zentrale des Terrors. Prinz-Albrecht-Straße 8: Hauptquartier der Gestapo.« Berlin 1987 (zusammen mit Reinold Schattenfroh); Columbia-Haus. Berliner Konzentrationslager 1933 - 1936, Berlin 1991 (zusammen mit Kurt Schilde); Konzentrationslager. Organisationsgeschichte und Funktion der Inspektion der Konzentrationslager« 1934 - 1938, Boppard 1991 (=Schriftenreihe des Bundesarchivs, Bd. 39).